Imbach
Von reichen Prassern und armen Schluckern

Josef Imbach

Von reichen Prassern und armen Schluckern

Geschichten aus Küche, Kirche und Kultur
mit sündhaft guten Rezepten

Patmos

Frontispiz: Alessandro Magnasco (1667–1749),
Markt auf der Piazza del Verziere in Mailand

Bibliografische Information der Deutschen Nationalbibliothek

Die Deutsche Nationalbibliothek verzeichnet diese Publikation
in der Deutschen Nationalbibliografie; detaillierte bibliografische Daten
sind im Internet über http://dnb.d-nb.de abrufbar.

© 2007 Patmos Verlag GmbH & Co. KG, Düsseldorf
Alle Rechte vorbehalten
Printed in Germany
ISBN 978-3-491-72516-4
www.patmos.de

Inhalt

5

Entree

In seinen *Tischreden* empfiehlt Martin Luther reichliches Essen und Trinken als Heilmittel gegen theologische Zweifel und geistliche Schwermut. Nach Thomas von Aquin hingegen lässt sich die Schwermut am ehesten mit warmen Bädern vertreiben. Und gegen theologische Zweifel helfen dem großen Denker zufolge neben dem Gebet vorzugsweise Scharfsinn und Verstand. Von den Gaumenfreuden scheint Thomas wenig gehalten zu haben. Einmal, er ist gerade beim französischen König Ludwig IX. zu Gast, knallt er während der Mahlzeit plötzlich seine Faust so heftig auf den Tisch, dass sämtliche Teller und Gläser das Tanzen lernen. Und verkündet der erschrockenen Tafelrunde: »Jetzt ist mir das Argument eingefallen, mit dem ich die Häretiker erledigen werde!« Der König, überzeugt, dass die Geistesblitze seines Gastes nicht minder wichtig sind als die Kreationen seines Küchenmeisters, lässt einen Schreiber kommen. Vor dem erst halb geleerten Teller beginnt Thomas zu diktieren.

Dass Thomas kein Genießer war, beweist schon die Art, wie er vom Essen redet. Wie gewohnt verliert er sich auch hier in mancherlei Quisquilien. In seiner *Summa theologica* erläutert er den Unterschied zwischen Bedürfnis und Verlangen; aber mehr als wir schon wissen, weiß auch er zu diesem Thema nicht zu sagen: »Weil sich beim Essen die Lust mit der Notwendigkeit verbindet, ist es schwierig zu bestimmen, was die Notwendigkeit erfordert und was die Lust fördert.« Daraus schließt Thomas, dass die Folgen der Schlemmerei viel weiter reichen, als zunächst ersichtlich ist: Adam und sein Gespons wurden aus dem Paradies verjagt, weil sie ihre Fressgier nicht im Zaume halten konnten. Noach bezahlte seine Trunkenheit damit, dass er seinen Sohn verfluchte. Die Städte Sodom und Gomorra wurden wegen der Gaumen- und Fleischeslust der Bewohner vom Feuerbrand zerstört...

Päpste und Prälaten zeigten sich von solchen Überlegungen in der Regel genauso wenig beeindruckt wie die weltlichen Fürsten und Regenten. Und das einfache Volk, das von der Hand in den Mund lebte, hatte anderes zu tun, als zwischen Jenseitslust und Gaumenfreuden abzuwägen.

Das hinderte die Kirchenoberen nicht daran, ihre Nasen immer wieder einmal in fremde Kochtöpfe zu stecken, um dann die Gläubigen mit allerlei Vorschriften und Maßnahmen von Völlerei und Zechgelagen abzuhalten. Gelegentlich kam es sogar vor, dass schon die bloße *Darstellung* einer Schwelgerei die Inquisition auf den Plan rief, wie im Fall des berühmten Veronese (eigentlich Paolo Calinari). Der erhielt von den Mönchen des Konvents Santi Giovanni e Paolo in Venedig den Auftrag, für ihr Refektorium ein *Letztes Abendmahl* zu malen. Nach Ansicht der Glaubenshüter war der Künstler bei der Ausführung allerdings etwas zu weit gegangen. Tatsächlich biegt sich die Tafel unter der Last der Speisen, während die Apostel nicht so recht zu wissen scheinen, ob sie zuerst beim Essen oder bei den Aufwärterinnen zulangen sollen.

Abendmahl, als Gastmahl im Hause des Levi bekannt, von Paolo Veronese, 1573

1573 verpflichtete die Inquisitionsbehörde den Künstler, das Werk zu überarbeiten. Der Schlaukopf aber gab dem Gemälde einfach einen neuen Titel; statt *Letztes Abendmahl* nannte er es *Convivio in casa di Levi* (Gastmahl im Haus des Zöllners Levi). Dabei konnte er sich auf eine Episode im Lukasevangelium berufen (Kapitel 5, Vers 28–29): »Jesus sah einen Zöllner namens Levi am Zoll sitzen und sagte ihm: Folge mir nach! Da stand Levi auf, verließ alles und folgte ihm. Und er gab für Jesus in seinem Haus ein großes Festmahl.« Heute können wir das monumentale Gemälde in den *Gallerie dell'Accademia* in Venedig bestaunen.

Kirche, Küche und Kultur – das ist ein weites Feld, wie Theodor Fontanes Herr von Briest wohl sagen würde. Und überaus spannend ist es obendrein. Weshalb ich meine Leser und Leserinnen ermahnen möchte, über der Lektüre das Kochen nicht zu vergessen.

Gleichzeitig danke ich all jenen, welche mir mit ihren Hinweisen die Arbeit an diesem Buch erleichtert haben. Ein besonderer Dank gilt Imelda Casutt, die mir bei der Beschaffung der nötigen Literatur zur Hand ging und viele Stunden ihrer ohnehin knapp bemessenen Freizeit opferte, um die Korrekturfahnen zu lesen.

Josef Imbach

Falls nicht anders vermerkt, sind die Rezepte jeweils für vier Personen berechnet. Die Angaben in EL und TL beziehen sich auf gehäufte Ess- und Teelöffel.

Gourmets und Gourmands unter sich

»Delikate Speisen sind nicht meine Sache.«

Sie war das, was man einen kantigen Charakter nennt. Kriecherei verabscheute sie, weswegen sie empfindliche Nachteile in Kauf nehmen musste. Mit klarem Blick und klugem Verstand analysierte sie die Zustände am Hof Ludwigs XIV. von Frankreich. Die Rede ist von Liselotte von der Pfalz, die 1671 im Alter von gerade 19 Jahren gegen ihren Willen mit dem Herzog Philippe von Orléans, dem Bruder des Sonnenkönigs, verheiratet wurde. Von ihrer umfangreichen Korrespondenz sind rund 4000 Briefe erhalten. Darin kommt sie immer wieder einmal darauf zu sprechen, wie sie mit ihrem Beichtvater in Streit geriet, weil sie sich punkto Glaubensfragen mit den üblichen simplen Antworten nicht abfinden mochte. O-Ton Liselotte: »Es ist eine wunderliche Sache, dass man sich einbildet, man könne Gott nicht gefallen, ohne ganz einfältig zu werden. Mich deucht, man würde Gott mehr gefallen, allen seinen Witz und Verstand anzuwenden, ihm zu dienen, denn weilen [derweil] wir, umb Gott zu gefallen, nach seinem Ebenbild sein müssen und Gott der allmächtige ja die Weisheit selber ist, so, deucht mir, ist es ganz ungereimt, dass man ihm zu gefallen die Einfalt erwehlt.« Das entbehrt nicht der Logik. Gott ist die personifizierte Weisheit. Wir Menschen sind der Bibel zufolge nach seinem Bild geschaffen. Wie können wir da nach Einfalt streben, statt unseren Verstand zu gebrauchen und die Vernunft walten zu lassen?! Was der Beichtvater darauf zu sagen wusste, ist nicht überliefert.

Ausführlich informiert uns die gesprächige Liselotte nicht nur über die Unsitten bei Hof, sondern auch über die dortigen Gepflogenheiten bei Tisch. Dass sie dabei auch über *Monsieur* – gemeint ist ihr Ehemann, der Herzog von Orléans – herzieht, verwundert nicht weiter, zumal sie sich von ihm gänzlich vernachlässigt fühlte: »Der hat nichts in der Welt im Kopf als seine jungen Kerls, um da ganze Nächte mit zu fressen, zu saufen, unterdessen haben seine Kinder und ich kaum was uns nötig ist.« Gleichzeitig schimpft sie über die Gemahlin ihres Sohns, die sie als »widerliches Mensch« bezeichnet. »Die säuft sich alle Woch drei oder vier Mal sternsvoll.« An anderer Stelle beschwert sich Liselotte darüber, dass die »Hofdamen zu allem Unglück noch mehr saufen als die Mannesleute.«

Liselotte von der Pfalz hatte mit der königlichen Küche und den feudalen Essgewohnheiten wenig im Sinn. Aus ihrer Korrespondenz geht hervor, dass ihr urwüchsiger deutscher Geschmack auch in der galanten Versailler Umgebung keinerlei Schaden nahm. »Ich esse nichts lieber als den braunen Kohl; er schmeckt hier aber nicht so wohl als in Teutschland. Ich glaube, sie richten's nicht recht. Ich bitte also, mir zu Zubereitung aufsetzen zu lassen auf Französisch.« Mit anderen Worten: Schickt mir bitte das Rezept – und zwar in gut verständlicher Übersetzung, auf dass der Koch damit zurechtkommt. Die spröde Herzogin schätzte kräftiges Sauerkraut und eine ordentliche Biersuppe weit mehr als Fasane und Schokolade. Was sie von solchen Spezialitäten hielt, teilt sie mit der ihr eigenen Freimütigkeit in einem ihrer Briefe mit: »Diese delikaten Speisen sind nicht meine Sache.« Also lässt sie sich »oft auch teutsches Essen geben, einen Hasen- oder Gansenpfeffer, Lungen, Muskraut mit Hammelfleisch, Kalbfleisch mit Majoran. Ich esse auch viel Obst, aber für den Magen finde ich die Mettwürst besser. Bratwürste esse ich auch gern; es deucht mich aber, dass man sie besser bey uns als hier macht. Aber hiermit genug vom Küchenzeug gesprochen, will nun gar große und seriöse Zeitungen [Neuigkeiten] sagen ...«

Da die Herzogin auf Bratwürste stand, hätte ihr unsere Vorspeise gewiss gemundet (die zusammen mit einem Salat auch eine vollwertige Mahlzeit ergibt).

<o>

Zucchinirondellen mit Hackfleisch

1 große Zucchini (ca. 800 g)
1 mittelgroße Zwiebel
300 g Hackfleisch
Öl
Pfeffer, Salz, Muskat
1 Glas Rotwein

3 EL Semmelbrösel
3 EL geriebener Greyerzer oder Parmesan
1 Ei
2–3 EL Semmelbrösel
Butterflöckchen

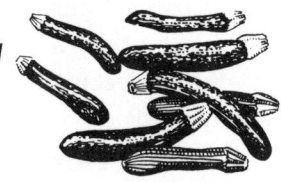

Die Zucchini in 1 cm dicke Scheiben schneiden. Die Scheiben blanchieren und auskühlen lassen. Die Kerne mit einem spitzen Messer herausschneiden. Die Zwiebel hacken und zusammen mit dem Hackfleisch in etwas Öl anbraten. Mit Pfeffer, Salz und Muskat würzen. Rotwein dazugießen, die Flüssigkeit verdampfen und die Masse auskühlen lassen. Die Semmelbrösel und den Käse mit einem Ei vermengen und unter das Fleisch mischen. Die Zucchinirondellen auf ein mit Backpapier ausgelegtes Kuchenblech legen und die Fleischmasse darauf verteilen. Mit Semmelbröseln bestreuen und mit Butterflöckchen belegen. In dem auf 200° erhitzten Backofen auf der mittleren Rille etwa 15 Minuten backen.

Jesus und die Sünderin. Fresko in der Kirche Sogn Gieri in Rhäzüns (Graubünden). Das Bild aus dem 14. Jahrhundert dokumentiert, dass zu dieser Zeit noch keine Essgabeln in Gebrauch waren.

Dass zwischen Ernährung und Gesundheit ein Zusammenhang besteht, hat Liselotte immerhin vermutet. So schreibt sie am 7. Juli 1701, nachdem sie eben ein dreitägiges Fieber überstanden hat: »Ich habe mich mit Kirschenessen kuriert. Man hatte mir die Kirschen zwar verboten, aber als man mir einen Korb davon brachte, hab ich sie heimblich gefressen und seyderdem ist das Fieber nicht wieder kommen.«

Gegessen wurde, wie damals in fast ganz Europa üblich, mit den Händen. Der Sonnenkönig Ludwig XIV. weigerte sich beharrlich, die Gabel zu benützen und verbot das auch der übrigen Tischgesellschaft, was seine Schwägerin Liselotte von der Pfalz in einem ihrer Briefe zu einer Klarstellung veranlasste: »Mir hat noch nie jemand dergleichen verbieten müssen. Ich habe mich zeit meines Lebens beim Essen nur meines Messers und meiner fünf Finger bedient.« Als Liselotte sich einmal besorgt über den unstillbaren Appetit ihres Schwagers äußerte, musste sie sich sagen lassen, es sei Aufgabe der Köche, den König zu füllen, und die der Ärzte, ihn zu entleeren.

Bekanntlich sah das Hofzeremoniell von Versailles vor, dass die Herren mit dem Federhut auf dem Kopf zu speisen hatten. Des Weiteren verlangte die Etikette, dass *les Messieurs* jedes Mal, wenn eine Dame das Wort an sie richtete, den Hut zu heben hatten. Da die gesprächige Liselotte keinerlei Grund sah, sich in verbaler Zurückhaltung zu üben, sahen sich ihre Tischnachbarn gezwungen, ständig ihre Kopfbedeckungen zu lüften. Diese waren dann, da es ja keine Gabeln gab, am Ende eines Galadiners oft über und über mit Speisefett beschmutzt.

Einmal allerdings scheint auch Liselotte über die Stränge gehauen zu haben. »Wie ich braven Hunger hatte, aß ich mich so dick, dass ich mich nicht rühren konnte, und musste darauf gleich nach Bett gehen mit vollem Magen. Da schwitzte ich die ganze Nacht wie ein Tanzbär. Samstag Mittag bin ich so spät aufgestanden, dass ich

Der Gabel den Krieg erklärt: Liselotte von der Pfalz

nicht zu Mittag essen konnt und derowegen abends wieder so einen schrecklichen Hunger hatte, dass ich mich wieder ganz dick gessen. Die ganze Nacht hab ich wieder nicht schlafen können und habe geschwitzt und gegen Morgen hatte ich abscheulich Kopfweh. Ich ließ mir aber nichts merken und ging mit dem König in die Mess.« Als Liselotte das schrieb, war sie gerade zwanzig und erst seit einem Jahr in Versailles.

Harter Kampf ums weiche Brot

Kirchliche Repräsentanten und staatliche Respektspersonen waren von jeher darauf bedacht, sich von den niederen Volksschichten nicht nur durch ihre Residenzen und die Art der Kleidung, sondern auch mittels mancherlei Speisevorschriften abzugrenzen. Denn nicht nur hinsichtlich der Klamotten, sondern auch in Bezug auf die Küche sollten die Standesunterschiede deutlich werden.

Klare Grenzziehungen in Sachen Ernährung gab es immer wieder zwischen dem Adel und dem gemeinen Volk. Vom Mittelalter bis in die Neuzeit hinein reservierten sich die Blaublütigen die Jagd- und Fischrechte. Die Bauern wurden zu Schmalz und Speck verdonnert; der Genuss von Wildbret blieb den Aristokraten vorbehalten. Diese besaßen im Frankreich des 17. Jahrhunderts außerdem das Privileg, *pain mollet*, eine Art Milch- oder ›Königinnenbrötchen‹ aus Weizenmehl verzehren zu dürfen, während die Unterschicht sich mit dem harten Gersten- und Roggenbrot begnügen musste. Als die Bäcker dazu übergingen, die ›Königinnenbrötchen‹ auch an die niederen Stände zu verkaufen, schellten beim Adel die Alarmglocken. Die Pariser Stadtherren witterten in der veränderten Konsumgewohnheit den Versuch, die traditionellen Werte zu unterlaufen und die altbewährte Ordnung auf den Kopf zu stellen. Sie fürchteten, die Zartheit der *mollets* könne bei der arbeitenden Bevölkerung unrealistische Erwartungen wecken. Der Streit zwischen ›Molletisten‹ und ›Antimolletisten‹, bei dem es nur vordergründig ums Brot, in Wirklichkeit hingegen um eine Prestige- und Machtfrage ging, schwelte über hundert Jahre.

Bäckerei im 15. Jahrhundert. Miniatur aus einem von Franziskanern verwendeten Kalender aus der Werkstatt des Jean Colombes in Bourges

13

Nach mittelalterlicher und frühneuzeitlicher Vorstellung hat jeder Mensch seinen festen Platz in der von Gott geschaffenen Weltordnung, was sich angeblich auch auf Kleidung und Ernährung auswirkt. In Wahrheit diente diese pseudotheologische Argumentation den Herrschenden dazu, die Standesunterschiede auch nach außen hin zu wahren. Obwohl wir von derartigen Privilegien überhaupt nichts halten, bescheiden wir uns jetzt mit einem Armeleutenachtisch, der früher von der Tessiner Bevölkerung geschätzt wurde und inzwischen, um ein paar Ingredienzen angereichert, auch in besseren Kreisen goutiert wird.

Torta di pane (Brotkuchen)

300 g Brot	1 EL Kakao
5 Amaretti	1 Gläschen Grappa
1 l Milch	200 g Sultaninen
1 Ei	1 kleiner Beutel Vanillezucker
1 Prise Salz	50 g Cedro
1 Zitrone (Saft und geriebene Schale)	50 g Pinienkerne
180 g Zucker	etwas Butter

Das Brot in der heißen Milch mindestens vier Stunden aufweichen, die übrigen Zutaten (außer Pinienkerne und Butter) hinzufügen und gut durchkneten. Die Masse in eine mit Butter bestrichene Springform geben, die Pinienkerne darüber streuen und in den auf 220 Grad erhitzten Backofen schieben. Nach einer Stunde bei 150 Grad weitere dreißig Minuten ausbacken.

Dieser Brotkuchen ist auch unter der Bezeichnung *Torta dei poveri* (Armeleute-Kuchen) bekannt und wurde nur an Feiertagen zubereitet. Zur Herstellung verwendete man neben altem Brot lediglich ein paar Zutaten, die man selber produzierte (Milch, Eier, getrocknete Trauben, Cedro, Pinienkerne, Grappa ...). Erst später, in Zeiten wachsenden Wohlstandes kamen auch Vanillezucker und Amaretti dazu. Wenn keine Amaretti vorhanden sind, kann man auch geriebene Mandeln verwenden und den Kakao (oder die Schokolade) reichlicher bemessen. Grappa lässt sich durch Rum, Calvados oder Cognac ersetzen. Cedro ist hierzulande meistens nicht erhältlich, gleicht aber in vielem klein geschnittenen getrockneten Aprikosen oder Zitronat und Orangeat. Eier werden im Originalrezept sehr sparsam verwendet. Wenn man mehr Eier nimmt, gibt man weniger Milch dazu. Die Backmasse soll leicht dickflüssig sein. Schwarze oder verbrannte Brotkrusten sollte man wegschneiden, weil der Kuchen sonst etwas bitter schmeckt.

1974 schrieb eine Firma in Lugano einen Wettbewerb für die *Torta di pane* aus. Von den vierhundert eingereichten Rezepten wurde dieses als bestes befunden.

Der französische Brotkrieg übrigens wurde erst nach der großen Revolution entschieden, als in Paris weder Arbeiter noch Aristokraten, sondern nur noch *citoyens* herumliefen. Ihnen verordnete die Nationalversammlung mit Dekret vom November 1793 ein »Einheitsbrot der Gerechtigkeit«, das aus drei Teilen Weizen und einem Teil Roggen bestand.

Die Macht des Magens und der Drang zum Reden

François Rabelais (um 1494–1553), anfänglich Franziskaner, dann Benediktiner, schließlich Weltgeistlicher und Arzt, zuallererst und immer jedoch Schriftsteller und Erzähler von überschäumender Fantasie und überbordendem Witz, räumt dem Essen in seinen ausgefallenen Geschichten einen breiten Raum ein. Gargantua (›der Herabschlinger‹) beispielsweise, der

Gargantua bei einer Zwischenmahlzeit. Farbdruck, 19. Jahrhundert

Titelheld des gleichnamigen Romans, ist schon aufgrund seiner Herkunft zum Schwelger und Fressbeutel prädestiniert, ist er doch der Sohn des heißhungrigen Grandgousier (›Großschlund‹) und der nimmersatten Gargamelle (›Riesenkehle‹), die noch wenige Augenblicke vor ihrer Niederkunft mehrere Töpfe Kutteln verschlingt. Was den Sohn betrifft, wacht der morgens gewöhnlich zwischen acht und neun Uhr auf. »Nachgehends schiss er, pisst' er, kotzt' er, rülpst' er, furzt' er, gähnt' er, spie er, hustet', räuspert', niest' und rotzt' er wie ein Archidiakon, und frühstückt', den Frühtau und Nebel zu vertreiben, schöne Karbonädel, schöne Schinken, schöne Ziegenbraten und fette Frühsuppen vollauf« (im Original *soupe de prime*: in eine dicke Soße getauchte Brotscheiben, die in den Klöstern zur ersten Betstunde, morgens um 6 Uhr, gereicht wurden). Dazu, der Mensch lebt ja nicht von fester Speise allein, schüttet er »unablässige Kehl-Schemm« in Form von »Rebsäfteln« in sich hinein.

Ganz anders geht es zu in Theodor Fontanes Roman *Der Stechlin*, als die Stiftsvorsteherin Adelheid zum Diner lädt. Auf Suppe und Fisch folgt als Zwischengericht ein Linsenpüree mit gebackenem Schinken; zum Hauptgang gibt's gespickte Rebhuhn-

15

flügel. Das Kosten dieses Gerichts gleicht eher einem Kosen; das Gespräch zwischen dem Hauptmann von Czako und seiner Tischdame nimmt eine entsprechende Wendung. Was er, der Hauptmann, denn nun vorziehe, möchte die Dame wissen, Krammetsvögelbrüste, die es am Vortag beim Baron Dubslav Stechlin gab, oder Rebhuhnflügel? Die pikante Soße und der wogende Busen der Tischnachbarin wirken inspirierend: »Im Allgemeinen, mein gnädiges Fräulein, ist die Frage wohl zugunsten Ersterer entschieden. Aber hier und speziell für mich ist doch wohl der Ausnahmefall gegeben.« »Warum ein Ausnahmefall?« »Sie haben recht, eine solche Frage zu stellen. Nun denn, in Brust und Flügel ...« »Hihi.« »In Brust und Flügel schlummert, wie mir scheinen will, ein großartiger Gegensatz von hüben und drüben; es gibt nichts Diesseitigeres als Brust, und es gibt nichts Jenseitigeres als Flügel. Der Flügel trägt uns, erhebt uns. Und deshalb, trotz aller nach der andern Seite hin liegenden Verlockung, möchte ich alles, was Flügel heißt, doch höher stellen.«

———————————————————◄○►———————————————————

Gefüllte Hühnerbrüstchen

Wenn wir uns diesmal trotzdem für das Diesseitigere entscheiden, bedeutet das nicht, dass wir deswegen das Jenseitigere verachten.

4 möglichst große Hühnerbrüstchen	**Bratbutter**
Salz, Pfeffer, Curry	

Für die Füllung	
4 Scheiben Ananas	*Für die Panade*
1 EL Öl	*1 Ei*
1 EL Weißweinessig	*Salz, Pfeffer*
1 kleines Gläschen Sherry	*1 EL Mehl*
1 kleines Stück geraspelter Ingwer	*4 EL geraspelte Kokosnuss*

Die Ananasscheiben in *sehr* kleine Stücke schneiden und in wenig Öl kurz braten. Essig, Sherry und Ingwer beimischen. Die Flüssigkeit etwas verdampfen lassen. Auskühlen lassen.

In die Hühnerbrüstchen eine Tasche schneiden. Innen und außen mit Salz, Pfeffer und Curry bestreuen, die Füllung in die Hühnerbrüstchen geben und diese mit einem Zahnstocher verschließen.

Das verquirlte Ei mit Salz und Pfeffer würzen, die Hühnerbrüstchen im Mehl und dann im Ei wenden, anschließend mit der geraspelten Kokosnuss panieren und bei mittlerer Hitze braten. Dazu passt Reis. Eine besondere Note erhält dieses Gericht, wenn man zum Braten der Ananasstückchen Sesamöl verwendet.

———————————————————◄○►———————————————————

Spielend schafft Fontane den Sprung vom Sinnlich-Kulinarischen in die Gefilde einer Metaphysik, die wiederum erotisch eingefärbt ist. Gleichzeitig erweist er sich dabei nicht nur als herausragender Sprachartist, sondern auch als feinsinniger Cicerone; das Gekicher der Tischdame soll auch den Begriffsstutzigen klar machen, dass *l'amore profano e l'amore sacro*, was wir hier mit *Tafelfreuden und Jenseitslust* übersetzen möchten, einander keineswegs ausschließen. Es ist dies beileibe nicht das einzige Mal, dass Fontane zeigt, wie Worte eine Mahlzeit würzen.

Bei Rabelais hingegen wird nicht geredet, sondern bloß gefuttert. Hier kommt nicht »zuerst das Fressen und dann die Moral«. Hier geht es nur noch ums Fressen. Gargantua hat nichts übrig für geistreiche Unterhaltung. Die Nahrungsaufnahme erfolgt mit animalischer Lust – was sich, literarisch durchaus konsequent, auf der narrativen Ebene in einer drastisch-derben Fäkalsprache niederschlägt.

Einerlei, ob Rabelais, wie gelegentlich behauptet, mit seinen Darstellungen die heimatliche Touraine zum Schlaraffenland hochstilisiert, oder ob er die in der ersten Hälfte des 16. Jahrhunderts an den Fürstenhöfen üppigen Gelage proletisch parodiert – in jedem Fall erinnern die von ihm geschilderten Fressorgien zumindest indirekt daran, dass Sprache und Speise, aber auch Kultur und Kost und damit Wort und Nahrung miteinander wenn nicht gerade verschwistert so doch verschwägert sind. Beide dienen dazu, einen Appetit zu befriedigen, der sich immer wieder einmal manifestiert in ungezügelter Gier. Wir lechzen nach Erkenntnis, bekunden einen maßlosen Wissensdurst, werden umhergetrieben von einem unersättlichen Bildungshunger. Oft können wir uns gar nicht satt hören, nicht genug bekommen, verlangen nach mehr ... Wer etwas länger herumschnüffelt im Haus der Sprache, gerät irgendwann unweigerlich in die Küche. Dort bietet sich Gelegenheit, nicht nur in Tiegeln und Töpfen, sondern auch in Kochbüchern und anderem Gedruckten zu schnuppern; es stößt einem nicht bloß der Gurkensalat auf, sondern auch die spitze Bemerkung. Kinder, die herunterwürgen müssen, was auf den Tisch kommt, werden hoffentlich später im Berufsleben nicht alles in sich hineinfressen; das würde auf den Magen schlagen. Aber es gibt noch mehr der Bilder und Vergleiche, die mit Mund und Magen, auch mit Gaumen und Gedärmen zu tun haben. Da hört man von Leuten, die ganze Romane verschlingen, die eine würzige Rede goutieren, die sich nichts machen aus bitteren Vorwürfen oder süßen Versprechungen; andere hingegen wissen saftige Ausdrücke, gepfefferten Witz und pikante Geschichten (und Rabelais) über alles zu schätzen, während sie Kritik (und Kutteln) nur schwer verdauen.

Bei so vielen Metaphern aus dem Bereich der Nahrungsaufnahme verwundert es kaum, dass plötzlich einer auf den Gedanken verfällt, die Sprache beim Wort zu nehmen. So berichtet das Alte Testament, wie Gott dem Propheten Ezechiel eine Buchrolle übergibt mit dem Auftrag, sie zu verzehren. Er isst sie »und sie war in meinem Munde so süß wie Honig«. Anschließend beginnt der Gottesmann zu predigen. Wes' der Magen voll ist, des' geht der Mund über.

Das Wort – eine geistige Speise? Fragt sich bloß, was jemand sich einverleibt. Der heilige Papst Gregor der Große († 604), der die Schriften des Augustinus über alles schätzte, bezeichnet diese als »Weizenmehl«. Sein eigenes Geschreibsel hingegen betrachtet er – aus Koketterie oder aus falscher Bescheidenheit bleibe dahingestellt – als »Kleie«. Unbestritten findet sich auch unter den geistigen Nahrungsmitteln viel Fastfood im Angebot. Überdies besteht allem Anschein nach ein direkter Zusammenhang zwischen Völlerei und Vorwitz. Gefräßigkeit und Geschwätzigkeit sind keine Zwillinge, aber doch Verwandte. Dem gierenden Schlund entspricht eine lose Zunge. Diese Beziehung hat der Kirchenlehrer Isidor von Sevilla († 636 n. Chr.) schon auf der etymologischen Ebene ausgemacht: »Der Mund (lateinisch: *os*) wird so genannt, weil durch ihn wie durch ein Tor (*ostium*) Speisen hinein- und Worte herausgehen.« Anders ausgedrückt: Sage mir, wie du isst, und ich sage dir, wie du sprichst. Oder umgekehrt: Ich höre wie du sprichst, und ich weiß, wie du isst.

Dass eine offensichtliche Ähnlichkeit besteht zwischen mäßigem Essen und ausgewogener Rede (oder, unter anderen Vorzeichen, zwischen Gefräßigkeit und Geschwätzigkeit) ließe sich historisch anhand der im antiken Griechenland zelebrierten Symposien aufzeigen, bei denen es meist nur zu Beginn halbwegs gepflegt zuging. Das dem Symposion vorausgehende Abendessen war eher einfacher Natur. Den eigentlichen Höhepunkt bildete nicht die Mahlzeit, sondern die sich anschließende gehobene Unterhaltung, die mit zunehmendem Weingenuss einen spürbar geselligeren Charakter annahm und häufig in ein kollektives Besäufnis ausartete. Wobei die geistreichen Reden mit schöner Regelmäßigkeit zu zotigem Gerede degenerierten (was Platon schamvoll verschweigt). Häufig endeten diese Zusammenkünfte damit, dass die grölenden Gäste auf dem Nachhauseweg die Gassen Athens unsicher machten. Was beweist, dass Goethes Faust mit seiner Zwei-Seelen-Theorie nicht ganz daneben liegt.

Um Exzessen beim Mahl zu wehren, entstanden im 13. Jahrhundert sogenannte Tischzuchten. Plötzlich galt es jetzt als unanständig, das Messer am Stiefelschaft zu säubern und ins Tischtuch zu schnäuzen oder Brocken kauend sich an einem Gespräch zu beteiligen.

Essen oder erzählen, erst schlucken und dann sprechen – damit sollte der Gedankenaustausch an der Tafel nicht behindert, sondern reguliert und kultiviert werden. Wie wenig dies gelang, ist in einer von Erasmus von Rotterdam im Jahre 1511 veröffentlichten *Tischzucht* nachzulesen: »Manche Leute schlingen mehr, als dass sie essen, nicht anders, als wenn sie ihre Henkersmahlzeit hätten. Manche stopfen gleichzeitig so viel in den Mund, dass ihre Backen auf beiden Seiten wie Schläuche anschwellen. Wieder andere schmatzen beim Essen wie die Schweine. Es ist weder anständig noch ratsam, mit vollem Mund zu trinken oder zu reden.«

Eltern, die ihren Nachwuchs Tischmanieren lehren, drücken das viel prägnanter mit einem kategorischen Imperativ aus: Schweig und iss! In vielen Klöstern gilt diese

Maxime noch heute. Klöster – manche denken da an kurze Mahlzeiten und karges Essen, andere an opulente Gastmähler und korpulente Mönche. Tatsache ist, dass man in Nonnenstiften und in Mönchskonventen den geistlichen Stärkungen zeitweise eine etwas geringere Bedeutung beimaß als den handfesten Tafelfreuden. Wenn aber ein Zusammenhang besteht zwischen einem gierenden Schlund und einer losen Zunge, kann Letztere bei Tisch am ehesten durch ein Sprechverbot gezügelt werden. Ob die in manchen Mönchsgemeinschaften während des Essens übliche Tischlesung die Gedanken auf Höheres lenkt, darf bezweifelt werden. Jedenfalls ist es nicht leicht, angesichts dampfender Schüsseln und gefüllter Platten auch noch geistliche Nahrung zu löffeln, zumal sich in den frommen Vortrag des Vorlesers menschliche Urlaute mischen,

Lorenzo Lorenzetti, Tischlesung im Kloster. Tafel aus einem der hl. Humilitas gewidmeten Altar, um 1315

die sich sonst nur in der Sprechblasen-Literatur finden: Schmatz! Grunz! Schnäuz! Knurr! Schlürf! Seufz! Aber von der Pisa-Studie soll hier jetzt nicht auch noch die Rede sein.

Ein gehobenes Tischgespräch ist einer gelehrten Tischlesung allemal vorzuziehen. Wobei zu einer deftigen Speise durchaus ein paar kräftige Worte passen. Wie Luthers *Tischreden* zeigen, muss die Seele darob keinen Schaden leiden. Wenn bei Fontane nicht Rebhuhnflügel und Vögelbrüste, sondern Eisbein mit Sauerkraut auf den Tisch gekommen wäre, hätte sich der Hauptmann von Czako, statt ins Metaphysische auszuweichen, seiner Tischdame ganz bestimmt offenbart: Das Eisbein schmeckt ja ganz vorzüglich – und *Sie* hab' ich nun mal zum Fressen gern.

――――――――――◄○►―――――――――――

Eisbein mit Sauerkraut

1 Schweinshaxe (ca. 1,5 kg)   *1 Apfel (Boskop)*
800 g Sauerkraut   *2 Lorbeerblätter*
1 große Zwiebel   *4–5 Wacholderbeeren*
2 EL Zucker   *etwas Kümmel*
2 EL Bratfett   *250 ml Gemüsebrühe*

19

Die Zwiebel schälen und würfeln. In einem Topf den Zucker im Bratfett karamellisieren, die

Zwiebel zugeben und glasig dünsten, das Sauerkraut hinzufügen, mit der Zwiebel vermischen und gut anbraten, dann mit der Gemüsebrühe ablöschen und die Gewürze dazugeben. Die Schweinshaxe auf das Sauerkraut legen und etwa anderthalb Stunden auf kleiner Flamme garen. Die Schweinshaxe anschließend für einige Minuten in dem auf 230° erhitzten Backofen grillen, damit sich eine krosse Kruste bildet. Das Fleisch vom Knochen lösen, in Stücke schneiden und auf dem Sauerkraut servieren.

Backofenkartoffeln

750 g Kartoffeln	*Rosmarin (Nadeln oder Pulver)*
3 EL Öl	*Pfeffer, Salz*
1 TL Butter	

Die Kartoffeln mit einer Bürste gründlich waschen, abtrocknen und ungeschält der Länge nach halbieren. Die Schnittflächen großzügig mit Öl bestreichen, salzen, pfeffern und einige Rosmarinnadeln oder etwas Rosmarinpulver darüber streuen. Mit der Schnittfläche nach oben auf ein mit Butter bestrichenes Backblech verteilen und eine gute halbe Stunde in dem auf 220° erhitzten Ofen backen. Am besten schmecken die Backofenkartoffeln natürlich, wenn man frischen Rosmarin verwendet.

Der Abbé und der Schriftsteller

Man kennt ihn seit über 3000 Jahren. Die Ägypter opferten ihn den Göttern und nahmen ihn gleich bündelweise mit ins Grab. In den Kochbüchern der Römer figurierte er unter den Delikatessen. Im antiken Griechenland trug man ihn als Amulett zur Verhinderung von Schwangerschaften.

Wir reden vom Spargel. Archäologen stießen auf seine Überreste in der Stufenpyramide von Sakkra bei Memphis, die für die Pharaonen der 5. und 6. Dynastie (2470–2160 v. Chr.) gebaut wurde. Bei Ausgrabungen der am 24. August im Jahre 79 n. Chr. bei einem Ausbruch des Vesuvs verschütteten Stadt Pompeji entdeckte man ihn auf Wandgemälden. Die Römer waren es denn auch, welche den Spargel zu den Barbaren nach Germanien und Gallien brachten. Die aber lümmelten damals noch auf ihren Bärenfellen herum und vermochten dem neuen Gemüse nichts abzugewinnen.

In Europa erfuhr der Spargel die ihm gebührende Wertschätzung erst wiederum im 16. Jahrhundert, als die Palastdamen und Hofschranzen Ludwigs XIV. allmählich auf den Geschmack kamen. In der Folge wurde der Spargel nicht nur an den französischen Fürstenhöfen, sondern auch in den dortigen Klöstern sehr beliebt, von wo aus er dann fast den ganzen Kontinent eroberte.

In Deutschland scheint der Spargel 1568 zum ersten Mal angebaut worden zu sein, und zwar von Johann Casimir, dem Leibarzt des Pfalzgrafen vom Rhein, der Setzlinge aus Frankreich nach Stuttgart mitgebracht hatte.

Dass die Mär, nach welcher das königliche Gemüse der Manneskraft besonders förderlich sein soll, aus dem seit jeher etwas lasziven Frankreich stammt, ist eine unbeweisbare Vermutung. Fest steht hingegen, dass die eindeutige Gestalt des Spargels immer wieder Anlass zu zweideutigen Reden gibt.

Spargel. Miniatur aus dem Hausbuch der Familie Cerruti (14. Jahrhundert)

Nach unserem heutigen Kenntnisstand kam Jean de la Quintinie, ein Zeitgenosse Ludwigs XIV., als Erster auf den Gedanken, den Spargel in aufgeschüttetem Erdreich zu ziehen.

Ein Franzose war es auch, welcher ausgerechnet im Hinblick auf den Spargel bewies, dass kulinarischer Feinsinn und pragmatisches Denken einander keineswegs ausschließen müssen. Eines Abends nämlich erhielt der Schriftsteller und Philosoph Bernard Fontenelle (er verstarb 1757 in Paris, wenige Tage vor seinem hundertsten Geburtstag) unerwartet Besuch von einem gewissen Abbé Terrasson. Da gerade ein Spargelessen anstand, war Fontenelle wohl oder übel gezwungen, den Besucher zu diesem Mahl einzuladen. Seinem Diener befahl er, die eine Hälfte des Spargels nach seinem eigenen Geschmack mit Essig und Öl zuzubereiten, die andere jedoch an einer vom Abbé geschätzten weißen Soße anzurichten. Unglücklicherweise wurde der Abbé kurz vor dem Essen von einem Schlaganfall getroffen. Worauf Fontenelle stracks in die Küche rannte und schon von Weitem schrie: »Den ganzen Spargel mit Essig und Öl!«

Zumindest teilweise hat der Geist des Abbé nachträglich doch noch über den Geschmack des berühmten Schriftstellers triumphiert. Noch heutzutage nämlich kennt man den Spargel à la Fontenelle. Aber der wird nun gerade nicht mit Essig und Öl zubereitet, sondern mit einem weich gekochten Ei und geschmolzener Butter serviert. 21

Spargel-Feuilletés mit Morcheln

15 g getrocknete Morcheln
16 eher dünne (grüne und/oder
weiße) Spargeln
Salz
1 gestrichener TL Zucker
15 g Butter
1½ EL Mehl
100 ml Morchel-Einweichwasser

50 ml Portwein
100 ml Kaffeesahne
1 Brühwürfel
weißer Pfeffer
300 g Blätterteig, rechteckig ausgewallt
1 Eigelb
2 EL Milch oder etwas Eiweiß

Die Morcheln für etwa drei Stunden in lauwarmem Wasser einweichen. Den weißen Spargel schälen (beim grünen ist das nur am unteren Ende nötig) und im Salzwasser unter Zugabe von 1 TL Zucker bissfest garen. Abkühlen lassen. Die Morcheln gründlich waschen; die größeren in Stücke schneiden. Das Wasser filtern und die Pilze während 20 Minuten darin kochen. Absieben und von dem Wasser etwa 100 ml aufheben.

Die Butter in einem Topf erhitzen und das Mehl darin anschwitzen, bis es eine goldgelbe Farbe annimmt. Mit dem Schneebesen das zurückbehaltene Morchelwasser, die Kaffeesahne und den Portwein (als Ersatz eignen sich Sherry, Madeira oder Cognac) unterrühren. Den zerbröselten Brühwürfel, etwas Pfeffer und anschließend die Morcheln beifügen und die Soße eine Viertelstunde sanft köcheln. Allenfalls mit etwas Salz abschmecken und auskühlen lassen.

Den ausgewallten Blätterteig in 4 Rechtecke schneiden. Je 4 Spargeln drauflegen und mit der kalten Soße bestreichen. Die Teigränder der Länge nach auf der Innenseite mit etwas Milch oder Eiweiß bestreichen und das Ganze zu einem Päckchen zusammenrollen. Die Päckchen mit dem Verschluss nach unten auf ein Backblech legen, die Oberseite mit Teigresten verzieren, mit Eigelb bestreichen und mit einer Gabel 3–4 Mal einstechen. Das Blech für gut zwanzig Minuten in die Mitte des auf 200° erhitzten Backofens schieben. Von der Soße bleibt möglicherweise etwas übrig. Aufwärmen und einen Soßenspiegel auf die Teller geben und die mit Spargel und Morcheln gefüllten Blätterteigrollen draufsetzen.

Und wie hätte ich den Spargel gegessen? Weder nach der Art von Monsieur Fontenelle, noch nach der Manier des hochwürdigen Herrn Abbé. Sondern gekocht und mit etwas flüssiger Butter übergossen. Ohne Schinken, ohne Kartoffeln, ohne etwas. Das heißt, ein Gläschen spritzigen trockenen Domherrenwein aus dem schweizerischen Wallis hätte ich dazu schon getrunken. Damit die geistliche Komponente nicht gänzlich fehlte.

Zucchinirollen mit Spargelpüree

2 Zucchini
wenig Olivenöl
etwas Meersalz

100 g Frischkäse
(Meerrettich-Cantadou, Pfeffer-Cantadou)

Die Zucchini der Länge nach in dünne Scheiben schneiden. Diese beidseitig in wenig Öl braten. Auskühlen lassen, auf der Oberseite mit ein paar Körnern Meersalz bestreuen und an dem einen Ende einen TL Frischkäse draufgeben. Einrollen. Die Zucchiniröllchen auf die Teller stellen.

Gerupfter

Als Füllung eignet sich auch ein ›Gerupfter‹ (oder ›Obatzter‹, wie man in Bayern sagt).

100 g reifer Camembert
125 g Frischkäse
50 g weiche Butter

½ fein gehackte Zwiebel
etwas Paprikapulver und Pfeffer

Sämtliche Zutaten mit einer Gabel zu vermengen, die Zucchinischeiben damit bestreichen und einrollen. (Einen ›Gerupften‹ kann man natürlich auch mit frischem Weißbrot servieren!)

Spargelspitzen mit Spargelpüree

16–20 gekochte, noch
bissfeste Spargelstangen

Salz, Pfeffer
100 ml steif geschlagene Sahne

Spargel bissfest zubereiten (siehe Rezept *Spargel-Feuilletés mit Morcheln*). Die Spitzen (ca. 5 cm) abschneiden und auf Tellern hübsch anrichten. Den Rest der Spargelstangen mit dem Stabmixer pürieren, salzen und pfeffern. Die Masse in einem Topf erhitzen und steif geschlagene Sahne unterziehen. Das Püree über die Enden der Spargelspitzen gießen.

Ohrenschmaus und Gaumenlust

Von Gioacchino Rossini (1792–1868) gibt es eine ganze Menge Anekdoten. Eine davon behauptet, dass der Maestro in seinem Leben nur dreimal geweint habe, nämlich als sein *Barbier von Sevilla* bei der Uraufführung durchfiel, das zweite Mal, als er eine Arie seines Landsmanns Carafa hörte, und schließlich, als er während einer Bootsfahrt den Flügel eines getrüffelten Huhns versehentlich in den Comer See fallen ließ. Tatsächlich war Rossini sein halbes Leben lang hin- und hergerissen zwischen Konzertsaal und Küche. Während seine Opern zum festen Bestandteil aller Musiktheater der Welt gehören, bilden die von ihm kreierten Gerichte einen unabdingbaren Bestandteil der Speisekarten renommierter Restaurants. Der Komponist machte kein Geheimnis daraus, dass er üppige Mahlzeiten nicht weniger schätzte als die Musik. Wurst und Nudeln ließ er sich aus seiner italienischen Heimat bis nach Paris nachschicken, wo er ab 1823 für zwei Jahre die Italienische Oper leitete. Später kaufte er sich für die Pastaherstellung eigens eine kleine Maschine.

Die Enttäuschung über den Misserfolg des *Barbiere* hielt nicht lange an. Schon bei der zweiten Vorstellung schlug die Verstimmung in Enthusiasmus um. Mit Begeisterungsstürmen reagierte das Publikum auch, als 1829 Rossinis letzte große Oper, *Wilhelm Tell*, uraufgeführt wurde. Drei Jahre später, 1832, schrieb der Maestro sein letztes größeres Werk, ein *Stabat Mater* (das er 1841 umarbeitete). Mit 37 Jahren hörte er mit dem Musizieren auf und widmete sich dem Komponieren von Pasteten, Salaten und anderen delikaten Speisen – *nuova musica in cucina*, statt *piano* und *allegro vivace* im Konzertsaal. Um Rossinis neue Schöpfungen zu genießen, war kein Musikgehör vonnöten. Die Erfindung seiner berühmten Tournedos jedenfalls gilt nach wie vor als eine Sternstunde der Gastronomie. Bei diesem erlesenen Gericht verbinden sich zartes Rindfleisch, cremige Gänseleber und köstliche Trüffeln zu einem vollkommenen Dreiklang.

Tournedos à la Rossini

4 ca. 3 cm dicke Scheiben
Rindsfilet (Tournedos)
wenig Olivenöl
schwarzer Pfeffer
2 EL Sonnenblumenöl
30 g Butter

Salz
4 Scheiben Toastbrot
Butter
4 Scheiben Gänseleber
1 kleiner Trüffel

24

Die Rindsfiletscheiben mit der Hand klopfen, mit etwas Olivenöl bestreichen und mit Pfeffer bestreuen. In einer Bratpfanne wenig Öl zusammen mit der Butter stark erhitzen und die Tournedos auf jeder Seite 1 Minute anbraten. Die Hitze reduzieren und die Tournedos unter zweimaligem Wenden weitere 2–5 Minuten braten (je nachdem, ob man sie *bleu, saignant, à point, cuit* oder *bien cuit* mag). Salzen und warm stellen. Das Toastbrot in etwas Butter rösten und auf eine vorgewärmte Platte geben. Die Fleischstücke darauflegen und mit einer Scheibe Gänseleber und gehobelter Trüffel garnieren. Was die Gänseleber betrifft, verzichte ich darauf – es sei denn, die Gans stamme von Nachbars Hof.

◄○►

Tournedos à la Rossini – das bedeutet, dass sie nach Art des berühmten Musikers zubereitet werden. Gelegentlich jedoch stoßen wir auf der Speisekarte auf Gerichte, bei denen das *à la* fehlt – was beispielsweise für die *Pêches Melba* zutrifft. Diese wurden nicht *von* der berühmten australischen Sängerin Nellie Melba (eigentlich Helen Porter Armstrong; 1861–1931), sondern *für sie* erfunden, und zwar von dem französischen Meisterkoch Georges Auguste Escoffier (1846–1935), der diese Leckerei zu Ehren der berühmten Sängerin kreierte und nach ihr benannte.

◄○►

Pêches Melba

250 ml Wasser	*180 g Zucker*
3 EL Zucker	*etwas Zitronen- oder Limettensaft*
1 Vanilleschote	*1–2 TL Kirsch*
8 enthäutete Pfirsichhälften	*4 Kugeln Vanilleeis*
350 g frische Himbeeren	*Mandelsplitter*

Das Wasser mit dem Zucker und der aufgeschlitzten Vanilleschote zum Kochen bringen. Die Pfirsichhälften im Sirup 5 Minuten blanchieren. Abkühlen lassen. Die Himbeeren durch ein Sieb passieren. Zucker zugeben und unter Rühren erhitzen. Den Zitronen- oder Limettensaft zugießen. Die Soße mit Kirschwasser aromatisieren und erkalten lassen. In vorgekühlte Gläser je 1 Kugel Vanilleeis geben. 2 Pfirsichhälften darauf legen, mit der Soße übergießen und allenfalls noch mit gerösteten Mandelsplittern garnieren. Letztere in einer Teflonpfanne ohne Zugabe von Fett oder Öl leicht erhitzen; auf diese Weise werden die ätherischen Öle freigesetzt.

◄○►

25

Bisweilen kam es sogar vor, dass Starköchinnen oder Dreisterne-Köche den Heiligen huldigten, indem sie ihnen ein Gericht widmeten. Es gilt dies etwa für die *Croutons Cäcilia.*

Croutons Cäcilia

4 kleine runde Brötchen
16–20 Spargelspitzen (oberste Enden!)
etwas Schlagsahne

Sauce Mornay
4 EL geriebener Käse
(Greyerzer, Appenzeller…)

Die Brötchen halbieren, aushöhlen, mit Spargelspitzen füllen und steif geschlagene Sahne darüber verteilen. Dann wird das Ganze mit einer Soße Mornay überzogen, mit geriebenem Käse bestreut und für 8–10 Minuten in den auf 200° erhitzten Ofen geschoben.

◄◇►

Die heilige Cäcilia, Schutzheilige der Musik; Gemälde von Carlo Saraceni, Galleria Nazionale d'Arte Antica, Rom

Leider wissen wir nicht, wer dieses Rezept der Patronin der Musizierenden widmete. Die *Sauce Mornay* hingegen wurde zu Ehren des Theologen und Diplomaten Philippe Mornay (1549–1623), eines Beraters König Heinrichs IV. von Frankreich, geschaffen. Der Name des Urhebers oder der Erfinderin ist unbekannt.

◄◇►

Sauce Mornay

20 g Butter
20 g Mehl
250 ml Milch

Salz, weißer Pfeffer
40 g geriebener Emmentaler
1 Eigelb

Die Butter erhitzen, das Mehl einstreuen und anschwitzen, unter Rühren die Milch zugeben, rund 5 Minuten köcheln, mit etwas Salz und weißem Pfeffer abschmecken, den geriebenen Emmentaler unterziehen, das Eigelb mit etwas Soßenflüssigkeit in einem Gefäß anrühren und in die warme (nicht heiße!) Soße geben. Eignet sich auch zu gekochtem Spargel.

◄◇►

Ausnahmen bestätigen die Regel, auch auf dem Gebiet der Gastronomie. Die berühmte *Sauce Dumas* beispielsweise wurde nicht für oder zu Ehren des französischen Schriftstellers, sondern von ihm selber kreiert. Genau genommen müsste sie eigentlich *Sauce à la Dumas* heißen. Diese Köstlichkeit verdankt sich einem verschlafenen Schaffner, der sich scheute, einen Schläfer zu wecken, einem Kellner, welcher dem Schläfer eine Lektion erteilte und schließlich dem Schläfer selber, der seinen Spieltrieb nicht im Casino, sondern an einem Wirtshaustisch auslebte.

Bei dem Schläfer handelte es sich um Alexandre Dumas *père*. Der war mit der Bahn unterwegs und musste in Dijon übernachten, weil der Schaffner vergessen

Gedenken an Sir Henry, Ausschnitt: Tafelgesellschaft, die mit Musik und Maskenspiel unterhalten wird, 1596

hatte, den Dösenden in Mâcon wachzurütteln. Im Hotel, wo er am späten Abend zu speisen gedachte, konnte ihm der Kellner außer zwei Hammelkotteletts und einem halben Huhn nichts anbieten – beides kalt. Welchen Senf denn Monsieur dazu wünsche? *Du Dijonnais, naturellement.* Das war ungefähr so geschickt, als hätte er in Italien auf die Frage nach seinen Weinwünschen geantwortet: Italienischen selbstverständlich! Der etwas indignierte Kellner behielt die Contenance: *Monsieur,* wir haben 84 Sorten Senf *pour messieurs* und 29 *pour dames.* Dumas bestellte die beiden besten. Das wiederum schien dem Kellner zu wenig; er trug je sechs Sorten auf. Was weiter sich ereignete, lassen wir uns von Dumas selber erzählen: »Ich orderte Thunfisch und Ölsardinen, die ich auf meinem Teller zu einem feinen Brei zerdrückte, fügte zwei hart gekochte fein geschnittene Eier hinzu, zerkleinerte ein Cornichon, würzte mit zwei Sorten Senf, nämlich mit mildem und mit scharfem, schmeckte mit Tafelessig von Maille ab und ließ mir dann alles durch ein Sieb streichen. Was ich jetzt auf kleinem Teller zurückbekam, war eine himmlische Soße, die zu meinem Kotelett nicht übel war, zu Austern und Schalentieren jedoch ideal sein musste.« Das zu probieren lohnt sich allemal. Hier das Rezept:

27

Sauce Dumas

(für 6 Personen)

4 harte Eigelbe	*1 EL Sardellenpaste*
Salz, Pfeffer	*1 EL fein gehackter Kerbel*
2 EL Weinessig	*6 sehr fein gehackte Cornichons*
3 EL Olivenöl	*1 Messerspitze Paprika*
1 EL fein zerstoßener Thunfisch	

Die Eigelbe mit einer Gabel zerdrücken und mit Salz, Pfeffer, Essig und Öl vermischen. Thunfisch, Sardellenpaste, Kerbel und Cornichons hinzufügen. Paprika untermischen. Passt zu Salaten, zu gekochten Eiern, zu kaltem Braten undundund. Der Essig kann auch durch sehr trockenen Weißwein oder durch Zitronensaft ersetzt werden.

Wenn zu Beginn dieses Kapitelchens im Zusammenhang mit Rossini von Ohrenschmaus die Rede war, dachten wir dabei natürlich nicht nur an Musik, sondern auch an die beliebten *Schweinsohren*. Die heißen in der Schweiz *Prussiens*, in Deutschland spricht man von *Dessert-Preußen*, in Italien sind sie als *Biscotti Prussiani* im Handel, während man sie in Frankreich vornehm als *Cœurs de France* bezeichnet. Tatsächlich präsentieren sich die Schweinsohren ja herzförmig.

Allerdings eignet sich dieses Blätterteiggebäck nicht bloß zum Kaffee, sondern auch zum Aperitif – wenn man es entsprechend zubereitet.

Schweinsohren

1 Glas Pesto (ca. 150–200 g;	*1 rechteckiger Blätterteig*
wer den Pesto selber zubereiten mag,	*(ca. 300–350 g; kaufen wir fertig)*
findet in jedem italienischen Kochbuch	*1 Eiweiß*
mindestens zwei Rezepte)	

Den Blätterteig flach auslegen. Den Pesto mithilfe einer Teigkarte darauf verteilen und schön glatt streichen. Den Teig von den beiden Längsseiten her zur Mitte aufrollen, mit wenig Eiweiß befeuchten und zusammenkleben. Die Doppelrolle für eine knappe Stunde in die Gefriertruhe legen, damit sie etwas fest wird, anschließend in 6–8 mm breite Scheiben schneiden und diese auf ein mit Backtrennpapier belegtes Blech legen. In der Mitte des auf 220° erhitzten Ofens 12–15 Minuten backen. Heiß, lauwarm oder kalt servieren. Schweinsohren eignen sich auch zu Salat, Suppe oder als Snack.

Wem das zu kompliziert ist, kann beim Anhören der *Kleinen Nachtmusik* von Johannes Chrysostomos Wolfgangus Theophilus Mozart (1756–1791) eine Tüte Mozartkugeln verputzen. Auch so wäre für Ohrenschmaus *und* Gaumenlust gesorgt.

Fasten oder Feiern?

Der Herzog von Duras, Jacques-Henri de Durfort, seines Zeichens Marschall von Frankreich und damit Stellvertreter des *Connétable*, der Kronfeldherren, sah eines Tages den Philosophen Descartes (1596–1650) in seiner Wohnung bei reichhaltiger Tafel sitzen. »Was«, sagte der Herzog spöttisch, »Philosophen genießen Delikatessen?« »Warum denn nicht?« erwiderte Descartes. »Bilden Sie sich etwa ein, die Natur produziere ihre leckersten Sachen bloß für Dummköpfe?«

Gilt dieser Grundsatz auch für Kirchenleute? Der heilige Papst Pius V. (1566–1572) scheint da anderer Ansicht gewesen zu sein. Jedenfalls hatte er für kulinarische Genüsse gar nichts übrig. Verbürgt ist, dass die Ärzte die Schwindelanfälle, welche ihn während der Karwoche des Jahres 1568 befielen, auf die rigorose Fastenpraxis des Papstes zurückführten. Im folgenden Jahr vermochte ein neuer Leibmedikus den 64-Jährigen immerhin zu

Porträt von Bartolomeo Scappi, der mehrere Päpste bekochte

überreden, statt auf die Nahrungsaufnahme auf ein paar Kasteiungen zu verzichten. Der etwas kratzbürstige Nachfolger des heiligen Petrus erklärte sich einverstanden. Gleichzeitig drohte er am 22. Februar 1569 seinem Leibkoch Bartolomeo Scappi mit Exkommunikation für den Fall, dass der es wagen sollte, die pontifikale Fastensuppe, die bei einem Essen anlässlich des ersten Jahrestages seiner Inthronisation aufgetragen wurde, heimlich mit etwas Fleisch- oder Hühnerbrühe anzureichern ...

29

Gefüllte Hühnerbrüstchen an Safransoße

4 große Hühnerbrüstchen　　*Salz, Pfeffer*
120 g Gorgonzola　　*1 Zweiglein Rosmarin*
(oder ein anderer Blaukäse)　　*vier Würfel gefrorenen Blattspinat*

Safransoße

3 Silberzwiebelchen　　*1 Messerspitze Safran*
15 g Butter　　*150 ml Sahne (oder Kaffeesahne)*
80 ml Sherry　　*Salz, Pfeffer*
1 TL grobkörniger Senf　　*½ Zitrone (Saft)*

In die Hühnerbrüstchen Taschen schneiden, innen und außen mit Salz und Pfeffer würzen, mit dem Gorgonzola und dem aufgetauten Spinat füllen und mit einem Zahnstocher verschließen. Wenig Wasser mit dem Rosmarin in einem Topf erhitzen. Die Hühnerbrüstchen in ein Dampfkörbchen oder in ein großes Sieb legen und zugedeckt über dem siedenden Wasser etwa 15 Minuten dämpfen.
Für die Soße die Silberzwiebelchen fein hacken und in etwas Butter leicht glasig dünsten. Den Sherry zugeben, auf die Hälfte reduzieren und den Senf unterrühren. Die Sahne und den Safran und anschließend etwas Salz, Pfeffer und Zitronensaft hinzufügen. Die Soße etwas einkochen lassen und allenfalls nochmals mit ein wenig Sherry abrunden.

Wenn wir uns an diesem Gericht delektieren, halten wir uns nicht an die Grundsätze eines Pius' V., sondern halten es mit der heiligen Teresa von Avila (1515–1582). Der nämlich ist einmal Ähnliches widerfahren wie dem Denker Descartes. Als eine etwas bigotte Dame sich darüber wunderte, dass die Gottesbraut statt sich in Askese zu üben mit sichtlichem Appetit ein Rebhuhn verzehrte, war die Antwort knapp und klar: »Meine Liebe, merken Sie sich eines: Wenn Gebet, dann Gebet, und wenn Rebhuhn, dann Rebhuhn.« Das klingt ganz nach Descartes. Wenn der Theologe gewesen wäre, hätte er dem Herzog von Duras wohl geantwortet: »Bilden Sie sich etwa ein, der Weltenschöpfer habe all die guten Gaben bloß für die Gottesleugner erschaffen?«

Ein Fischkopf für die Kurtisane

Jacopo Negretti (genannt Palma il Vecchio), La Bella. Um 1520

Gleich hinter dem Marcellus-Theater, mitten in dem ehemaligen Ghetto von Rom, befinden sich die Via del Foro Piscario und die Via Sant' Angelo in Pescheria. Ursprünglich erhob sich an der Stelle, wo die beiden Straßen aufeinanderstoßen, der Porticus Octaviae, eine Säulenhalle, die Kaiser Augustus im Jahre 27 n. Chr. nach seiner Schwester Octavia benannte. Heute sind davon bloß noch ein paar klägliche Ruinen zu sehen. 755 ließ Papst Stephan III. an dieser Stelle die Kirche Sant' Angelo in Pescheria errichten.

Diese Kirche wie auch die Via Sant' Angelo in Pescheria verdanken ihren Namen der Tatsache, dass dort vom Mittelalter bis in die Neuzeit der Fischmarkt abgehalten wurde. Davon zeugt rechts vom Eingang zum Gotteshaus noch eine alte Inschrift, die besagt, dass alle Fische, welche den auf dieser Tafel dargestellten an Länge übertreffen, zu köpfen seien, und zwar an der Stelle, »wo die ersten Flossen beginnen« (*usque ad primas pinnas inclusive*). Diese Fischköpfe mussten dann den *Conservatores*, den Stadtvätern auf dem Kapitol, ausgehändigt werden.

Manche Historienforscher und Romexpertinnen mutmaßen, dass die Fischköpfe aus statistischen Gründen gesammelt wurden. Das schließt aber nicht aus, was andere für wahrscheinlicher halten, nämlich dass die *Conservatores* (unter dem Vorwand statistischer Erhebungen?) vor allem an den zarten Fischbäcklein interessiert waren, oder dass sie die Köpfe für eine köstliche Suppe verwendeten.

Römische Fischsuppe

*1 kg gemischte Fische
(Drachenköpfe, Krevetten, Seeteufel,
Gründlinge oder andere
Mittelmeerfische mit festem Fleisch)
500 g Miesmuscheln
2 Karotten
1 Zwiebel
1 Stange Sellerie*

*2 Bund Petersilie
2 Knoblauchzehen
Olivenöl
2 Tomaten
Salz, Pfeffer
2 Scheiben Schwarzbrot
2 gepresste Knoblauchzehen*

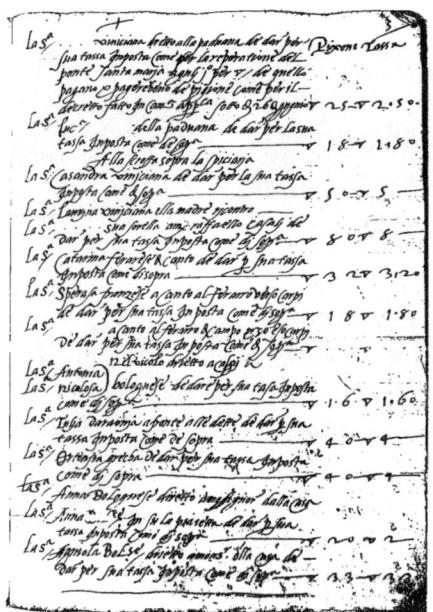

Liste der steuerpflichtigen Kurtisanen von Rom aus dem Jahr 1549

Das Gemüse (außer den Tomaten) klein hacken und in Olivenöl anbraten. Die Tomaten enthäuten, entkernen, in grobe Stücke schneiden, hinzufügen und alles dünsten. Mit Salz und Pfeffer würzen. Die Fische waschen, entschuppen, ausnehmen, in Stücke schneiden und dazugeben. Wasser dazugießen, bis sie bedeckt sind. Die Fische bei starker Hitze etwa zehn Minuten kochen. Inzwischen die gewaschenen und gereinigten Miesmuscheln in einem Topf mit etwas Öl so lange erhitzen, bis sie sich geöffnet haben, dann in den Schalen in die Suppe geben und noch einige Minuten mitkochen. Inzwischen die Brotscheiben mit dem Knoblauchsaft bestreichen und in einer Pfanne rösten. Die gerösteten Brotscheiben in Teller legen und die Suppe darübergießen.

◄○►

Erwähnt sei in diesem Zusammenhang eine Episode, welche der Historiograf Paolo Giovio in seinem 1527 veröffentlichten Buch *De piscibus marinis* (Über die Meeresfische) überliefert. Sie handelt von einem Fischkopf von wahrlich respektablen Ausmaßen, der zu Beginn des 16. Jahrhunderts im Kapitol abgegeben wurde und von dem die Stadtväter dermaßen beeindruckt waren, dass sie ihn umgehend dem Kardinal Riario, einem Neffen Sixtus' IV., zukommen ließen. Dieser wiederum reichte ihn an den schwergewichtigen Kardinal Sanseverino weiter, welcher ihn auf einem goldenen Teller dem Bankier und Erbauer der weltberühmten *Villa Farnesina*, Agostino Chigi, übersandte, der ihn seinerseits an die schöne Imperia, eine damals stadtbekannte Kurtisane und großherzige Mäzenin weiterschenkte. Die soll ihn dann, wie Paolo Giovio etwas indiskret vermerkt, zusammen mit einem Kavalier verspeist haben.

Eine mit der in Sant' Angelo in Pescheria fast identische Verordnungstafel mit detaillierteren Bestimmungen über die Abgabe von Fischköpfen findet sich auf dem zweiten Treppenabsatz des Konservatorenpalastes auf dem Kapitol. Auf dieser Marmorplatte ist das Basrelief eines Störs zu sehen. Damit haben wir den Beweis, dass sich dieser Fisch in früheren Zeiten im Tiber noch wohl fühlte. Bekanntlich wandert der Stör vom Meer flussaufwärts, um am Ort seiner Herkunft zu laichen. Heute ist er im Tiber nicht mehr anzutreffen.

Offiziell wurde das erwähnte Privileg der Stadtväter erst 1798 außer Kraft gesetzt, als sich in Rom eine kurzlebige Republik etablierte. Aber das ist wieder eine andere Geschichte.

32

Zum Fischmaß und den kapitolinischen Fischköpfen hingegen passt die Episode *Von einem der lieber groß als kleine Fisch isst,* welche Otho Melander und Joco Seria in ihre 1618 in Darmstadt veröffentlichte Sammlung von Schwankgeschichten *Das ist Schimpff und Ernst* aufgenommen haben.

Es kam ein guter Gesell in ein Wirtshaus an Tisch, da viel Herren saßen, und es kam unter andern ein köstliche Fisch-Essen und wurden die kleinsten und unachtbarlichsten Fisch für den Gesellen gekehret, da nahm er der

Verordnungstafel in Bezug auf die Abgabe von Fischköpfen im römischen Konservatorenpalast auf dem Kapitol.

kleinsten Fisch einen und tat ihn, als ob er etwas mit ihm redete, hielt ihn zu dem rechten Ohr, als wollt er hören, was ihm der Fisch sagete. Die Herren sahen ihn an und lachten. Einer unter ihnen sprach: »Lieber Freund, was meinet ihr mit dem Fisch, dass ihr ihn also zu den Ohren haltet?« Der gute Gesell stellte sich, als ob er es nicht gern sagte, und sprach: »Meine Herren, ich habe etwas mit ihm zu reden gehabt, lasset euch das nicht irren!«

Die Herren baten ihn, er sollt's doch sagen. Er sagt: »Liebe Herren, mein Vater ist vor etlichen Jahren nit weit von hinnen ertrunken. So hab ich den Fisch gefraget, ob er ihn nicht gesehen hab. So gibt er mir zur Antwort, er sei noch jung, ich soll seine Eltern fragen, die könnten mir Bescheid geben.«

Da lachten die Herren und legten zween großer Fisch auf seinen Teller, merkten wohl, dass es seine Meinung sei, dass er gern hätte von großen Fischen gessen, also, da sie gnug lachten, schenkten sie ihm das Mahl und ließen ihn davon ziehen.

Fischfilets nach Großvaters Art

Dem Großvater, der hier zum Zug kommt, bin ich in einer Erzählung des Schweizer Schriftstellers Urs Widmer begegnet. Sie trägt den Titel *Gratinierter* Fisch. Sie dürfen jetzt dreimal raten, worüber Widmers Großvater in Verzückung gerät. Richtig, er schwärmt vom Essen, und zwar von den Fischfilets, die man zu seinen Zeiten noch vorgesetzt bekam. Er erinnert sich so ungefähr, wie man sie zubereitete, aber von Mengenangaben scheint er wenig zu halten. Diese Kleinigkeiten musste ich selber berechnen und ausprobieren.

700 g Fischfilets (Rotbarsch, Kabeljau, Seezunge, Scholle ...)	1 EL Mehl, 50 g Butter
150 g Krevetten	200 ml starke Gemüsebrühe
100 g Miesmuscheln (aus dem Glas)	100 ml trockener Weißwein
1 Zitrone	100 ml Sahne
2 Schalotten	200 g frische Champignons in Scheiben
1 EL Kapern	60 g Greyerzer
1 kleiner Bund Petersilie	60 g Parmesan
	Salz, weißer Pfeffer

Schalotten, Kapern und Petersilie fein hacken. Die Hälfte davon auf den Boden einer feuerfesten Form streuen. Die Fischfilets mit Zitronensaft beträufeln, salzen, ganz leicht pfeffern und in die Form legen. Das restliche Gehäcksel zusammen mit einigen Butterflocken darüber verteilen. Den Fisch für 5 Minuten in den auf 200° vorgewärmten Ofen schieben.

Inzwischen das Mehl in der Hälfte der verbliebenen Butter hellgelb dünsten, mit der Fleischbrühe ablöschen, den Weißwein und anschließend die Sahne darunterrühren, die Soße etwas einkochen lassen und eventuell mit etwas Salz oder Pfeffer nachwürzen.

Gleichzeitig in einer Bratpfanne die Champignons in der restlichen Butter dünsten.

Die Form aus dem Ofen nehmen, die Champignons, Krevetten und Muscheln über den Fisch verteilen. Die heiße Soße dazugießen, den Käse darüberstreuen und alles etwa 25 Minuten im Ofen überbacken.

Widmers Großvater empfiehlt dazu einen herben Weißwein, beispielsweise einen elsässischen Riesling oder einen Saint-Saphorin.

Schollenfilets an Käsesoße

8 Schollenfilets	100 ml trockener Weißwein
2 EL Zitronensaft	1 EL gehackter Dill
30 g Butter	120 g geriebener Parmesan
1 Becher Crème fraîche (ca. 180 g)	etwas Maizena, Salz, weißer Pfeffer

Die Crème fraîche, den Weißwein und den Dill erhitzen. Würzen. Den Käse dazugeben. Das Maizena in etwas Wasser auflösen und hinzufügen. Die Soße kurz aufkochen und auf kleiner Flamme warm halten.

34   Die Schollenfilets waschen, mit Küchenkrepp trocknen, mit Zitronensaft säuern, salzen, leicht pfeffern und in der heißen Butter auf jeder Seite höchstens 4 Minuten braten. Die Fische auf vorgewärmte Teller legen und etwas Soße daraufgeben. Die übrige Soße kommt gesondert auf den Tisch; sie passt auch zu Trockenreis oder zu Salzkartoffeln, die ich zum Fisch reiche.

Tragisches Ende eines Meisterkochs

Dem Film gab Roland Joffé den Titel des Protagonisten: *Vatel*. Und der ist von Beruf Koch – allerdings nicht in irgendeinem unbekannten Etablissement. Teilweise basiert der Streifen auf historischen Begebenheiten. Der Titelheld, François Vatel, ist Küchenmeister des Prinzen Louis II. de Condé, der als Feldherr im Dienst des *Roi Soleil* steht.

In Wirklichkeit hieß dieser aus der Schweiz stammende Küchenmeister Fritz Karl Watel. Als Meisterkoch des Financiers und Staatsmanns Nicolas Fouquet machte er in ganz Frankreich von sich reden. Als sein Dienstherr wegen finanzieller Unregelmäßigkeiten seiner politischen Ämter enthoben und eingekerkert wurde, trat Watel in den Dienst Louis' II., des Prinzen von Condé, dessen Küche im Schloss Chantilly fortan an allen Fürstenhöfen für Gesprächsstoff sorgte. Und wie Nicolas Fouquet im Jahre 1661, lädt der Prinz von Condé zehn Jahre später den Sonnenkönig zu einem Festbankett ein. Die Tische sind mit kostbarem Damast belegt, die Kristallgläser, die silbernen Teller, Messer und Löffel darauf verteilt (Gabeln benützte man damals noch nicht, sondern aß mit den Händen!), die Musikanten stimmen ihre Instrumente, in der Küche flammt das Feuer in den Herden und Kaminen, die Suppen brodeln und die Soßen blubbern, aber wo bleibt bloß die für den ersten Gang bestellte Fischladung? Watel wird unruhig, seine Nervosität schlägt um in Verzweiflung, aber das Meeresgetier lässt weiter auf

Der Koch.

Ich bin ein Koch/für erbar Gäst/
Kan ich wol kochen auff das best/
Reiß/Pfeffer/ander gut Gemüß/
Vögel/Fisch/Sültzen/reß vnd süß/
Für den Bawren vnd Handwercksmann/
Hirß/Gersten/Linsen/Erbeiß vnd Bon/
Rotseck/Würst/Suppen/Rübn vnd Kraut/
Darmit sie auch füllen ir Haut.

Der Koch. Holzschnitt von Jost Amman, Nürnberg 1568. Vers angeblich von Hans Sachs

sich warten, während der Prinz an der Seite des Sonnenkönigs den gaumenverwöhnten Hofstaat bereits in den Speisesaal begleitet.

Watel indessen rennt schwitzend vom Herd zum Lieferanteneingang, aber da ist weit und breit keine Karre und kein Wagen mit fangfrischem Fisch in Sicht. Angesichts dieser prekären Lage verliert der Koch die Contenance; nicht nur die Reputation seines Dienstherrn, sondern auch seine eigene Ehre steht auf dem Spiel. Bei dem Gedanken, dass man fortan an sämtlichen Fürstenhöfen Europas darüber lachen wird, dass die *marée* für ein Festbankett in Chantilly nicht rechtzeitig eingetroffen ist, und dies ausgerechnet beim Besuch des Sonnenkönigs, der doch im Rufe steht, Dutzende von Fischen als Vorspeise zu verzehren ... nein, diesen Gedanken mag Watel nicht zu Ende buchstabieren, und denken mag er schon gar nicht an des Prinzen und an die eigene Schande; er fasst sein schärfstes Küchenmesser und rammt es sich ins Herz.

<o>

Vitello tonnato (Kalbfleisch an Thunfischsoße)

Und wir? Delektieren uns derweil an einer Vorspeise, für die wir kein fangfrisches Meeresgetier, sondern Thunfisch aus der Dose verwenden.

700 g Kalbfleisch	*Salz, weißer Pfeffer*
(Nuss oder Schlüsselriemen)	*100 ml kräftige Fleischbrühe*

Für die Soße

150 g Thunfisch aus der Dose	*2 Sardellenfilets*
(Abtropfgewicht)	*(oder 1 EL Sardellenpaste)*
50 ml Sahne (oder Kaffeesahne)	*1 El Kapern*
2 EL Zitronensaft	*80 g Kräutermayonnaise*

Entgegen einer weitverbreiteten Gewohnheit koche ich das Fleisch nicht in einem Sud aus Wasser, Weißwein, Zitrone, bestreckter Zwiebel, Karotte und Sellerie, sondern bereite es im Römertopf zu. Das Bratenstück mit Salz und Pfeffer einreiben, mit der heißen Fleischbrühe übergießen und in den vorher gewässerten Römertopf legen. Diesen in den *kalten* Ofen schieben, die Hitze anschließend auf 200° einstellen, das Fleisch etwa 80 Minuten garen und auskühlen lassen.

Für die Soße sämtliche Zutaten im Mixer pürieren. Den Zitronensaft erst unterrühren, wenn die Soße bereits sämig ist, weil die Sahne sonst scheiden würde.

Das kalte Fleisch in dünne Scheiben schneiden, auf einer flachen Platte anrichten und die Soße darüber verteilen. Mit Kapern und, falls gerade vorhanden, mit ein paar entsteinten Oliven garnieren.

Wer's noch einfacher (und preisgünstiger) mag, besorgt sich beim Metzger pro Person 6–7 nicht zu dünne Scheiben von fertig zubereitetem Schweinsbraten.

Alles Käse

Vom September 1814 bis zum Juni 1815 fand in Österreichs Hauptstadt der Wiener Kongress statt, eine Versammlung der europäischen Herrscher, bei der diese sich auf eine territoriale Neuordnung Europas nach den Napoleonischen Kriegen und dem Sturz des Feldherrn einigten. Eine Schlüsselrolle auf diesem Kongress spielte der französische Staatsmann und Diplomat Charles Maurice de Talleyrand-Périgord (1754–1838). Weil sich mit hungrigem Magen nicht besonders gut verhandeln lässt, lud Talleyrand die anwesenden Staatsmänner zu einem Essen. Bestimmten während des Hauptgangs noch politische Fragen das Gesprächsthema, so kamen die Herren beim Nachtisch zur Sache; die Diskussion

Charles Maurice de Talleyrand-Périgord

drehte sich jetzt um die Vorzüge der verschiedenen Käsesorten. Lord Castlereagh rühmte den Stilton, Kardinal Consalvi, der Vertreter des Kirchenstaates, optierte für den mailändischen Stracchino, der Schweizer Delegierte schwärmte vom Gruyère, der holländische Minister Baron Falk ließ nichts auf und schon gar nichts über den Limburger kommen; kurzum, der Streit drohte zu eskalieren und (was im Grunde gar niemand wünschte und sich von der Sache her doch fast von selbst ergab) eine politische Wende zu nehmen. Welcher Käse am besten mundet, ist bekanntlich nicht bloß eine Geschmackssache, sondern zuweilen auch eine Frage der nationalen Ehre und Identität. Oder kann man sich vorstellen, dass ein Schweizer behauptet, ein ausgereifter cremiger französischer Camembert habe einem höhlengereiften Emmentaler etwas voraus? Dergleichen mag ein helvetischer Patriot allenfalls denken, aber zugeben darf er eine solche Ungeheuerlichkeit nicht einmal vor sich selber – sonst fällt sein ganzes Nationalbewusstsein in sich zusammen wie ein knackiger Blattsalat in der Essigsoße.

Während die bei Talleyrand versammelten Staatsmänner über den Käse ebenso eifrig debattieren wie zuvor über die Grenzen der europäischen Staaten, verkündet ein Kammerdiener dem Gastgeber die Ankunft eines französischen Kuriers. »Was bringt er?«, fragt Talleyrand. »Depeschen vom Hof und Käse aus Brie.« »So bringe man die Depeschen in die Kanzlei und einen von den Käsen auf den Tisch.« Und dann, den Staatsmännern zugewandt: »Meine Herren, ich habe mich bislang enthalten, ein Produkt des französischen Landes zu rühmen, beurteilen Sie es bitte selbst.«

Man kostet, man begutachtet, man wiegt den Kopf, und tatsächlich – der Brie wird zum König der Käse ausgerufen.

Umso mehr verwundert es, dass dem französischen Schriftsteller Alexandre Dumas in seinem *Grand dictionnaire de cuisine* zum Begriff ›Käse‹ bloß ein paar trockene Bemerkungen einfallen: »Käse sollte weder zu frisch noch zu alt sein.« Man ist versucht hinzuzufügen: Und der Wein, den man dazu reicht, ist weder zu warm noch zu kalt zu genießen ... Was fällt Dumas sonst noch ein zum Thema? »Käse ist nichts anderes als geronnene Milch, der man die Flüssigkeit entzieht und die man langsam erhitzt, um sie zu härten.« Aber nicht doch! Käse ist höchste Poesie und vollkommener Genuss in einem! Das hätte der Verfasser der *Drei Musketiere* nun wirklich wissen müssen, zumal er in seinem *Dictionnaire* sonst keineswegs geizt mit geistreichen Anspielungen und ironischen Bemerkungen – so etwa, wenn er vom jungen Hahn sagt: »Man brät ihn mit Speckscheiben umwickelt, nicht gespickt, denn das wäre eine grobe Beleidigung. Auch im Ragout hat er nichts zu suchen; man würde ihn damit seiner Ehre berauben.«

Zucchiniküchlein

Bei meinen Zucchiniküchlein spielt Käse alles andere als eine Statistenrolle; aber nicht ein Brie, sondern zwei Sorten Schweizer Käse runden hier den Geschmack ab.

2 mittelgroße Zucchini	*1 Ei*
100 g geriebener Greyerzer	*1 EL Mehl*
100 g geriebener Emmentaler	*Salz, Pfeffer, Muskat*

Die Zucchini grob raffeln. Den Greyerzer und den Emmentaler oder einen anderen Schweizer Hartkäse (wir sind schließlich keine vaterlandslosen Gesellen!), sowie das leicht schaumig geschlagene mit Mehl vermischte Ei mit der Masse vermengen. Salzen, pfeffern, mit Muskat abschmecken. Die Masse portionenweise in eine Bratpfanne geben und in etwas Fett oder Öl zu Küchlein ausbacken.

Hätten die zum Wiener Kongress Versammelten auch einen ausgereiften Greyerzer vorgesetzt bekommen, wäre der Gastgeber auf seinem Brie möglicherweise sitzen geblieben. Was nicht heißt, dass wir Talleyrand, der es übrigens vom einfachen Priester zum Abt und schließlich zum Bischof gebracht hatte, bevor er in der Politik Karriere machte, einen schlechten Geschmack unterstellen. Von ihm stammt ja auch der Ausspruch: »Man zeige mir ein anderes Vergnügen, das sich jeden Tag einstellt und eine Stunde dauert.« Wohlgemerkt, Exzellenz sprach vom Essen.

Lebkuchenkriege

Sie sind saftig, zart, geschmacksintensiv und in der ganzen Welt bekannt. Aber die Rezeptur ist nach wie vor geheim. Die Rede ist von den Nürnberger Lebkuchen, deren Fama seit der Barockzeit in ganz Europa verbreitet ist. Davon zeugt unter anderem ein Urteil, welches der Altdorfer Gelehrte Johann Christoph Wagenseil 1697 seiner in lateinischer Sprache verfassten *Nürnberger Chronik* anvertraute: »Die rechten Nürnberger Lebküchlein oder Pfefferkuchen, welche angenehm von Geschmack und eine rechte Magenstärkung, auch angenehm beim Trunk sein, haben noch niemals, wo man sich auch darum bemühte, anderwärts können nachgemacht werden, ob man gleich Nürnberger Lebküchner und alle ihre Zutat und Werkzeug dazu gebrauchen und verschrieben hat.« Ähnlich äußert sich der Breslauer Karl Russ 1867 in seinem *Rathgeber auf dem Wochenmarkt*, der sich »kein Weihnachtsfest ohne Pfefferkuchen vorstellen« kann – und sich gar zu der rhetorischen Frage versteigt: »Was wäre die Welt ohne Pfefferkuchen?« Kein Zweifel, die *Nürnberger* gehören zu den Diamanten in der Krone der Backkunst.

Die Zutaten sind bekannt; sie bestehen – je nach Sorte – aus Honig, Nüssen, Mandeln, Feigen, Orangeat, Zitronat, Eiern, Mehl und Gewürzen. Was aber Mengen, Mischung und die Manufaktur des Teigs betrifft, würde sich jeder Nürnberger Lebküchner eher die Zunge abbeißen, als sein seit Generationen gehütetes Geheimnis preisgeben.

Sicher ist, dass die *Nürnberger* mit den bei den alten Ägyptern, Römern und Griechen beliebten Honigkuchen außer dem Mehl und dem Honig nichts gemein haben. Ebenso steht fest, dass sie ihren Ursprung letztlich dem »flüssigen Gold« und damit indirekt den Klosterleuten verdanken.

Bekanntlich verbrachten die mittelalterlichen Mönche ihre Zeit nicht nur mit der Feld- und Ackerbestellung, sondern pflegten auch das Chorgebet und das Studium. Bevor sie aber in ihren Klosterbibliotheken den Geist erleuchten konnten, mussten sie in der dunklen Jahreszeit den Raum erhellen. Und dazu benötigten sie Wachskerzen. Die wiederum waren ohne die Bienenzucht nicht zu bekommen. Der dabei anfallende Honig fand in der Küche, aber auch im Backhaus Verwendung. Kurzum, es waren die Mönche, welche die im Altertum gepflegte Kunst des Honigkuchenbackens wieder entdeckten. Die dafür benötigten exotischen Gewürze, vorab Ingwer und Pfeffer, waren dank des regen Austausches unter den Klöstern in Friedenszeiten leicht zu beschaffen.

Ein rührendes Zeugnis betreffend die Kerzenproduktion und das Kuchenbacken in den Monasterien verdanken wir dem Mystiker Heinrich von Nördlingen, welcher sich im Jahre 1339 bei der Dominikanernonne Margarethe Ebner im Kloster Medingen für »die Kertzlin und deinen Lebkuchen« bedankte. Und höflich beifügte: »Du sollst mir

Ansicht der Stadt Nürnberg (Ausschnitt) aus Hartmann Schedels Liber chronicarum, Nürnberg 1493

aber in Zukunft keinen so großen senden.« Vermutlich handelte es sich dabei um einen *panis mellitus*, einen süßen Honigkuchen, wie ihn die Nonnen liebten. In Mönchsklöstern hingegen backte man vorzugsweise den *panis piperatus*, einen den Durst anregenden Pfefferkuchen. Indirekt geht das aus einer mittelalterlichen Klosterordnung hervor, welche jedem Mönch bei bestimmten Gelegenheiten »zwo Kannen gutes Bier, ein Känndlein guten Wein und mancherlei Pfefferkuchen« zugestand.

Wer Lebkuchen sagt, denkt an Nürnberg. Das hängt mit dem südlich der Stadt gelegenen Lorenzer Wald und dem dortigen Marktflecken Feucht zusammen, der einst ein berühmtes ›Zeidlerdorf‹ war. Das bedeutet, dass sich die Bevölkerung zu einem großen Teil mit der Gewinnung von Honig beschäftigte, den sie dann in der Stadt verkaufte. Nürnbergs verkehrsgünstige Lage wiederum erleichterte nicht nur den Import fremdländischer Spezereien, sondern auch den Export der Lebkuchen. Fortan brauchten sich Hänsel und Gretel, wo immer sie sich gerade aufhielten, nicht mehr zum Knusperhäuschen im Wald zu schleichen, wenn es sie nach dieser Delikatesse verlangte. Der letzte Hochmeister des deutschen Ordens und erste Herzog von Preußen, Albrecht I. (1490–1568), war derart scharf auf die berühmten Pfefferkuchen, dass er sie sich von Nürnberg nach Königsberg schicken ließ. Goethe bedankte sich 1817 bei seinem Freund Knebel, der ihm das »nürnbergische Gebackene« als Neujahrsgruß zugesandt hatte.

»Warum denn in die Ferne schweifen? Sieh, das Gute liegt so nah.« Zu dieser Einsicht des greisen, schon fast zahnlosen Dichterfürsten waren die Nürnberger Ratsherren schon 1485 gelangt, als sie vorschrieben, das teure Konfekt auf den Heiratstafeln durch einheimisches Lebkuchengebäck zu ersetzen.

Natürlich verdanken die braunen Leckerkuchen ihren guten Ruf nicht nur den fleißigen Bienen und der günstigen Lage der Stadt, sondern auch – oder vor allem – dem geheimen Wissen der Lebküchner. Die setzten seit dem frühen 16. Jahrhundert alles daran, um in den Status eines »geschworenen Handwerks«, will sagen einer Zunft, erhoben zu werden. Dass die Stadtväter sich dagegen wehrten, gereichte den Lebkuchenbäckern in finanzieller Hinsicht nicht unbedingt zum Vorteil, trug aber manches zur Vervollkommnung der beliebten Näscherei bei. Tatsächlich konnten die Leb-

40

küchner ihre Gewürzmischungen nur so lange frei kombinieren, als kein amtlicher Prüfer die Nase in ihren Teig steckte. 1644 erhielten sie dann doch die Erlaubnis, sich in einer Gilde zu organisieren. Weil die Stadt damals von der Ausfuhr ihrer Spezialität reichlich profitierte, erklärte man das Lebkuchenbacken kurzerhand zu einem »gesperrten Gewerbe«. Das bedeutet, dass kein Lebküchner aus Nürnberg auswandern durfte, um seine Kunst anderswo zu applizieren.

Gute Lebkuchen wurden indessen auch in anderen Gegenden hergestellt – beispielsweise in der Markgrafschaft Ansbach-Bayreuth. Als die Ansbacher 1740 auf den Gedanken kamen, die Nürnberger Lebkuchen von Martini bis Weihnachten mit einem Schutzzoll zu belegen, kam es zwischen den beiden Städten zu einem Pfefferkuchenkrieg. Der wurde fast drei Jahre lang schriftlich und verbal, also mittels Schmähdrucken und Spottreden ausgetragen. Schließlich gaben die Markgräfler nach, wobei sie dennoch das letzte Wort behielten. Das bestand in jener deftigen Aufforderung, die Goethe einige Jahrzehnte später seinem Götz von Berlichingen in den Mund legte.

Neuer Ärger stand ins Haus, als der einheimische Honig immer rarer und teurer und der Zucker immer billiger und beliebter wurde. Hatten die Lebküchner sich

Der Lebzelter. Druck nach einem Holzschnitt aus dem 16. Jahrhundert

zunächst gewehrt, Ersteren durch das neue Süßmittel zu ersetzen, wurden sie später von den Ratsherren dazu gezwungen. Denn den Stadtoberen war der Nutzen eindeutig wichtiger als der Geschmack. Weil sie vermeiden wollten, dass das gute einheimische Geld für importierten Honig ausgegeben wurde und so in fremden Landen versickerte, erlaubten sie die Verzuckerung der beliebten Kuchen. Die erhielten so eine dunklere Farbe, kannte man doch zunächst nur den braunen, nicht raffinierten Zucker.

Als die Zuckerbäcker zu Beginn des 19. Jahrhunderts damit begannen, ihre Näschereien mit raffiniertem Zucker herzustellen und diese ›weißen Lebkuchen‹ auch noch patentieren ließen, brach 1809 der berühmte Nürnberger Lebkuchenkrieg 41 aus. Die Lebküchner zogen vor Gericht und erlitten eine Niederlage. Daraufhin wandten sie sich an den König Maximilian I. Joseph persönlich. Der erteilte ihnen die

Erlaubnis, ebenfalls weiße Lebkuchen zu backen. Und die erwiesen sich als genauso haltbar wie die feinen Elisen-, Haselnuss-, Walnuss- und Nusslebkuchen.

Sollte solches Naschwerk trotzdem einmal in einer Dose vergessen und hart werden, hilft Großmutters Rat: Man nehme zwei, drei Apfelscheiben, ein Stück Orangenschale oder eine kleine Karotte und lege sie zu den Kuchen. Nach einigen Tagen haben diese entweder die Feuchtigkeit der Beigaben aufgesaugt, oder aber sie sind verschimmelt. Wer's nicht darauf ankommen lassen möchte, lässt die Lebkuchen ganz austrocknen und raspelt sie. Denn geriebener Lebkuchen, darauf schwören Starköchinnen und Smutjes gleicherweise, macht Soßen und Suppen sämig und verleiht ihnen einen besonders aparten Geschmack.

Nürnberger Lebkuchen

Das Rezept stammt von Ditta Rudle (Nürnberger Lebkuchen, Wien 1997).

200 g Honig	*10 g Backpulver*
50 g Zucker	*je 100 g gemahlene Mandeln*
2 EL Öl	*und Haselnüsse*
1 Eigelb	*75 g fein gewürfeltes Zitronat*
2 TL Kakao	*50 g getrocknete und fein*
1 Messerspitze Nelkenpfeffer (Piment)	*geschnittene Aprikosen*
1 TL Zimt	*150 g Puderzucker*
300 g Weizenmehl	*1 Eiweiß*

Honig und Zucker in einem Topf erwärmen, bis alles zerlassen ist. Öl unterrühren und die Masse in eine Schüssel füllen. Wenn sie beinahe erkaltet ist, Eigelb, Kakao, Nelkenpfeffer und Zimt hineinrühren. Weizenmehl und Backpulver gut mischen und die Hälfte davon löffelweise unterrühren. Die andere Hälfte des Mehls, sowie Mandeln, Haselnüsse, Zitronat und Aprikosen in den Teig kneten. Den fingerdick ausgerollten Teig in Rechtecke von ca. 5 x 10 cm schneiden. Die Stücke auf ein gefettetes Backblech legen, im vorher auf 180° erhitzten Ofen (Gasherd: Stufe 3) 15–20 Minuten backen und warm vom Blech nehmen. Puderzucker sieben und unter das Eiweiß rühren. Die warmen Lebkuchen damit dünn bestreichen.

Ihm ging es nicht um Tischmanieren

Warum zerteilt man Salzkartoffeln mit der Gabel und nicht mit dem Messer? Weil es so im »Knigge« steht!

Wer sich einen richtigen Knigge besorgt, einen also, der es nicht nötig hat, in Anführungszeichen gesetzt zu werden, wird schnell feststellen, dass dort nicht einmal am Rande von Kartoffeln die Rede ist. Wie hätte wohl Adolph Freiherr von Knigge zu Lebzeiten reagiert, wenn ihm jemand vorausgesagt hätte, dass man seinen adeligen Namen dereinst mit dem sachgerechten Zerteilen von Speisen in Verbindung bringen würde?! Der gewitzte Adelsmann hatte ganz anderes im Sinn!

Zum Beispiel belehrt er uns, wie wir uns Verliebten gegenüber verhalten sollen – nämlich überhaupt nicht, denn: »Mit Verliebten ist vernünftigerweise gar nicht umzugehen; sie sind, so wenig wie andere Betrunkene, zur Geselligkeit geschickt; außer ihrem Abgotte ist die ganze Welt tot für sie.« Ebenso hoffnungslos erscheint die Lage, was das Verhalten unter Verliebten selbst betrifft: »Diesen Menschen selbst Regeln über ihren Umgang miteinander zu geben, das würde verlorene Mühe sein; denn da sie selten bei gesunder Vernunft sind, so wäre es ebenso unsinnig, zu verlangen, dass sie sich dabei gewissen Vorschriften unterwerfen sollen, wie wenn man einem Rasenden zumuten wollte, in Versen zu phantasieren, oder einem, der die Kolik hat, nach Noten zu schreien. Doch ließe sich einiges sagen, das gut zu beobachten wäre, wenn man hoffen dürfte, dass solche Menschen der Vernunft Gehör geben.«

Diese und eine ganze Menge ähnlicher Ratschläge finden sich in Knigges im Jahre 1788 erschienener Schrift *Über den Umgang mit Menschen*, welche seinen Nachruhm begründen sollte. Vor der Veröffentlichung dieses Werks war Adolph Freiherr von Knigge vor allem als Verfasser von Romanen und Erzählungen und einiger satirischer und gesellschaftskritischer Publikationen bekannt. Geboren wurde er am 16. Oktober 1752 im hannöverischen Brendenbeck. Die Familie, der er entstammte, war 1655 in den Freiherrenstand erhoben worden. Im Jahre 1766 verlor der Knabe seinen Vater. Von Hauslehrern erzogen, ging er 1769 an die Universität Göttingen, wo er während einiger Semester juristische Vorlesungen besuchte. 1791 wurde er auf die Vermittlung eines Verwandten hin Hofjunker in Kassel, wo er sich mit einer Hofdame der Herzogin verheiratete. Zeitweilig bewirtschaftete er seine Güter. Später fand er eine Anstellung als Kammerherr am Fürstenhof von Hanau; anschließend führte er ein Wanderleben, dessen wichtigste Stationen Frankfurt, Heidelberg und Hannover waren. Neben seiner literarischen Tätigkeit beschäftigte er sich mit dem Theater, mit Mystik, Alchimie und kabbalistischen Zauberkünsten und pflegte Kontakte zu allerlei obskuren Geheimzirkeln. In seinen letzten Jahren – Knigge starb 1796 – lebte er fast ausschließlich von seiner Feder. Er gilt als einer der ersten freien Schriftsteller Deutschlands.

43

Heutzutage wird sein Name vorzugsweise mit Büchern in Verbindung gebracht, welche einen darüber aufklären, weshalb der Herr sich erst zu Tisch setzt, wenn alle Damen Platz genommen haben, was man für den Opernbesuch anzieht, und dass man zum Geburtstag keine Socken schenkt.

Vermutlich würde Adolph Knigge auch den letzten Rest seiner freiherrlichen Contenance verloren haben, wenn er geahnt hätte, dass die »Pinsel« (dies sein Lieblingsausdruck für unbelehrbare Dummköpfe) seinen adeligen Namen dereinst im Zusammenhang mit solchen Lächerlichkeiten nennen würden.

Knigge ging es vorwiegend um zwischenmenschliche Beziehungen und nur indirekt auch um gesellschaftliche Umgangsformen. Sein Grundanliegen bestand nicht darin, seinen Zeitgenossen einige banale Benimm-dich-richtig-Regeln und den einen oder anderen brauchbaren Fingerzeig gegen situationsbedingte Errötungsängste zu geben.

Knigge war überzeugt, dass es auf das Sein ankommt und nicht auf den Schein. Obwohl (oder gerade weil) selber dem Adelsstande zugehörend, betrachtete er die geltende Etikette und die herrschenden Konventionen als Feigenblatt, mit dem die Aristokratie vergeblich versuchte, ihre moralischen Blößen zu verdecken. Er begeisterte sich für die Französische Revolution und die Menschenrechte. Diese Letzteren propagierte er auch in seiner Heimat, allerdings in der Hoffnung, dass eine Veränderung in Deutschland nicht auf dem Weg einer blutigen Revolution, sondern auf jenem der notwendigen Reformen erfolgen würde. Seiner freiheitlichen Ideen wegen wurde er im Mai 1795 sogar für kurze Zeit inhaftiert.

Vor diesem Hintergrund ist seine Schrift *Über den Umgang mit Menschen* zu interpretieren, und in diesem Zusammenhang erst wird sie verständlich.

Gleich im ersten Teil kommt Knigge nach einigen allgemeinen Bemerkungen auf das Wesentliche zu sprechen, nämlich auf den Umgang der Menschen mit sich selber. Da finden sich Ratschläge wie: »Sei nicht gar zu sehr ein Sklave der Meinungen anderer von dir! Vor allen Dingen wache über dich, dass du nie die innere Zuversicht zu dir selber, das Vertrauen auf Gott, auf gute Menschen und auf das Schicksal verlierst!«

Der zweite Teil enthält Hinweise für den Umgang mit Menschen verschiedenen Alters und unterschiedlicher Herkunft, Anregungen über das Verhalten gegenüber Freunden, Frauen, Nachbarn, und behandelt außerdem die Beziehungen zwischen Eltern und Kindern, Herren und Dienern, Gläubigern und Schuldnern, Wohltätern und Beschenkten, Wirten und Gästen.

44   Auch vom Umgang unter Eheleuten ist die Rede. Knigge fordert die Gleichberechtigung von Mann und Frau; er kann nicht billigen, dass der Mann über jeden Taler Rechenschaft von seiner Frau verlangt: »Findest du, dass zu viel ausgegeben worden ist, so lass dir die Rechnung zeigen! Überlege mit deiner Frau gemeinschaftlich, auf welcher Seite gespart werden könne! Mache ihr kein Geheimnis aus deinen

Vermögensumständen; allein bestimme ihr auch eine kleine Summe zu ihren unschuldigen Vergnügungen und fordere darüber keine Rechenschaft!« Da findet sich also nicht die geringste Spur von dem, wonach man in einem heutigen ›Knigge‹ suchen würde!

Lediglich im dritten Teil des Werkes meint man zunächst, auf eine Reihe von Anregungen zu stoßen, welche scheinbar dem persönlichen Ansehen und dem gesellschaftlichen Aufstieg dienlich sind. Hier nämlich lässt sich der Freiherr darüber aus, wie man sich gegenüber Leuten aus allerlei Ständen verhalten soll, um bei ihnen an- und im Leben voranzukommen. Am besten redet man einem jeden nach dem Mund! »In Prälaturen und Klöstern beispielsweise muss man den Ton der Herren und Patres anzunehmen verstehen, wenn man bei ihnen willkommen sein will. Ein guter, gesunder Appetit; ein Witz, der nicht zu fein, sondern ein wenig materiell sein muss; zuweilen ein Wortspielchen, ein lateinisches Rätsel, eine Anspielung auf eine scholastische Spitzfindigkeit; einige Bekanntschaft mit Legenden und Kirchenvätern! Beifall an den Tag gelegt, wenn der Pater Spaßmacher – dies Amt pflegt selten unbesetzt zu sein – einen Schwank hervorbringt ...«

Wer hier einen karrierefördernden Fingerzeig zu bemerken glaubt, irrt. Vielmehr beabsichtigt Knigge bloß, die Schwächen der einzelnen Stände bloßzustellen: »Selbst dann, wenn die Schriftsteller uns um ihre Meinung fragen, ist dies immer so auszulegen, als bäten sie uns um ein Lob. Alle riechen den Weihrauch gern, der ihnen gestreut wird, aber nicht jeden darf man auf gleich grobe Art einräuchern. Der eine nimmt vorlieb, wenn du es ihm gerade in den Bart sagst, er sei ein großer Mann; der andere ist zufrieden, wenn du nur ohne Widerspruch erlaubst, dass er dies selbst von sich sagt; der Dritte verlangt nichts von dir, als Hiobs Geduld, wenn er dir seine elenden Produkte vorliest ...«

Knigge belehrt seine Leserschaft also nicht über das richtige Verhalten gegenüber Fürsten, Hofschranzen und Geistlichen, gegenüber Künstlern, Schriftstellern und Gelehrten; vielmehr informiert er über deren Untugenden.

Selten wurden die Absichten eines Schriftstellers dermaßen verdreht wie jene des hannöverischen Freiherrn. Aus dem manchmal streng tönenden und manchmal ironischen Sittenrichter hat man einen augenzwinkernden Komplizen angehender Gesellschaftslöwen gemacht. Indessen bestand Knigges Absicht nicht darin, niedrigen Charakteren zu hohen Posten zu verhelfen, sondern charakterfeste Menschen heranzubilden: »Strebe nach Vollkommenheit, aber nicht nach dem Scheine der Vollkommenheit!«

Geäußert hat er sich übrigens auch über »Das Verhältnis zwischen Wirt und Gast«. 45
Und weil wir an diesem Thema ganz besonders interessiert sind, lassen wir ihn hier etwas ausführlicher zu Wort kommen:

Man reiche das Wenige, das man der Gastfreundschaft opfern kann, im gehörigen Maße, mit guter Art, mit treuem Herzen und mit freundlichem Gesichte dar! Man sehe nicht verlegen aus, wenn uns unerwartet ein Besuch überrascht! Nichts ist unangenehmer und peinlicher, als wenn wir merken, dass es dem Manne, der uns bewirtet, sauer wird, dass er ungern und nur aus Höflichkeit hergibt, oder dass er mehr Aufwand dabei verschwendet, wie seine Umstände leiden; wenn er ohne Unterlass seiner Frau oder seinen Bedienten in die Ohren flüstert, oder mit ihnen zankt, sobald eine Schüssel unrecht gestellt oder etwas vergessen worden; wenn er selbst im Haus herumlaufen, alles anordnen muss, und also an den Freuden der Gesellschaft gar nicht teilnimmt; wenn er zwar gern gibt, seine Frau hingegen uns jeden Bissen in den Mund zählt; wenn so wenig in den Schüsseln liegt, dass der, welcher vorlegt, unmöglich herumreichen kann; wenn der Wirt und die Wirtin uns ungestüm zum Essen und Trinken nötigen, oder auf eine Weise geben, die uns zu sagen scheint: »Es ist nun einmal angeschafft, also füllet Euch den Bauch voll. Werdet recht satt, so habt Ihr auf lange Zeit genug und brauchet so bald nicht wiederzukommen!«; endlich wenn wir Zeugen von Familienzwist und der Unordnung, die im Hause herrscht, sein müssen. Mit einem Worte: Es gibt eine Art, Gastfreundschaft zu erweisen, die selbst dem Wenigsten, das man darreicht, einen höheren Wert gibt, wie große Schmausereien haben. Vieles trägt hierzu die Unterhaltung bei. Man muss daher die Kunst verstehen, mit seinen Gästen nur von solchen Dingen zu reden, die sie gern hören, in einem größeren Zirkel solche Gespräche zu führen, woran alle mit Vergnügen teilnehmen und sich dabei im vorteilhaften Lichte zeigen können. Der Blöde muss ermuntert, der Traurige aufgeheitert werden. Jeder Gast muss Gelegenheit bekommen, von etwas zu reden, wovon er gern redet. Weltklugheit und Menschenkenntnis müssen hier in den besonderen Fällen zum Leitfaden dienen. Man bitte nicht Menschen zusammen, oder setze solche an Tafeln nebeneinander, die sich fremd, oder gar feind sind, sich nicht verstehen, nicht zueinander passen, sich Langeweile machen! Alle diese Aufmerksamkeiten aber müssen auf eine solche Art erwiesen werden, dass sie nicht mehr Zwang auflegen, wie sie Wohltat für den Gast sind. Haben die Bedienten aus Versehen den unrechten Mann, oder haben sie einen Gast auf den unrechten Tag gebeten, so muss der Fremde doch nicht merken, dass er uns unerwartet kommt, wenigstens nicht, dass er uns in Verlegenheit setzt, uns unwillkommen ist. Jeder, der auf kurze oder lange Zeit in deinem Hause ist, und wäre er dein ärgster Feind, muss daselbst von dir gegen alle Arten der Beleidigung und Verfolgungen anderer, soviel an dir ist, geschützt sein. Endlich lasse man nicht nach, in Gefälligkeit und Bewirtung, wenn der Freund sich längere Zeit bei uns aufhält, sondern erzeige ihm gleich in den ersten Tagen nicht mehr und nicht weniger, als man in der Folge fortsetzen kann.

Kartoffelklöße

Und wir? Was setzen wir bloß unseren Gästen vor? Kartoffelklöße! Denn Klöße darf man
mit dem Messer zerteilen.

1½ kg Kartoffeln	*4 EL Mehl*
200 g Butter	*2 Scheiben Weißbrot (1 cm dick)*
4 Eier	*etwas Bratbutter*
Salz, Muskat	

Die am Vortag gekochten Kartoffeln schälen und raspeln. Das Brot in kleine Würfel
schneiden und in etwas Bratbutter rösten.

Die Butter schaumig rühren, die Eier hineinschlagen, mit Salz und etwas Muskat würzen,
das Mehl und die geriebenen Kartoffeln und schließlich die Brotwürfel hinzufügen. Alles
gut mischen und mit leicht bemehlten Händen Klöße formen und diese in siedendem
Salzwasser kochen. Zu Fleischgerichten mit dunklen Soßen servieren.

Besonders gut schmecken diese Kartoffelklöße, wenn man der Masse etwa 250 g fein
gehackten und in Butter gedünsteten Spinat beifügt. Oder eine kleine Handvoll gebratene
Speckwürfelchen oder fein gewiegten Schinken.

Dass Knigges Ermahnungen in Sachen Gastfreundschaft nicht ganz überflüssig sind,
geht aus Erfahrungen hervor, von denen der Verfasser des alttestamentlichen Buches
Jesus Sirach am Schluss des 29. Kapitels seiner kleinen Schrift berichtet:

Das Wichtigste zum Leben sind Brot und Wasser,
Kleidung und Wohnung, um die Blöße zu bedecken.
Besser das Leben eines Armen unter schützendem Dach
als köstliche Leckerbissen in der Fremde.
Ob wenig oder viel, sei zufrieden,
dann hörst du keinen Vorwurf in der Fremde.
Schlimm ist ein Leben von einem Haus zum andern;
wo du fremd bist, darfst du den Mund nicht auftun.
Ohne Dank reichst du Trank und Speise
und musst noch bittere Worte hören:
»Komm, Fremder, deck den Tisch,
und wenn du etwas hast, gib mir zu essen!«

Oder:

»Fort, Fremder, ich habe eine Ehrenpflicht:
Ein Bruder kam zu Gast, ich brauche das Haus.«
Für einen Mann mit Bildung ist es hart,
geschmäht zu werden, wenn man in der Fremde lebt.

Letzte Worte

»Mehr Licht!« Mit diesem Wort (oder Wunsch?) auf den Lippen soll der fast 83-jährige Goethe, so haben wir das im Literaturunterricht auf dem Gymnasium gehört, am Morgen des 22. März 1832 im Sessel neben dem Bett sitzend sanft entschlafen sein. Hat ihn seine Schwiegertochter Ottilie aber auch richtig verstanden? Könnte er nicht gesagt – oder gefragt – haben: »Mehr nicht?« Oder hat er vielleicht gar etwas von »Wehrpflicht« gemurmelt? Mein diesbezüglicher vorlauter Einwand wurde damals von der Klasse mit schallendem Gelächter quittiert und vom Deutschlehrer mit Empörung zur Kenntnis genommen. Was aber hätte er wohl gesagt, wenn ihm das Buch mit letzten Worten berühmter Persönlichkeiten untergekommen wäre, das mir vor einigen Jahren jemand geschenkt hat? Dort lese ich, dass der Dichterfürst an dem besagten Märzmorgen zwar den Wunsch geäußert habe, man möge die Fensterläden öffnen. Mittags um halb zwölf dann drückte sich der Sterbende in die linke Ecke seines Sessels und sagte zärtlich zu Ottilie: »Frauenzimmerchen, gib mir dein Pfötchen.«

Goethes Umgebung hat das Gewöhnliche durch das Erhabene ersetzt, und die Nachwelt war nur zu bereit, die normale menschliche Regung mittels einer erbaulichen Legende zu verklären – aus begreiflichen Gründen. Denn letzte Worte haben es nun einmal in sich, vor allem, wenn sie von herausragenden Persönlichkeiten gesprochen werden. Angst oder Hoffnung kommen in ihnen ebenso zum Ausdruck, wie Skepsis oder Glaube. Die Nachwelt erblickt in solchen Weisheiten gern eine Art geistiges Vermächtnis, weil sie ausgesprochen wurden vor dem Absturz ins Dunkel, beziehungsweise vor dem Eintritt in lichte Gefilde, in jedem Fall aber auf der letzten Wegstrecke, die bekanntlich ins Unbekannte führt.

Gelegentlich entbehren diese Äußerungen aber nicht einer gewissen Komik. So offenbarte der für seine spitze Feder berüchtigte Schriftsteller Georg Christoph Lichtenberg († 1799) den um sein Sterbebett versammelten Freunden: »Glauben Sie ja nicht, dass Sie von mir jetzt letzte Worte zu hören bekommen.« Danach sagte er nichts mehr. Der britische Autor und Schauspieler John W. Palmer († 1855) starb auf der Bühne, nachdem er den tatsächlich zu seinem Text gehörenden Satz gesprochen hatte: »Es gibt eine andere, eine bessere Welt.«

Andere Berühmtheiten dachten noch während der letzten Atemzüge ans Essen. Oder ans Trinken. So etwa Josephine, die Schwester des berühmten Jean Anthelme Brillat-Savarin, des Autors des bahnbrechenden Werkes *Die Physiologie des Geschmacks*. Die achtundneunzigjährige Dame hatte eben ihr Diner beendet, als ihr schwindlig wurde. Sie klingelte nach dem Personal und konnte gerade noch rufen: »Es geht zu Ende – rasch den Nachtisch!« Ähnliches wird vom Komponisten Johannes Brahms († 1897) berichtet. Der nippte kurz vor seinem Hinscheiden an einem

Glas Wein und verabschiedete sich von dieser Welt mit den Worten: »Schmeckt das aber gut – Danke!«

Ein weiteres Beispiel dafür, dass am Ufer des Styx keine ewigen Menschheitsrätsel bedacht, sondern kulinarische Wünsche geäußert werden, liefert der Franzose Marie Antoine Carême († 1833), der als eines von vierundzwanzig Kindern einer Bettlerin geboren wurde und mit dreißig Jahren für Kaiser und Könige und schließlich für den Baron von Rothschild kochte. Während des Wiener Kongresses verwöhnte er Herrscher und Diplomaten mit seinen Köstlichkeiten. Auf die Erfindung des Blätterteigs war er nicht weniger stolz als auf sein fünfbändiges Standardwerk *Die Kunst der französischen Küche* (1833).

Der französische Meisterkoch Antoine Carême (1783–1833) diente unter anderem dem englischen König Georg IV., Zar Alexander I. und Kaiser Franz I. von Österreich.

Carême starb am Herd, als er seine Schüler überwachte. Sein letztes Wort beinhaltete einen sanften Tadel und einen guten Rat: »Diese Kalbsklößchen sind gut, aber zu rasch erhitzt. Man muss die Kasserolle ganz leicht schwenken.«

Schweinsfilet im Blätterteig nach meiner Art

1 mittelgroße Zwiebel	1½ TL Salz
2 EL Sonnenblumenöl	Pfeffer, Koriander, Muskat
1 Ei	1 EL Zitronensaft
400 g Hackfleisch	1 Schweinsfilet
5 EL Semmelbrösel	2 EL Senf
80 g Kalbsleberwurst	Bratfett
100 g geriebener Parmesan	1 rechteckiger Blätterteig (ca. 350 g)
1 Bund gehackte glattblättrige Petersilie	1 Eigelb
2 EL Sultaninen	2 Knollen Fenchel

Die Zwiebel fein hacken und in Sonnenblumenöl glasig dünsten. Das Ei verquirlen. Beides mit dem Hackfleisch, Semmelbröseln, Kalbsleberwurst, Parmesan, Petersilie und Sultaninen sowie mit den Gewürzen und dem Zitronensaft zu einem Hackbraten verkneten.

Das Schweinefilet mit Senf einreiben und in Bratfett kurz scharf anbraten. Auskühlen lassen, die Fleischmasse darum herum verteilen und das Ganze in Blätterteig einschlagen.

49

Diesen mit Eigelb bestreichen. In einer ausgebutterten feuerfesten Form im erhitzten Ofen bei 200° ca. 35 Minuten backen.

Inzwischen die Fenchelknollen vierteln, im Salzwasser 10 Minuten kochen und abtropfen lassen. Nachdem das Filet 20 Minuten im Ofen geschmort hat, die Fenchelstücke ebenfalls in die feuerfeste Form legen und mit sehr grob geraffeltem Käse bestreuen. Nach weiteren 20 Minuten sind Fleisch und Gemüse gar.

———◦———

Der amerikanische Komiker Lou Costello († 1959) verließ die Welt, für die er den Trottel gespielt hatte, mit einem Gefühl von Zufriedenheit: »Das war die beste Eiscreme-Soda, die ich jemals hatte.« Solche Genugtuung war dem englischen Premierminister William Pitt d. J. († 1806), der sich in politischen Fragen häufig geirrt hatte, nicht beschieden. Auch sein Leben endete mit einer Fehleinschätzung: »Ich glaube, ich könnte jetzt eine von Bellamy's Fleischpasteten essen.«

———◦———

Blumenkohlpastete
Für uns hingegen gilt für diesmal: Pastete ja – Fleisch nein.

350 g Blumenkohl	*60 g Butter*
300 ml Milch	*Salz*
1 El Mehl	*30 g geriebener Parmesan*
3 Eier	

Den Blumenkohl im Salzwasser nicht ganz gar kochen und dann in Röschen zerteilen. Diese in 30 g Butter dünsten, salzen, und wenn sie die Butter aufgesogen haben, etwas von der Milch dazugeben. Die Masse durchs Sieb streichen. Mit der restlichen Butter, der Milch und dem Mehl eine Béchamelsoße zubereiten. Diese zusammen mit den verquirlten Eiern und dem Parmesan mit dem Blumenkohl vermischen und alles in eine gebutterte Form geben. Im Wasserbad erhitzen und warm servieren.

———◦———

Manche letzte Worte beziehen sich aufs Trinken. Der walisische Lyriker Dylan Thomas († 1953) starb nach einer Alkohol-Orgie in New York. Er hatte sich stets damit gebrüstet, schon als Vierjähriger seinen ersten Whisky getrunken zu haben. Die Bilanz, die er vor seinem Tod zog, erweist sich als ernüchternd: »Ich hatte achtzehn volle Whiskys; ich denke, das ist der Rekord. Nach neununddreißig Jahren ist das alles, was ich erreicht habe.« Nicht weniger berüchtigt für seinen Alkoholkonsum war auch der Schauspieler Humphrey Bogart, der erst auf dem Sterbebett zur Einsicht kam: »Ich hätte nicht vom Scotch zu den Martinis wechseln sollen.«

Dass selbst in dem Moment, da der Mensch sein Sterbenswörtlein spricht, das Himmlische gelegentlich hinter das Irdische zurücktritt, beweist der französische Genießer Charles d'Everuard († 1703). Der wurde in seiner letzten Stunde von einem Priester gefragt, ob er sich mit Christus versöhnt habe. Seine Antwort: »Versöhnen würde ich mich lieber mit meinem Magen, denn er hat seine Funktion eingestellt.«

Schlemmen und Fasten

DER MAGEN HÖRT ZWAR NICHT AUF VORSCHRIFTEN,
SONDERN FORDERT UND MAHNT, ABER ER IST KEIN LÄSTIGER
GLÄUBIGER UND MIT WENIGEM ZUFRIEDEN, SOFERN DU IHM DAS NUR
GIBST, WAS ER BRAUCHT, NICHT DAS, WAS DU GEBEN KANNST.

Seneca, Briefe, II,9

DER ALKOHOLIKER TRINKT GEGEN DIE TRAUER UND EINSAMKEIT AN.
DER SCHRIFTSTELLER SCHREIBT DAGEGEN AN.
DER SAUFENDE SCHRIFTSTELLER GEHT AUF NUMMER SICHER.

Hannes Bertisch / Marcus Reckewitz, Von Absinth bis Zabaione

Na dann Prost!

In den späten Sechzigerjahren des vorigen Jahrhunderts reisten zwei italienische Franziskanerpatres zu Forschungszwecken nach Deutschland, um in einer ihrer dortigen Niederlassungen das Klosterarchiv nach alten Dokumenten zu durchforsten. Es war das erste Mal, dass die beiden in lutherisches Gebiet vordrangen, versehen mit den nötigen Warnungen ihres Ordensoberen. Am Sonntag nach ihrer Ankunft wurde in dem besagten Kloster zum Mittagsmahl Wein ausgeschenkt. Nachdem die Mönche schon eine Weile schweigend gegessen hatten, beendete der Guardian die geistliche Tischlesung mit einem Glockenzeichen. Dann erhob er das Glas und nickte allen reihum zu: »Zum Wohl!« Worauf die beiden Südländer merklich in Verlegenheit gerieten. Ihr Weinglas war nämlich bereits leer, als die anderen einander zuprosteten. Die von den Deutschen geübte Marotte war ihnen offensichtlich fremd. In Italien steht der Wein auf dem Tisch, und wer Durst hat, schenkt sich ein. Und trinkt.

Wenn der Gastgeber heutzutage in der Regel bloß noch zu Beginn einer Mahlzeit das Glas erhebt, handelt es sich um ein ausgedünntes Ritual. Noch im 16. Jahrhundert führte das Zutrinken häufig dazu, dass ein Essen in ein Saufgelage ausartete, das fast zwangsläufig im Vollrausch endete. Eine beliebte Variante des Hochlebenlassens bestand darin, so viele Becher hintereinander zu leeren, wie der Name dessen, dem man zutrank, Buchstaben hatte. Ob die Zechkumpane sich noch halbwegs vernünftig unterhalten konnten, nachdem sie einem Günter-Wolfgang-Heinrich zugeprostet hatten, bleibe dahingestellt, vor allem, wenn dieser Günther sich gar mit *th* schrieb, was naturgemäß einen Humpen mehr erforderte.

Dabei ist das Zutrinken nicht einmal eine typisch deutsche Gewohnheit; der Brauch findet sich außerdem bei Nordeuropäern und Slawen. Auch die alten Griechen und Römer pflegten diese Sitte, die sie offenbar von ihren olympischen Göttern übernommen hatten.

Trinkgelage. Holzschnitt von Hans Weiditz aus Petrarca, Augsburg 1532

Denn die erwiesen sich gelegentlich, wenn wir Homer denn glauben wollen, als wahre Saufsäcke.

Die Germanen waren in dieser Hinsicht keineswegs zurückhaltender. Die feierten kein größeres Fest, ohne auf das Wohl ihrer Gottheiten zu trinken – was im Endeffekt auf ein quasiliturgisches Besäufnis hinauslief. Nicht einmal die christlichen Missionare schafften es später, diese barbarische Gewohnheit zu beseitigen. Mit ihren Bekehrungsversuchen bewirkten sie lediglich, dass die Nachfahren der Teutonen statt auf Wodan und Freyja zu trinken, das Methorn fortan zu Lob und Ehren der christlichen Heiligen leerten. Und zwar mehrmals und in kurzen Intervallen.

An dem vorzugsweise von seinen deutschen Gastgebern gepflegten Brauch des Zuprostens hat sich später der französische Schriftsteller und Philosoph Michel Eyquem de Montaigne (1533–1592) zu Recht gestoßen. Damals war es Sitte, dass jeder Gast während eines Essens mindestens *einen* Trinkspruch vortrug, worauf alle ihr Glas erhoben. »Das«, so der gallige Kommentar des gallischen Denkers, »ging mir dermaßen gegen die Natur und Gewohnheit, dass ich keinen Tropfen schlucken konnte.« Die zügellose Trinkerei betrachtete Montaigne als das, was sie ist, nämlich als »rohes und viehisches Laster«. Und notiert, dass diese Unsitte »unter allen gegenwärtigen Nationen einzig in Deutschland in Ansehen steht«. In der Schweiz scheinen die Zustände kaum besser gewesen zu sein. Auch dort nämlich »hörte der Herr von 55 Montaigne viel über die Auflösung der Sitten und über die Trunksucht klagen«.

Gegen den »deutschen Saufteufel« hat schon ein Martin Luther immer wieder angepredigt – mit mäßigem Erfolg. Dass der Reformator selber gerne trank, mindert allenfalls die Wirkung seiner Warnung: »Es muss aber jeglich Land seinen eigenen

Teufel haben, Welschland seinen, Frankreich seinen. Unser teutscher Teufel wird ein guter Weinschlauch sein und muss Suff heißen, da er so durstig ist, als er mit großem Sauffen Weins und Biers nicht kann gekület werden. Und wird solch ewiger Durst teutschen landes Plage bleiben, hab ich Sorg bis an den jüngsten Tag.«

Eine ähnliche Klage erhob ein Jahrhundert später der Lausitzer Poet August Adolph von Haugwitz (1645–1706) im Hinblick auf das zu seiner Zeit verbreitete »Brüderschaft-Sauffen der Deutschen«:

Es richten Freundschaft auff Soldaten durch Gefahr
Durch Bücher und durch Schrift der klugen Geister Schaar
Und durch Gewinn pflegt sie der Kauffmann zu erkauffen
Nur unser Deutscher muss dieselbe sich ersauffen.

Einen höchst ungünstigen Eindruck machten die postgermanischen Trinkgepflogenheiten auch auf Alexandre Dumas *père*. In seiner *Reise an die Ufer des Rheins im Jahre 1838* äußert er sich eher erstaunt als empört: »Es grenzt wirklich an ein Wunder, wie viel manche Studenten trinken können. Der derzeitige Bierkönig der Universität von Heidelberg zum Beispiel vertilgt wahlweise zwölf Schoppen Bier oder sechs Schoppen Wein, das heißt zwölf Flaschen Hopfensaft oder sechs Flaschen Rebensaft, bis es Mittag läutet. Deshalb wird er allgemein der Trichter genannt.«

◄◇►

Quitten in Weinbrand

Vermutlich hat der Heidelberger Bierkönig nichts dagegen, wenn wir, statt uns über Bier und Wein zu unterhalten, diesmal auf Hochkarätigeres zurückgreifen.

800 g Quitten	*200 g Zucker*
1 Zitrone (Saft)	*4–5 Gewürznelken*
400 ml Wasser	

Die Quitten mit Küchenpapier abreiben, waschen und schälen, vierteln und das Kerngehäuse großzügig entfernen. Die Fruchtstücke in Würfel schneiden. Sofort mit Zitronensaft beträufeln, damit das Fruchtfleisch sich nicht verfärbt. Das Wasser zusammen mit dem Zucker zu einem Sirup aufkochen, die Quittenstücke und den restlichen Zitronensaft hinzugeben und auf schwacher Flamme etwa 10–15 Minuten dünsten. Die Fruchtstücke auskühlen lassen und zusammen mit den Gewürznelken in ein Einweckglas füllen. Den Zuckersirup bis zur Hälfte einkochen und erkalten lassen. 100–150 ml Sirup mit ebenso viel Weinbrand vermischen und die Flüssigkeit über die Fruchtstücke gießen (sie müssen bedeckt sein). Das Glas gut verschließen und an einem kühlen dunklen Ort mindestens 4 Wochen ziehen lassen. Zusammen mit Eis ergibt das einen festlichen Nachtisch. Eignet sich aber auch als Beilage zu Raclette oder Fondue chinoise.

◄◇►

Wir indessen sind schon deshalb willens, Maß zu halten, weil wir uns an gewisse mittelalterliche Sanktionen erinnern, welche ein Saufaus damals zu gewärtigen hatte. Von Karl dem Grossen ist eine Verfügung überliefert, derzufolge kein Graf zu Gericht sitzen durfte, wenn er nicht nüchtern war. Dass dies eigens festgehalten werden musste, spricht nun nicht gerade für die damalige Gerichtspraxis. 1562 ermahnte der Landesherr von Thüringen die Universitäten, keine »versoffenen Professoren« einzustellen. Ebenfalls aus dem 16. Jahrhundert stammt eine Zürcher Gerichtssatzung, welche Eheversprechen, die unter Alkoholeinfluss gemacht wurden, für nichtig erklärte, wenn ein Teil sich später in nüchternem Zustand nicht mehr genau daran erinnerte oder Reue verspürte. Um solche »Weinheiraten« zu verhindern, beschloss der Rat kurzweg, dass »fürderhin keine Ehe hinter dem Wein, an Hochzeiten, Dantzen [Tanzveranstaltungen], Mahlzeiten, Kilchwinen [Kirchweihfesten] und sonst leichtfertigen Zusammenkofften von zwey Personen versprochen werden solle«. Im Klartext: Entscheidungen fürs Leben trifft man mit klarem Kopf!

Erste Strafgesetze gegen Trunkenheit wurden im Heiligen Römischen Reich Deutscher Nation gegen Ende des 15. Jahrhunderts eingeführt (Frankreich folgte 1536, England hingegen erst 1606). Ab 1497 verbot der Reichstag bis um die Mitte des 16. Jahrhunderts in regelmäßigen Abständen das Zutrinken, weil dadurch die öffentliche Ordnung gestört werde. Im Reichstagsbescheid von 1512 findet sich eine noch heute einleuchtende Begründung: »Wiewohl das Zutrinken in vorgehaltenen (an früheren) Reichstagen mehr denn einmal höchstlich verboten, so ist es doch bisher wenig gehalten, vollzogen oder gehandhabt worden. Darum und sonderlich, dieweil aus dem Zutrinken Trunkenheit, aus Trunkenheit viel Gotteslästerung, Todschlag und sonst viel Laster entstehen, also dass sich die Zutrinkenden in Fährlichkeit ihrer Ehre, Vernunft, Seele, ihres Leibes und Gutes begeben, so soll in allen Ländern eine jede Obrigkeit, hoch oder niedrig, geistlich oder weltlich, bei ihr selbst und ihren Untertanen solches abstellen und bei merklich hohen Strafen verbieten.«

Dass der Alkoholteufel nicht nur Männer heimsucht, ruft der nordafrikanische Kirchenschriftsteller Tertullian (um 160 bis um 220) in seiner Schrift *Apologeticus* in Erinnerung. Dabei schafft er es, gleich drei Dinge, nämlich Wein, Weib und Wiederheirat in einen kausalen Zusammenhang zu bringen:

William Hogarth, *Bierstraße und Ginpfad 2 (Beer Street and Gin Lane 2)*, Stahlstich um 1860

57

Zu allem Leidwesen besitzen jene alten Vorschriften längst keine Gültigkeit mehr, welche vormals dem Schutz der Bescheidenheit und der Ehrbarkeit der Frauen dienten und dank derer diese kein anderes Gold kannten, als das des ehelichen Ringes, welcher ihnen der Bräutigam als Pfand an den Finger steckte. Bekanntlich enthielten sich die Frauen anfänglich gänzlich des Weines. Dieses Verbot war so streng, dass eine Verheiratete von ihren Angehörigen mit dem Hungertode bestraft wurde, wenn sie sich erkühnte, die Siegel zum Weinkeller aufzubrechen. Ja schon zu Zeiten des Romulus wurde die Frau eines gewissen Metennius von diesem zu Recht getötet, weil sie vom Wein gekostet hatte. Ursprünglich waren die Frauen verpflichtet, ihre Ehemänner zu küssen, damit diese sich überzeugen konnten, dass sie keinen Weinatem hatten. Wo aber gibt es heute noch harmonische Ehen, die doch früher gerade wegen der strengen Sitten dermaßen glücklich waren, dass noch beinahe sechshundert Jahre nach der Gründung Roms von Scheidung nicht einmal gesprochen wurde?! Heutzutage ist der ganze Körper der Frauen mit Gold überhängt, und es gibt kaum mehr eine, deren Küsse nicht nach Wein schmecken. Und was die Scheidung betrifft, ist diese inzwischen längst ein integrierender Bestandteil des Treueversprechens.

Dass auch in späteren Zeiten nicht nur die Männer ihre Geisterfülltheit aus der Flasche bezogen, bezeugt eine Verordnung des Stadtrats von Leipzig aus dem Jahre 1773. Die schreibt vor, dass betrunkene Frauen vom Büttel auf den Markt geführt werden sollen. Dort wurde ihnen ein Zettel mit der Aufschrift »versoffene Krugurschel« auf die Stirn geheftet. Was es damit auf sich hatte, wird sich schnell auch unter dem einfachen Volk herumgesprochen haben, das damals weder lesen noch schreiben konnte.

Billigkost für Superreiche?

»Es ist bemerkenswert, dass Armut und Austern immer zusammengehören. Hier gibt es auf jedes halbe Dutzend Häuser eine Austernbude. Und ich meine, wenn jemand sehr arm ist, dann geht er aus dem Haus und isst Austern in echter Verzweiflung.« Diese triste Lagebeschreibung findet sich in den *Pickwick Papers*, der ersten Erzählung von Charles Dickens, die er 1837 veröffentlichte. Offensichtlich hatte sich der Geschmack seit der Antike gewaltig verändert; denn bei den Griechen und Römern galt die Auster noch als Delikatesse – genauso wie auch heute wieder.

Wer sich in der Geschichte der Gastronomie ein klein wenig umsieht, bemerkt schnell, dass manchen anderen Speisen ein ähnliches Schicksal widerfuhr. Immer wieder einmal fanden die Vornehmen und Reichen plötzlich Geschmack an Gerichten, die früher als Armeleutekost galten. Zeitweise traf dies etwa für den Lachs zu.

In London protestierten um die Mitte des 19. Jahrhunderts die Lehrjungen, weil sie ständig damit abgefüttert wurden. Zum häufig wiederholten, aber nirgends belegten Sagen- oder Fabelgut gehört hingegen die Behauptung, dass gegen Ende des 19. Jahrhunderts in Norddeutschland manche Arbeitsverträge eine Klausel enthielten, welche den Bediensteten garantierte, dass sie nicht mehr als zweimal die Woche Lachs vorgesetzt bekamen. Tatsache ist, dass die Bestände wegen Überfischung und wegen der fortschreitenden Verschmutzung der Flüsse rapide zurückgingen. Damit wurde der Lachs rar – und zu einer Delikatesse.

Austernverkäuferin im 18. Jahrhundert

○

Lachspfanne

3–4 Scheiben Lachs (etwa 650 g)	*2 Zucchini*
½ Zitrone (Saft)	*3 Eier*
1 TL Dill	*50 ml Sahne*
25 g Butter	*Salz, weißer Pfeffer*

Den Lachs enthäuten, entgräten und in kleine Würfel schneiden, mit Zitronensaft beträufeln und mit etwas Salz und weißem Pfeffer würzen. Butter in einer Pfanne schmelzen, die in dünne Scheiben geschnittene Zucchini in die heiße Butter geben, salzen und bei geschlossenem Deckel kurz dünsten, dann den Lachs beigeben und etwa 3–5 Minuten braten. Eier und Sahne mit dem Schneebesen miteinander verquirlen. Den Lachs und die Zucchini damit übergießen. Sobald die Masse stockt, das Gericht sofort aus der Pfanne servieren.

○

Ein weiterer Emporkömmling, der den Sprung von den Kochtöpfen der Häusler in die Küchen der Neureichen schaffte, ist der Krebs. Noch im vorletzten Jahrhundert galten Krebse als Volksspeise. In dem 1819 in Reutlingen erschienenen *Handbuch für Frauenzimmer, welches die ganze Kochkunst [...] in 872 Rubriken umfasst,* gehören

Constanzer Kochbuch

»Krebsmuß«, »Krebssuppe mit Ragout«, »Krebs-Amoletten«, »Krebs-Nudeln«, »Kaviar mit Krebs« oder »Krebse schön roth zu kochen« zu den Alltagsgerichten.

Erst als der sprichwörtliche Rückwärtsgang dieser Krustentiere sich auch auf die Bestände auswirkte, stiegen die Preise bis um das Zehnfache, was in der *Belle Epoque* dazu führte, dass Krebsdiners in den Chambres séparées vornehmer Restaurants in Mode kamen, bei denen die Anwesenheit von Ehefrauen nicht unbedingt erwünscht war. Den Skandinaviern allerdings, die von jeher zu den großen Krebsessern gehören, dient der Verzehr dieses Gerichts angeblich vor allem als Vorwand, um ein paar Glas Aquavit in sich hineinzuschütten.

Was für den Krebs zutrifft, gilt auch für die Schnecke. Gemeint ist nicht die grausliche Nacktschnecke, welche die Hobbygärtner mit glühendem Hass verfolgen und mit Freibier in die Todesfalle locken, sondern die häusliche Weinbergschnecke. Im *Constanzer Kochbuch*, einem Standardwerk für den bürgerlichen Haushalt, das eine gewisse Caroline Kümicher im Jahre 1824 veröffentlichte, finden sich neben 19 Krebs-Rezepten mehrere Hinweise für die Zubereitung von Schnecken. Die figurierten dazumal nicht auf den Menükarten der Gourmettempel, sondern auf dem Speisezettel von Familien, welche sich weder Fleisch noch Fisch leisten konnten. Die Armen holten sich die nötigen Proteine eben da, wo sie am günstigsten zu haben waren – unter anderem auch im Froschteich. Die Schenkel der Quaker galten damals beileibe nicht als Spezialität, sondern als billiges Nahrungsmittel. Dass sie heute in gewissen Kreisen (die sich um den Erhalt der Umwelt einen Deut scheren) wieder so beliebt sind, liegt vermutlich an der Preislage. Die sechs von Caroline Kümicher überlieferten Zubereitungsarten gelten übrigens nach wie vor als klassisch. Ein ähnliches Schicksal wie die Frösche ereilte die Schildkröten. Die bedauernswerte Kreatur fand ihren Weg von den Schiffsküchen, wo sie als Notnahrung für Seeleute mitgeführt wurde, auf die Tische der Fürsten. Gegen Ende des 19. Jahrhunderts wäre ein feines Essen ohne Schildkrötensuppe einer Hochzeit ohne Braut gleichgekommen.

Cocktailsalat

2 Hühnerbrüstchen	1 Honigmelone
500 ml kräftige Gemüse- oder	Salatsoße
Hühnerbrühe	Cocktailsoße
einige Kopfsalatblätter	1 Handvoll gekochte Krevetten

Für die Salatsoße

4 EL Distelöl	1 EL geriebener Meerrettich
3 EL Balsamessig	Salz, Pfeffer
1 EL Obstessig	

Für die Salatsoße alle Zutaten gut miteinander verrühren.
Falls die Soße zu scharf gerät, etwas Sahne untermischen.
Die Hühnerbrüstchen in der Gemüsebrühe erhitzen und etwa 15 Minuten ziehen lassen.
Abkühlen und in mundgerechte Bissen schneiden. Mit der Salatsoße vermischen.
Vier große Cocktailgläser mit einigen Salatblättern auslegen.
Darauf wird zuerst der Hühnersalat angerichtet.
Anschließend kleine Kugeln aus einer Melone herausstechen und diese über dem
Pouletsalat verteilen.

Für die Cocktailsoße

5 EL Mayonnaise	Salz, weißer Pfeffer
1 gestrichener EL Tomatenmark	1 Prise Cayennepfeffer
1 Prise Zucker	½ Gläschen Cognac oder Whisky

Alle Zutaten mit dem Schneebesen glatt rühren. Allenfalls noch 1–2 EL Sahne hinzufügen,
mit einer Handvoll Krevetten vermischen und anschließend auf den Melonenkugeln
verteilen. Wer keine Krevetten mag, kriegt Tafelspitzsalat.

Tafelspitzsalat

Den kalten Tafelspitz in dünne Streifen schneiden und mit einer Soße aus Senf, Essig, Öl,
Salz und Pfeffer vermischen.

Gelegentlich kam es vor, dass ein und dasselbe Gericht sowohl höchste Wertschätzung wie auch entschiedene Abneigung hervorrief. Es gilt dies unter anderem für den Kohl. Die breiten Volksmassen im alten Griechenland betrachteten ihn als simplen Magenfüller. Die Römer hingegen waren ihm derart zugetan, dass nur die Reichen ihn sich leisten konnten. Und im 18. Jahrhundert wusste jeder Blinde, dass er durch ein Armenviertel geführt wurde, wenn ihm der penetrante Duft von kochendem Kohl in die Nase stieg. Leider wird in den klassischen Kohlländern Mittel- und Nordeuropas der zarte Eigengeschmack dieses Gemüses noch immer gelegentlich durch pappige Mehlsoßen brutal zerstört. Das erweckt den Eindruck, als wollten die Helvetier, Teutonen und Germanen auf Teufel komm raus ihre barbarische Herkunft dokumentieren.

Bayrisch Kraut

Dieses Rezept stammt aus dem bereits erwähnten, 1819 erschienenen *Handbuch für Frauenzimmer*. Offenbar geht die anonyme Verfasserin davon aus, dass die Köchin über die nötigen Mengenangaben und Garzeiten Bescheid weiß.
Wasche Krautblätter und wikle [sic] sie zusammen [rolle sie], dann schneide sie zu Nudeln, mache ein gutes Stück Rind- oder Schweineschmalz heiß, thue das Kraut darein und lasse es recht dämpfen, decke es recht zu, dann thue Schmalz und Pfeffer daran, und einen Schoppen Wein, lasse es recht weich kochen, man kann Schweinefleisch oder gute Bratwürste darauf legen.

Was übrigens den Lachs betrifft, gilt der heute längst nicht mehr als Delikatesse für gaumenverwöhnte Geldsäcke. Seit er in Schottland und Norwegen massenhaft gezüchtet wird, ist er für jedermann erschwinglich. Möglicherweise wird er deshalb schon bald wieder als Billigkost für Hungerleider betrachtet wie seinerzeit die Austern, von denen Dickens in seinen *Pickwickern* berichtet.

Orgien an Gräbern, Gelage in Kirchen

Wie ihre heidnischen und jüdischen Mitbürger und Mitbürgerinnen pflegten sich auch die Christinnen und Christen am Todestag ihrer Angehörigen an deren Gräbern zu versammeln, um ihrer im Gebet zu gedenken. Daran schloss sich häufig eine *Agape* an. Dieses bescheidene »Mahl der Nächstenliebe« sollte den Zusammenhalt der christlichen Gemeinschaft fördern.

62   Später fanden solche Agapen auch in Kirchen statt; vor allem an Hochfesten wie Ostern oder Weihnachten bildeten sie den Abschluss des Gottesdienstes. Mit dieser frommen Sitte war häufig eine Armenspeisung verbunden. Aber schon bald sah sich

der Apostel Paulus gezwungen, gegen Missbräuche einzuschreiten – nachzulesen im elften Kapitel seines ersten Briefes an die Christenleute der Hafenstadt Korinth. Von Missbräuchen anlässlich der in den ersten christlichen Jahrhunderten immer häufiger praktizierten Agapen ist auch in den Handbüchern für Kirchengeschichte die Rede. Tatsächlich wurde der Wunsch nach

(Liebes-)Mahl mit Mönch. Miniatur aus Boccaccios Decamerone, Flandern 15. Jahrhundert

Gemeinschaft schon bald vom Bedürfnis nach Geselligkeit verdrängt, sodass das Mahl der Liebe häufig zu einem Liebesmahl entartete, bei dem nicht mehr Jesus und Maria angerufen, sondern Bacchus und Venus gehuldigt wurde. Schon Bischof Ambrosius von Mailand (339–397) sah sich gezwungen, gegen derlei Missbräuche zu protestieren – mit mäßigem Erfolg.

Dass der Wein und andere geistige Getränke bei diesen Zusammenkünften eine wichtige Rolle spielten, hat auch der heilige Augustinus (354–430) in einem seiner *sermones* festgestellt: »*Diversis nominibus incipiunt bibere, non solum vivorum hominum, sed et Angelorum et reliquiorum Sanctorum* – auf das Wohl sehr verschiedenartiger Geschöpfe leeren sie ihre Becher, nicht nur auf jenes ihrer Bekannten, sondern auch auf das der Engel und zu Ehren der Reliquien der Heiligen.« Tatsächlich war es in manchen Gegenden Brauch, den Gedenkgottesdienst am Fest des Kirchen- oder Landespatrons, aber auch die liturgischen Feiern an den kirchlichen Hochfesten mit einem Umtrunk zu beschließen. So galt den Dänen Weihnachten als ›Fest des Horns‹, weil sie an diesem Tag nach der Eucharistiefeier dem Trunk aus ihren mitgebrachten Hörnern über die Maßen zusprachen. Die Irländer leerten ihre vergoldeten Hörner noch vor dem Schluss-Segen. Die Norweger hingegen zechten an diesem Tag zu Ehren des heiligen Olav, der ihnen im Jahre 995 das Christentum verordnet hatte. Der Klerus sah in diesem Tun nichts Verwerfliches; nur so ließ sich angeblich vermeiden, dass die Untertanen einander auf das Wohlergehen ihrer falschen Götter zuprosteten.

Neben anderen Kirchenversammlungen verurteilte auch eine im Jahre 1127 in Nantes abgehaltene Synode die Gepflogenheit *in amorem Sanctorum*, aus Verehrung zu den Heiligen, die Gottesdienste in den Kirchen mit einer wilden Zecherei zu beenden. Aber es brauchte noch ein paar Jahrhunderte, bis sich das Bewusstsein durchzusetzen vermochte, dass man die Heiligengedenktage nicht unbedingt mit einem öffentlichen Besäufnis begehen muss.

63

Da und dort stoßen wir noch heute auf verwischte Spuren dieser alten Bräuche. In einigen Mittelmeerländern besucht man nicht am Nachmittag von Allerheiligen, sondern am Allerseelentag selber die Gräber der verstorbenen Angehörigen. Vor manchen Friedhöfen findet dann, trotz Maßregelung und Missbilligung eines Augustinus oder eines Ambrosius, jeweils eine Art Jahrmarkt oder Kirmes statt, was eine für nordisches Empfinden vielleicht etwas ungewohnte aber letztlich gar nicht so abwegige Art ist, den Glauben an den Sieg des Lebens über den Tod zu bezeugen.

Backäpfel mit Ricotta-Mandel-Füllung

1 TL Butter	*1–2 EL Zucker*
3–4 El Sahne (oder Kaffeesahne)	*wenig Zimt*
4 kochfeste Äpfel	*2 EL Rosinen*
(Gravensteiner, Boskop ...)	*150 g Ricotta*
etwas Zitronensaft	*1 Ei*
3 EL Zucker	*2 EL Mandelsplitter*
1 Orange, Saft und fein geriebene Schale	*Zimteis*
1–2 EL Akazienhonig	

Eine Gratinform mit etwas Butter ausstreichen und die Sahne hineingießen. Die Äpfel quer halbieren und das Gehäuse großzügig herausschneiden. Die Schnittflächen sofort mit Zitronensaft beträufeln, damit sie nicht braun werden. Mit etwas Zucker bestreuen und in die Gratinform setzen. Für die Füllung den Orangensaft und die geriebene Schale, den Akazienhonig, 1–2 EL Zucker, etwas Zimt, die Rosinen, 150 g Ricotta (ersatzweise Quark) und 1 Ei gut miteinander vermischen und die Masse auf den Apfelhälften verteilen. Mit Mandelsplittern garnieren. Die Äpfel auf der mittleren Rille des auf 180° erhitzten Backofens etwa 30 Minuten garen. Lauwarm servieren, allenfalls zusammen mit einer Kugel Zimteis.

Trauermahl für Albrecht den Weisen

64

Während seine Junker und Hofschranzen sich an Turnieren und an der Jagd verlustierten, zog Herzog Albrecht IV. von Bayern es vor, Akten zu studieren und Reformpläne auszubrüten, was sich 1506 ausbezahlte, als es ihm gelang, ganz Bayern zu einem einzigen Land unter einem einzigen Herrscher zu vereinen. Seine Stubenhockerei trug ihm den Ehrentitel ›der Weise‹ ein. Der damit verbundene Mangel an Bewegung aber brachte es mit sich, dass Albrecht einen überaus barocken Anblick bot, womit er seiner Zeit zumindest in optischer Hinsicht voraus war; bekanntlich hat er sich beim Bayernvolk als Wegbereiter der Renaissance aufgespielt. Der übergewichtige Landesvater verstarb am 18. März 1508 im Alter von etwas über sechzig Jahren.

Fürstenmahlzeit. Miniatur von Gerard Horenbout aus dem Breviarium Grimani, 1510

Die offizielle Trauerfeier fand erst im Januar des folgenden Jahres statt, als sich die Herzogin, eine habsburgische Kaiserstochter, schon längst ins Kloster zurückgezogen hatte. Das Leichenmahl nach dem Gedächtnisgottesdienst begann um ein Uhr nachmittags und endete, wie der Chronist versichert, beim Morgengrauen. Die verhältnismäßig wenigen Gäste waren auf vier Tische verteilt. Aufgetragen wurden 23 Gänge, unter anderem ein gesottener Schweinskopf, Kapaune, Hühner, Trockenfleisch, Sauerkraut (das man dazumal Zettelkraut nannte), Rehschlegel, Kuttelflecken, eine Pastete mit Birnen, Vögel, Karpfen, sowie gebratene Fasane, Hasel- und Rebhühner, Wildbret, verschiedene Gemüse und natürlich jede Menge Zuckerwerk und Näschereien.

Niemand musste sich also hungrig vom Tisch erheben. Anderseits werden sich die Gäste nicht maßlos übergessen haben. Denn erstens galten (und gelten) in Bayern nun einmal andere Maßstäbe als in den umliegenden Landen, und zweitens ist nicht mehr auszumachen, was wir uns unter den »lustigen [d. h. lustvoll oder angenehm anzuschauenden] besichtessen« vorstellen sollen, von denen der Chronist redet. Handelte es sich um Schau*gerichte* oder um Schau*essen*? Unter den Letzteren verstand man kunstvoll angerichtete Speisen, während die Schaugerichte aus figürlichen Szenen aus Wachs, Holz oder anderen Materialien bestanden, und als kalorienfreie Zwischengänge der Erbauung oder aber der Erheiterung der Tafelnden dienten. Allerdings ist diese Unterscheidung aus zwei Gründen nicht sehr hilfreich. Einerseits nämlich wird die Terminologie nicht einheitlich verwendet, und anderseits waren auch die Figurengruppen häufig mit allerlei Naschwerk ornamentiert.

Was die Schauessen betrifft, bekamen die Geladenen anlässlich der Totengedenkfeier Albrechts des Weisen unter anderem das »erst Alter der Welt« zu Gesicht, nämlich Adam und Eva unter einem Baum, um den sich eine Schlange wand, die einen Apfel zwischen den Zähnen hielt. Eine andere Szene zeigte die Arche Noachs »mit

65

beigelegten Oblaten, von Zucker gebacken«. Plastisch dargestellt wurde auch die Geburt Christi, und zwar auf die übliche Art, nämlich mit Maria und Josef und Ochs und Esel; die Krippe war aus Marzipan gearbeitet. Zum Schluss folgte, das Ende des Totengedenkmahles ankündigend, sinnigerweise eine Darstellung des Jüngsten Gerichts.

Wir denken dieweil an ein Gericht ganz anderer Art, dessentwegen die Zeitgenossen Albrechts des Weisen vermutlich gern auf ihr Zettelkraut und ihren Kuttelfleck verzichtet hätten, wenn sie vor der Wahl gestanden hätten. Nämlich? Richtig, es handelt sich um etwas Fremdländisches, und zwar um die berühmte französische Zwiebelsuppe.

Französische Zwiebelsuppe

500 g Zwiebeln	*1 EL Butter*
2 EL Öl	*4 Scheiben Pariserbrot*
1 EL Mehl	*1 Knoblauchzehe*
1 l Fleisch- oder Gemüsebrühe	*4 EL geriebener Greyerzer*

Das Öl in einem Topf erhitzen, die Zwiebeln in mitteldünne Ringe schneiden und auf kleiner Stufe etwa 15 Minuten dünsten. Das Mehl darüberstreuen und alles gut durchmischen. Mit der Fleisch- oder Gemüsebrühe ablöschen. Die Suppe unter gelegentlichem Rühren eine halbe Stunde köcheln.
Die Butter in einer Pfanne schmelzen, die Brotscheiben mit der halbierten Knoblauchzehe einreiben und goldbraun rösten.
Die Suppe in vier feuerfeste Schüsselchen gießen und die Brotscheiben darauf verteilen. Den geriebenen Käse darüberstreuen und die Suppe in der oberen Hälfte des auf 250° erhitzten Ofens während einiger Minuten gratinieren. Zum Dünsten der Zwiebeln keine Butter verwenden, da sie sonst matschig werden. Außerdem hat diese delikate Suppe den Vorteil, dass man sie bereits am Vortag vorbereiten kann.

---

66 Leichenschmaus auf dem Dorf

Eine Bestattung ohne anschließendes Leichenmahl ist wie Weihnachten ohne Schnee. So jedenfalls scheint man es in unseren Breitengraden noch immer zu empfinden. Dass dabei die Trauer oft ganz allmählich in Fröhlichkeit übergeht, hängt wohl nicht oder nicht nur mit den bei einer solchen Gelegenheit unentbehrlichen zwei oder drei Vierteln Wein zusammen (die auch nicht mehr sind, was sie einmal waren; heute kriegt man meistens gerade noch zwei schlecht eingeschenkte Zehntel, wenn man ein Viertel bestellt). Vielleicht ist diese Heiterkeit auch ein Ausdruck jener Ahnung oder Zuversicht, dass sich das Leben letztlich eben doch als stärker erweist als aller Tod.

Der Schweizer Schriftsteller Gottfried Keller illustriert das an jener Stelle seines autobiografischen Romans *Der grüne Heinrich*, wo er sich an das Begräbnis seiner Großmutter und an das sich anschließende Leichenmahl erinnert. Im Unterschied zum spätmittelalterlichen Chronisten, der die einzelnen Gänge, die zum Gedenken an Albrecht den Weisen aufgefahren wurden, geradezu lustvoll aufzählt, entsinnt sich Keller leider nicht mehr daran, was auf den Tisch kam; er berichtet lediglich von »einem ungeheuren und heftigen Essen«, zu dem die Trauergäste »den Wein in tiefen Zügen schluckten«.

> *Endlich schwankte der Sarg vor uns her, die Weiber schluchzten und die Männer sahen bedenklich und verlegen vor sich nieder, der Geistliche erschien auch und machte seine Würde geltend, und ohne viel zu wissen, wie es zugegangen, sah ich mich endlich an der Spitze des langen Zuges auf dem Kirchhofe und dann in die kühle Kirche versetzt, welche von der Gemeinde ganz angefüllt wurde. Erst als mir durch den Sinn fuhr, dass es die leibliche Mutter meines Vaters gewesen, und an meine Mutter dachte, welche einst auch also in die Erde gelegt werde, da vergegenwärtigte sich mir wieder mein Zusammenhang mit diesem Grabe und das harte Wort »Ein Geschlecht vergeht und das andere entsteht!« verlor die scheinbare Kälte seiner Notwendigkeit.*
>
> *Der eingeladene Teil der Versammlung begab sich nun wieder nach dem Trauerhause, dessen Räume alle mit den Vorrichtungen des Leichenmahles erfüllt waren. Anfänglich wurde mäßig und bedächtig gesprochen und die Speisen in großer Ehrbarkeit eingenommen. Die Bauern saßen aufrecht an ihre Stühle oder an die Wand gelehnt, in beträchtlichem Abstand vom Tische und stachen die Fleischbissen mit feierlich ausgestrecktem Arme an, die Gabel am äußersten Ende haltend. So führten sie ihre Beute auf dem weitesten Weg zum Munde und tranken den Wein in kleinen, züchtigen, aber häufigen Zügen. Die Aufwärterinnen trugen die breiten Zinnschüsseln in erhobenen Händen in der Höhe ihres Gesichtes heran, mit gemessenem Paradeschritt, die Hüften gewaltig hin und her wiegend. Wo sie die Tracht auf den Tisch setzten, mussten die beiden Zunächstsitzenden einen Wettstreit beginnen, indem sie ihnen ihre Gläser zum Trinken boten und jeder wenigstens zwei gute Witze auf den Nebenbuhler losließ; dieser kleine Kampf wurde dann dadurch geschlichtet, dass die Aufwärterin aus jedem Glase nippte und mehr oder weniger zufrieden mit der Ausführung dieser Etikette sich zurückzog.*
>
> *Nach Verfluss zweier langer Stunden wurden die Gerichte feiner und leckerer, die*

Roheren unter den Gästen näherten sich immer mehr dem Tische, legten die Arme darauf und begannen nun erst, auf dem möglichst kürzesten Wege, ein ungeheures und heftiges Essen, wozu sie den Wein in tiefen Zügen schluckten. Die Älteren und Feineren aber wurden lauter im Gespräche, rückten ihre Stühle zusammen und ließen die Unterhaltung allmählich in eine gehaltene Fröhlichkeit übergehen. Diese war wohl zu unterscheiden von einer gewöhnlichen lustigen Stimmung und eine symbolische Absicht, welche eine heitere Ergebung in den Lauf der Dinge und das Recht des Lebens gegen den Tod bedeuten sollte.

Auf einmal fing es über unseren Köpfen an zu brummen und zu quieken. Geige, Bass und Klarinette wurden angestimmt und ein Waldhorn erging sich in schwülen, verliebten Tönen. Während der rüstige Teil der Versammlung aufbrach und nach dem geräumigen Boden heraufstieg, sagte der Schulmeister: »So muss es also doch getanzt sein? Ich glaubte, dieser Gebrauch wäre endlich abgeschafft, und gewiss ist dies Dorf das einzige weit und breit, wo er noch manchmal geübt wird! Ich ehre das Alte, aber alles, was so heißt, ist doch nicht ehrwürdig und tauglich! Indessen mögt ihr einmal zusehen, Kinder, damit ihr später noch davon sagen könnt; denn hoffentlich wird das Tanzen auf Leichenbegängnissen endlich doch verschwinden!«

Abhanden gekommen sind diese die Grenzen des Schicklichen manchmal überschreitenden Bräuche allerdings erst sehr viel später, und zwar nicht nur in der Umgebung von Zürich, wo Gottfried Kellers Großmutter lebte, sondern auch in Bayern. Dort sah die Obrigkeit sich schon 1802 unter Bezugnahme auf frühere Verfügungen zu folgendem Erlass genötigt:

Es ist zwar schon aus älteren und neueren Verordnungen das übermäßige Schmausen und Trinken bei Hochzeiten, Kindstaufen und Leichenbegängnissen strenge verboten. Nichts desto weniger aber muß man gewahr werden, dass hin und wieder diesem Verbote zuwider gehandelt und besonders mit dem Leichentrunke bei Begräbnissen auf dem Lande zu sehr exediert werde, indem bei Leichenbegängnissen armer Personen deren Verlassenschaft kaum zur Bestreitung der Totenbahre und anderer Funeralkosten hinreicht, doch ein Leichentrunk von mehreren Eimern Bier gefordert und auch gereicht, dann bei Leichenbegängnissen mehr vermöglicher Personen den ganzen Tag auf Kosten der Erben fortgetrunken, und anstatt des nur zur Labung der aus der Ferne kommenden Trauerpersonen bestimmten Trunkes ein sittenverderbliches, schwelgerisches Trinkgelag gebildet wird.

1835, Gottfried Keller befand sich damals ungefähr in dem Alter, als seine Großmutter verstarb, sahen sich die Behörden in Bayern erneut veranlasst, den Untertanen ihr sittenwidriges Treiben bei Leichenbegängnissen vorzuwerfen:

Mahlzeiten und Leichentrünke nach dem Begräbnisse sind Entehrungen des trauervollen Andenkens, welches jeder Rechtschaffene dem Verblichenen schuldig ist.

An dieser Stelle gestatte ich mir, in Sachen Leichenschmaus noch ein persönliches

Sterbenswörtchen hinzuzufügen. Oder ist es vielleicht eine Zumutung, wenn ich meine Freundinnen und Freunde bitte, mir, nachdem mein letztes Stündlein geschlagen, noch einen allerletzten Wunsch zu erfüllen? Ich würde mich freuen, wenn sie an meinem Grab ein Vaterunser beteten; von den Katholiken erhoffe ich mir außerdem ein Ave Maria. Was die Atheisten betrifft, möchte ich keinesfalls, dass sie gegen ihr Gewissen handeln; meinerseits werde ich jedoch versuchen, den lieben Gott davon zu überzeugen, dass sie eher aus Begriffsstutzigkeit denn aus Bosheit nichts von ihm wissen wollen. Anschließend sollen sich alle ein wenig zusammensetzen, den Tod tot sein lassen und ihrer Freude am Leben Ausdruck verleihen, indem sie eine Maß Bier oder zwei, drei Schöpplein kühlen Blauburgunder trinken und dazu ein großes Stück von dem von mir kreierten Käsekuchen verzehren, von dem sie schon früher nie genug kriegen konnten.

―◇―

Käsekuchen nach meiner Art

400 g Blätterteig	*2 Eier*
100 g Emmentaler	*250 ml Sahne*
200 g Greyerzer	*Salz, Pfeffer, Muskat*
100 g würziger Bergkäse	*1 Zwiebel*
2 kleine gekochte Kartoffeln	

Den (gebrauchsfertig gekauften) Blätterteig auf einem runden Kuchenblech von ca. 28 cm Durchmesser auslegen. Käse und Kartoffeln mit einer Röstiraffel *grob* raffeln und auf dem Teig verteilen.

Für den Guss die schaumig geschlagenen Eier mit der Sahne verrühren, etwas Salz, Pfeffer und Muskat hinzufügen und die Masse über den Käse gießen. Die geschälte Zwiebel in dünne Ringe schneiden und diese auf dem Guss schön regelmäßig anordnen. Das schmeichelt nicht nur unserem Gaumen, sondern erfreut auch das Auge, weil auf diese Weise beim Backen auf der Kuchenoberfläche ein originelles Muster entsteht. Das Kuchenblech für etwa dreißig Minuten in den auf 200° erhitzten Ofen schieben.

―◇―

Bayrischer Hunger

Mönche bei der Bierprobe. Gemälde von Eduard Grützner (1883)

Den Bayern sagt man nach, dass sie sich vorab mit vier Dingen beschäftigen, und zwar in dieser Reihenfolge: Bier, Weißwürste, CSU und Landshuter Fürstenhochzeit.

Warum in dieser Sequenz? Bier gehört für die Bayern zum Alltag (wobei sie während der Fastenzeit ein spezielles Gebräu ausschenken). Die Weißwürste hingegen sind nicht an der Tagesordnung, sondern stehen auf dem Wochenplan. Und konkurrieren damit permanent mit der CSU, welche (auch einmal die Woche) die Stammtischdebatten bestimmt. Die sagenhafte Landshuter Hochzeit schließlich wird bloß alle drei Jahre nach altem Muster neu inszeniert. Bei dieser historischen Aufarbeitung der Vergangenheit spielen aber nicht die Brautleute, sondern das Bier und die Weißwürste die Hauptrolle, während die CSU bei dieser Gelegenheit etwas in den Hintergrund rückt.

Die Vermählung zwischen dem jungen Landshuter Herzog Georg und der polnischen Königstochter Jadwiga fand im November 1475 statt. Das anschließende Fest, zu dem neben dem Kaiser auch rund zehntausend Gäste erschienen, dauerte eine volle Woche. Für die Verköstigung der Geladenen sorgten 146 Köche. Wenn wir den Aufzeichnungen des fürstlichen Verwalters Glauben schenken (und wir haben keinen Grund seine Angaben anzuzweifeln), wurden *unter anderem* 40'000 Hühner, 11'500 Gänse, 1537 Lämmer, 1133 ungarische Schafe, 285 Brühschweine, 232 Ochsen und 200'000 Eier verarbeitet und verzehrt. An Tranksame herrschte ebenfalls kein Mangel; ausgeschenkt wurden an die 20'000 Eimer Wein. Dass das Bier nicht eigens erwähnt wird, könnte darauf hindeuten, dass der herzogliche Buchhalter aus Bayern stammte. Ansonsten hat er natürlich, wie am Landshuter Hof üblich, penibel Buch geführt; die diesbezügliche Abrechnung wird heute in der Münchner Staatsbibliothek aufbewahrt. Immerhin haben es die Landshuter Herzöge geschafft, den Ehrentitel ›Der Reiche‹ über drei Generationen hinwegzuretten. Die Schatullen waren also bestimmt nicht leer, nachdem die Kosten der Hochzeit von 1475 beglichen waren – in heutiger Währung kostete das ganze Spektakel rund 15 Millionen Euro.

Schweinshaxe

2 Hinterhaxen vom Schwein (je ca. 1 kg)	1 Knolle Fenchel
2 EL Schweineschmalz	2 Knoblauchzehen
(ersatzweise Bratbutter)	Salz, schwarzer Pfeffer
3 Karotten	250 ml Fleischbrühe
1 Stück Sellerie (ca. 200 g)	100 ml dunkles Bier
2 Zwiebeln	

Die Karotten und den Sellerie in grobe Stücke schneiden. Die Zwiebeln und den Fenchel vierteln. Die Knoblauchzehen der Länge nach entzweischneiden und den bitteren grünen Schössling in der Mitte entfernen.
Die Schwarte der Schweinshaxen rautenförmig einschneiden, dann mit Salz und Pfeffer einreiben. Schweineschmalz (oder Bratbutter) in einem Bräter erhitzen und die Haxen kräftig anbraten.
Das Gemüse dazugeben, kurz mitbraten und die Fleischbrühe angießen. Den Bräter für eine Stunde in den auf 220° erhitzten Backofen schieben und die Haxen immer wieder einmal mit der Bratenflüssigkeit begießen. Dann die Haxen mit Bier bestreichen und die Hitze auf 250° erhöhen, bis sich nach ungefähr einer Viertelstunde eine herrlich braune Kruste bildet.
Da die Semmel- oder Grießknödel, die wir dazu reichen, erst mit einer kräftigen Soße gescheit schmecken, pürieren wir den Bratensatz und die Garnitur und schmecken die Tunke allenfalls mit etwas Salz und Pfeffer ab.

Semmelknödel

10 altbackene Semmeln	1 Bund gehackte Petersilie
250 ml Milch	1 EL Butter
2 Eier	Salz, Pfeffer
1 kleine fein gehackte Zwiebel	1 abgeriebene Zitronenschale oder Muskat

Die Semmeln in dünne Scheiben schneiden, in der Milch einweichen und mit den verquirlten Eiern vermischen. Die Zwiebel in der Butter glasig dünsten und die Petersilie kurz mitdünsten. Zusammen mit den Gewürzen unter die Brot-Eier-Masse mischen und diese zu acht Knödeln formen. *Vorsicht!* Den Teig nicht durchkneten, da die Knödel sonst nicht gelingen!
Die Knödel in heißem, *fast* siedendem Wasser 15–20 Minuten ziehen lassen. Falls einer oder zwei davon übrig bleiben, werden sie am folgenden Tag in Scheiben geschnitten und in Butter gebraten.
Wenn wir keine altbackenen Semmeln im Haus haben, behelfen wir uns mit Grießknödeln.

71

Grießknödel

120 g Grieß	1 TL gehackter Schnittlauch
140 g Butter	1 EL gehackte Petersilie
2 Eier	Salz

Die Butter und die Eier schaumig rühren. Den Grieß, die Kräuter und eine Messerspitze Salz untermischen und die Masse zwei Stunden lang ruhen lassen. Kleine Knödel formen und diese im heißen Salzwasser dreißig Minuten ziehen lassen. Allfällige Reste am anderen Tag in Scheiben schneiden und in Butter braten. Falls dann zufällig noch ein Bekannter oder eine Freundin vorbeischaut, werden die Scheiben noch etwas angereichert, will sagen in Mehl und Ei gewendet und paniert. Zusammen mit einem Salat ergeben sie eine kleine Mahlzeit.

»Neun Gänge zu je drei Gerichten«

An einem sonnigen Sommertag im Jahr des Herrn 1308 lud Kardinal Arnaldo Pelagrù, ein Neffe Papst Klemens' V., seinen hochrangigen Förderer und Gönner zum Mahl. Wie es dabei zuging, beschreibt ein *Anonimo Fiorentino*, ein unbekannter Florentiner.

Es nahte die Essenszeit heran. 16 Kardinäle begleiteten den Papst aus dem Schlafzimmer in den prächtig geschmückten Saal. Dort segnete er die Tafel und nahm an der Spitze des Saales Platz. Zur Handwaschung kamen außer den eigenen 4 Edelleuten und 12 Knappen noch einmal ebenso viele von Herrn Hannibal [?]. Diese 4 Edelleute trugen neue Gewänder aus goldgewirktem Tuch auf der einen und Seide auf der anderen Seite. Und jeder erhielt vom Kardinal einen silbergestickten Gürtel und einen Geldbeutel im Wert von 25 Goldgulden zum Geschenk. Und auch die 12 Knappen trugen seidene Gewänder; jeder von ihnen bekam gleichfalls einen Gürtel und eine Börse im Wert von 12 Goldgulden, nur weil sie den Papst bedienten. Und außerdem halfen noch 50 Knappen des Herrn Hannibal, alle neu gekleidet in gelbe und rote Seide.

Und der Saal, in dem Unser Herr mit 16 Kardinälen und 20 anderen hohen Prälaten und Edelleuten von Stand speiste, war folgendermaßen ausgerüstet: Da war ein Tisch mit 12 Knaben, alle unter 12 Jahren, alle verwandt mit dem Papst, mit ihren Lehrern und Edelleuten und Knappen, die sie unterrichten, erziehen und bedienen.

Die Wand am Kopf des Saales und noch ein Strich der beiden Seitenwände war bis hoch hinauf mit den erlesensten Gold- und Seidentüchern ausgekleidet. In der Mitte, hinter dem Sessel des Papstes, lief von oben bis unten ein meterbreiter Streifen scharlachroten Tuches, den der Sessel selbst auffing. Es war herrlich anzusehen und von so schöner Farbe, wie man sie noch kaum kannte. Der ganze übrige Saal war mit großen Teppichen behängt, auf denen verschiedene neue Geschichten dargestellt waren. Und ebenso war der Boden mit Teppichen belegt und mit Fußkissen ausgestattet. Die Tischtücher waren in edlen Mustern reich gestickt.

Das Erbrechen. Miniatur aus dem Hausbuch der Familie Cerruti (14. Jahrhundert)

Es gab 9 Gänge zu je 3 Gerichten, im Ganzen also 27 Speisen, von solcher Mannigfaltigkeit, dass, wollte man sie beschreiben, man darüber sterben würde. Meine Feder würde müde werden, und sie hat doch wahrlich noch vieles andere zu berichten. Es gab alles, was man nur will, alles was teuer, gut, besser und am besten ist. Nach den ersten drei Gängen kam als Intermezzo ein riesengroßer Berg herein, aus lauter Wild aufgebaut: ein mächtiger Hirsch, der lebend schien und doch gekocht war, ein Wildschwein, Rehböcke, Hasen, Kaninchen; alles schien lebendig und war doch gekocht. Der Berg wurde von den Knappen hereingeschoben und von den Edelleuten begleitet. Und eine laute Freude brach aus, deren Getöse man wohl bis Vignone gehört haben mag.

Darauf kam der vierte Gang. Als der beendet war, erschienen die Knappen von Herrn Hannibal und sprachen so zu Unserem Herrn: Heiliger Vater, dort unten wartet ein edles Schlachtross, und hier sind zwei Ringe und ein Pokal. Der Kardinal bittet, dass Eure Heiligkeit geruhen möge, diese Dinge entgegenzunehmen. Der Heilige Vater nahm die Ringe, einen mit einem großen Saphir, den anderen mit einem riesigen Topas. Und er steckte sie sich an den Finger. Und er ergriff den Pokal und befahl, das Schlachtross in Empfang zu nehmen. Den Pokal schenkte er sogleich einem der 4 Edelleute, die ihn bedienten. Man erzählt, das Pferd habe einen Wert von 400 Goldgulden, die Ringe von 140 Goldgulden und der Pokal von 100.

Aufmerksame Leserinnen und historienkundige Leser werden bemerkt haben, dass dieses sagenhafte Essen nicht im Vatikan stattfand (und auch nicht im Lateranpalast, wo die Päpste bis zur Wahl Klemens' V. im Jahre 1305 residierten, bevor sie es sich für sieben Jahrzehnte in Avignon wohl sein ließen), sondern, wie aus dem Bericht eindeutig hervorgeht, in der Nähe von Vignone im Piemont.

Zu gewissen Zeiten scheinen klerikale Kreise, zumindest jene in höheren Rängen, nicht schlecht gelebt zu haben. Ein Indiz dafür ist die Tatsache, dass sich der Primas von Canterbury im 16. Jahrhundert genötigt sah, seinen erzbischöflichen Kollegen nicht mehr als sechs Fleischgerichte und vier Beilagen *pro Mahlzeit* zu gestatten. Für gewöhnliche Bischöfe waren gerade noch fünf Fleischgänge und drei Nebengerichte vorgesehen; die niedrigeren Chargen im geistlichen Stand wurden entsprechend ihrer Rangstufe noch schmäler, aber dennoch nicht schlecht gehalten.

Gelegentlich scheint es auch in den Klöstern zu Exzessen gekommen zu sein. Dass ein anonymer Berichterstatter zu Beginn des 16. Jahrhunderts den Abt des bayrischen Monasteriums Formbach, Angelus Rumpler, als »mäßig groß und dick« beschreibt, will noch nichts besagen. Allerdings fährt der Chronist dann fort: »Den Wein liebte er gar sehr. Ohne ihn war er nie, ohne Becher konnte man ihn niemals treffen. Dazu pflegte er viel und gut zu speisen, daher wurde er auch so dick und fett, dass ihn niemand umspannen konnte.«

Weniger bekannt ist vielleicht, dass in Klostergemeinschaften auch Fastenregeln entwickelt wurden, die später in der kirchlichen Bußpraxis eine nicht unerhebliche Rolle spielten. Vor allem in angelsächsischen Konventen betrachtete man im Frühmittelalter die Enthaltung von bestimmten Speisen nicht einfach als Präventivmaßnahme gegen Fress- und andere Orgien, sondern zusehends auch als probates Mittel, um begangene Sünden zu sühnen.

Darüber geben die frühmittelalterlichen *Pönitenzialien* – zu Deutsch Bußbücher – Aufschluss. Es handelt sich dabei um eine Art Sündenkataloge mit detaillierten Angaben über die für die einzelnen Vergehen zu leistenden Bußübungen, die vorwiegend in einem strengen Fasten bestanden.

Was damals einen einsichtigen Sünder erwartete, vermag ein Abschnitt aus einem Bußbuch zu zeigen, das von manchen Forschern dem englischen Mönch Beda zugeschrieben wird; er starb im Jahre 735:

> Wer trinkt, bis er sich übergeben muss, soll vierzig Tage fasten, falls es sich um einen
> Priester oder Diakon handelt; dreißig Tage, wenn der Betreffende ein Mönch [der
> nicht Priester, sondern Laienbruder] ist; zwölf Tage, wenn es sich um einen Laien
> handelt. Wer sich übergibt, weil er krank ist, sündigt nicht. Wer sich übergibt, weil er
> zu viel gegessen hat: drei Tage Fasten. Wer sich trotz des Verbots seines Herrn
> betrinkt, sich aber danach nicht übergibt: sieben Tage Fasten.
> Ein Unverheirateter, der eine sündhafte Beziehung zu der Frau eines anderen unter-
> hält: zwei Jahre Fasten. Ein verheirateter Mann, der eine sündhafte Beziehung zu
> einer verheirateten Frau unterhält: drei Jahre Fasten, wobei sich der Verheiratete
> während des ersten Jahres seiner Frau nicht nähern darf.

Fasten meint hier Enthaltung von den meisten Speisen; praktisch waren nur Brot, Wasser, Gemüse und Früchte erlaubt. Wer wollte da nicht schon bereit sein, auf die allerlässlichste Sünde zu verzichten, bloß um immer wieder einmal eine Carbonara (da ist ja Speck mit drin!) kosten zu dürfen. Natürlich dürfen die Nudeln nicht windelweich sein wie das Herz einer reumütigen Sünderin, sondern müssen *al dente* serviert werden.

Spaghetti alla Carbonara (nach Köhlerart)

400 g Spaghetti	*3 EL Olivenöl*
3 Eigelbe	*250 g Speckwürfelchen*
50 ml Sahne	*30 g geriebener Pecorino*
Salz	*(ersatzweise: Parmesan)*
1 Knoblauchzehe	*Szechuan-Pfeffer aus der Mühle*

Die Spaghetti in einem Topf in reichlich Salzwasser *al dente* kochen. In der Zwischenzeit Eigelbe, Sahne und etwas Salz gut miteinander verrühren. Die Knoblauchzehe in Hälften schneiden und in Olivenöl in einer Pfanne braten. Den Knoblauch herausnehmen, sobald er schwarz geworden ist (sein Aroma hat sich inzwischen mit dem des Öls harmonisch verbunden). Anschließend die Speckwürfelchen in die Pfanne geben und die Hitze dabei auf ein Minimum reduzieren. Die Pfanne vom Herd nehmen. Die Spaghetti in einem Sieb abtropfen lassen und ebenfalls in die Pfanne geben. Die Eigelb-Sahne-Mischung unterrühren. Die Soße darf nicht stocken. Auf vorgewärmten Tellern anrichten und etwas Pecorino drüberstreuen. Den Szechuan-Pfeffer mit dem unübertroffenen Aroma fügen die Tafelnden selber hinzu.

Wer meint, dieses Rezept in jedem Kochbuch zu finden, irrt, und zwar gewaltig. In der Regel ist da nämlich immer die Rede von *ganzen* Eiern. In einer Carbonara aber hat das Eiweiß nun wirklich nichts zu suchen.

Dieses ehrliche und einfache Gericht, nach dem Naschkatzen und LKW-Fahrer gleicherweise gieren, verdankt seinen Ursprung der Erfindungsgabe der Armen. Wenn die Köhler in den italienischen Wäldern sich einmal etwas Besseres gönnten, verlustierten sie sich an einer *Carbonara*. Dazu verwendeten sie ausschließlich Zutaten, die sie selber produzierten: etwas Mehl, eine Zwiebel oder eine Knoblauchzehe aus dem Garten, ein Ei vom Huhn, ein bisschen Speck vom Schwein, einen Schuss Olivenöl, einen Becher Sahne … Dass Salz und Pfeffer in den zumeist elenden Behausungen der Köhler vorrätig waren, darf bezweifelt werden. So entstand ein einfaches, kräftiges und überaus schmackhaftes Gericht.

Die Ratschläge des Robert Burton

Eine der ältesten Abbildungen einer mittelalterlichen Küche. Inkunabeldruck, 15. Jahrhundert

Kochen hat mit Kunst zu tun, Essen hingegen mit Kultur. Die hört da auf, wo man das Maß verliert. Diese Ansicht vertritt Robert Burton in seinem epochalen Werk *Anatomie der Melancholie*, das 1621 in englischer Sprache erschien und seither zu den philosophischen Klassikern gehört. Burtons Grundthese ist ebenso kurz wie einprägsam: »Wir sind allesamt verrückt, nicht sporadisch, sondern immer.«

Vom Verfasser selbst wissen wir wenig. Bekannt ist sein Geburtsjahr, 1577, und dass er von 1593–1599 Theologie belegte und seine Examen alle etwas verspätet ablegte, sei es aus Krankheitsgründen, sei es, weil er seine Studienzeit verbummelte. Für beide Annahmen gibt es ein paar – eher klägliche – Anhaltspunkte. Sicher ist, dass er seine ganzen übrigen Lebensjahre bis zu seinem Tod im Jahre 1640 am Christ Church College der Universität Oxford verbrachte, als stiller Gelehrter (wie er in seiner *Anatomie* durchblicken lässt), und einsamer Stubenhocker (wie seine Kollegen bezeugen). Außer seinem berühmten Schmöker hat er noch ein paar lateinische Gelegenheitsgedichte und ein langweiliges Lustspiel geschrieben. Überdies war er Mitautor einer Komödie, von der weiter nichts bekannt ist, als dass anlässlich der Uraufführung im Jahre 1605 einzig das Zureden der College-Rektoren König Jakob I. vom Davonlaufen abzuhalten vermochte.

Robert Burton zählte gerade 24 Jahre, als die erste Ausgabe seiner über tausendseitigen *Anatomie der Melancholie* erschien (die er im Lauf seines Lebens immer neu überarbeitete und erweiterte). Der Titel des Werkes und der geistliche Stand des Verfassers konnten bei der Leserschaft leicht falsche Erwartungen wecken. Trotz der wissenschaftlich anmutenden Überschrift handelt es sich weder um ein psychologisches, noch um ein medizinisches Werk, sondern um eine Ursachenbeschreibung der Melancholie in Form einer Sittengeschichte, gespickt nicht nur mit dem Witz des Verfassers, sondern auch mit jeder Menge Anekdoten, Schwänken und Fabeln.

Natürlich finden sich in diesem Riesenwerk auch Ratschläge bezüglich der Ernährung, Erwägungen über die Kochkunst und Anmerkungen hinsichtlich der Esskultur:

»Die Ernährung verursacht Melancholie bei substanziellen sowie akzidentellen Verstößen gegen das rechte Maß«; das »kräftige und herzhafte Rindfleisch erzeugt stark schwarzgalliges Blut; es eignet sich deshalb nur für gesunde Menschen von kräftiger Konstitution und solche, die schwer arbeiten.« Oder: »Alles Wildbret macht melancholisch und erzeugt schlechtes Blut. Frisch erlegtes Wild ist ab und zu gestattet, aber der häufige Genuss ist schädlich.« Ähnliches gilt von Milch und Milchprodukten; diese »steigern die Schwarzgalligkeit, mit Ausnahme der äußerst gesunden Molke. Manche halten auch Eselsmilch für einen Sonderfall.« Angesichts dieser eher düsteren Sachlage behauptet Burton, dass »uns diejenigen, die uns zum Essen einladen, eigentlich an den Rand des Grabes befördern«.

Die heutigen Ernährungswissenschaftler urteilen da etwas differenzierter. Was jedoch seine ethischen Überlegungen betrifft, hat Burton gut daran getan, sich in der Gegenwartsform zu äußern, so etwa, wenn er mit spitzer Feder seine Auffassung über Unmäßigkeit und Völlerei aufs Papier kratzt:

Frauen und Trinken betrachtet man als eine Art Leistungssport. Ständig verfällt man auf neue Kniffe wie scharfe Würstchen, Sardellen, Tabak, Kaviar, eingelegte Austern, Heringe, geräucherte Sardinen und die verschiedensten Sorten Pökelfleisch, um den Appetit anzuregen, und ruiniert sich eifrig mit Mitteln, die die Folgen des Alkoholkonsums mildern sollen. Wenn nichts mehr hilft, stolpern sie ins Freie oder lassen sich hinaustragen, um sich zu übergeben und dann von Neuem anzusetzen. Irrwitzige Gesetze richten sich gegen diejenigen, die nicht mithalten wollen, und man brüstet sich mit seinen Leistungen, krönt nach trunkener Väter Sitte den ersten Hingesunkenen. Wenn sie gestorben sind, lassen sie sich einen Weinkrug auf ihren Grabstein meißeln. So setzen sie ihren Schurkereien die Krone auf und rechtfertigen ihre Verruchtheit, indem sie mit Rabelais behaupten, Trunkenheit sei dem Körper zuträglicher als alle Arznei, denn es gebe mehr alte Trunkenbolde als alte Ärzte. Mit solchen argumentativen Schaumschlägereien verführen und ermutigen sie andere dazu, es ihnen gleichzutun, und drücken sie an ihr Herz, denn es gibt keinen besseren Klebstoff als solche Kumpanei. Wenn ein Fürst trinkt, bis dass seine Augen stier werden und er doch bis zum Schluß nicht absetzt, ertönen Pauken und Trompeten, die Zuschauer applaudieren, und sogar der Bischof und sein Kaplan spenden dieser edlen Tat Beifall. Die Holländer bewirten ihre Gäste gleich eimerweise, sodass ihre Leiber zu Fässern aufquellen, und einer ihrer Landsleute beklagt sich über die unglaublichen Alkoholmengen, die dieses Volk in sich hineingießt. So inniglich sie einen Zechkumpanen lieben, ihn krönen und hochleben lassen, so abgrundtief hassen sie den, der ihnen nicht zuprostet; wer sich ausschließt, wird für dieses unverzeihliche Vergehen erstochen und umgebracht. Auch für die Sachsen ist der Nüchterne ein Todfeind; und bei den Polen gilt als bester Gefolgsmann und grundanständiger Kerl, wer am häufigsten auf das Wohl seines Herrn anstößt. Der wird für seine treuen Dienste belohnt und allgemein geachtet, der am meisten verträgt, obwohl doch jedes Brauereipferd darin dem stärksten Trinker über ist. Trotzdem verdankt man solchen Heldentaten den Ruf, ein wackerer Recke zu sein, denn Tapferkeit zeigt sich ebenso vor dem Faß wie vor dem Feind, wie einige unserer Stadthauptleute und Bankettritter zur Genüge bewiesen haben. Dabei zerrütten sie vorsätzlich ihre körperliche Konstitution, ersticken ihren Geist und sinken auf das Niveau von Tieren herab.

Nichts Neues unter der Sonne? Statt Burtons Moralpredigt mit diesem Bibelspruch vom Tisch zu fegen, tun wir vielleicht gut daran, seine Ermahnung nicht nur zur Kenntnis zu nehmen, sondern sie uns auch zu Gemüte zu führen. Es wäre dies wohl die beste Art, seine bereits zitierte Ansicht zu widerlegen, nach welcher »wir allesamt verrückt sind, nicht sporadisch, sondern immer«.

<o>

Fischfilets auf Gemüsebeet

Weil Burton uns weder Wildbret noch Rindfleisch erlaubt und darüber hinaus auch noch abrät von Milchprodukten, entscheiden wir uns für ein Fischgericht mit Gemüse.

800 g Fischfilets	*1 Zucchini*
(z. B. Seeteufel, Seezunge, Seelachs,	*2 Karotten*
Rotbarsch, Goldbutt, Flunder, Dorsch ...	*3 EL Olivenöl*
oder gemischt)	*100 ml trockener Weißwein*
1 Zitrone (Saft)	*1 EL provenzalische Kräutermischung*
3 Tomaten	*2 Brühwürfel*
2 Zwiebeln	*Salz, Pfeffer*
1 Fenchel	*wenig Butter*

Die Tomaten enthäuten und vierteln, die Zwiebel in Ringe und den Fenchel, die Zucchini und die Karotten in mundgerechte Stücke schneiden. Das Öl in einem Topf erhitzen und das Gemüse, den Wein, die Kräuter und die Brühwürfel dazugeben. Die Mischung einige Minuten dünsten.
Inzwischen die Fischfilets mit Zitronensaft säuern und beidseitig mit etwas Salz und Pfeffer bestreuen.
Das gedünstete Gemüse in eine ausgebutterte Gratinform geben, die Fischfilets darauf verteilen und 20–25 Minuten in dem auf 200° erhitzten Ofen garen. Dazu passen Salzkartoffeln oder Reis.

Mengenlehre – einmal anders

Alexandre Dumas *père* (›der Ältere‹; 1802–1870) ist noch heute ein viel gelesener Schriftsteller (*Der Graf von Monte Cristo*). Aber kaum jemand erinnert sich daran, dass der berühmte Erzähler sich auch für einen großen Koch hielt. Diese Selbsteinschätzung brachte es mit sich, dass er sein Leben lang zwischen Schreibpult und Küchentisch pendelte und neben einer Unmenge von Romanen und Theaterstücken auch einen monströsen *Grand Dictionnaire de Cuisine* von über 1200 Seiten verfasste, der allerdings erst drei Jahre nach seinem Tod erschien. Als Schriftsteller war Alexandre Dumas ein Talent, als Koch war er Durchschnitt, als Gastrokritiker ein Genie.

Letzteres zeigte sich schon 1828, als der junge *écrivain* zu einer Belgien- und Deutschlandreise aufbrach, die von zwei Pariser Zeitungen finanziert war, denen er von unterwegs laufend Reiseberichte zukommen ließ. Dass der Franzose sich gelegentlich auch über die Essgewohnheiten der östlichen Nachbarn mokiert, verwundert nicht weiter. Ein Beispiel? »Obwohl man in Deutschland eigentlich von früh bis spät isst, meinte man, den Mahlzeiten zwischen den kurzen Pausen Namen geben zu müssen. So nimmt man des Morgens um sieben Uhr, wenn man gerade erwacht ist, den Kaffee ein. Um elf Uhr gibt es ein zweites Frühstück. Um ein Uhr kommt das kleine Mittagessen. Um drei Uhr nachmittags isst man richtig zu Mittag. Um fünf Uhr folgt der Nachmittagskaffee mit Kuchen. Um neun Uhr abends endlich, wenn man aus dem Theater kommt, speist man zu Abend, und unmittelbar danach geht man zu Bett. Bei dieser Aufzählung sind keineswegs der Tee, die Kuchen und die Sandwichs inbegriffen, die man in den Zwischenzeiten zu sich nimmt...«

Eine kleine Vorspeise oder Zwischenmahlzeit, zu der sowohl ein Fruchtsaft wie ein leichter Wein passt, sind meine gefüllten Datteln, die ich gelegentlich zusammen mit in Räucherspeck gewickelten Dörrzwetschgen serviere.

––––––––––––––––––––––––––––– ‹◦› –––––––––––––––––––––––––––––

Gefüllte Datteln

Pro Person je etwa 5–6 frische oder getrocknete Datteln

100 g Meerrettich-Cantadou

Die Datteln halbieren und entsteinen und mit Meerrettich-Cantadou füllen. Ist gerade kein solcher im Kühlschrank, behelfe ich mir mit einem Frischkäse und vermische ihn mit geriebenem Meerrettich.

79

––––––––––––––––––––––––––––– ‹◦› –––––––––––––––––––––––––––––

Dörrzwetschgen in Räucherspeck

Pro Person etwa 5–6   *durchzogener Räucherspeck in*
entsteinte Dörrzwetschgen   *feinen Streifchen*

Die gedörrten Zwetschgen mit einem Streifchen Speck umwickeln – *voilà, c'est tout.*
Gegrillt schmecken die Speckzwetschgen noch besser.

Dass man in deutschen Landen ausgiebig zu speisen pflegte, lässt sich auch anhand des *Neuen Augsburger Kochbuchs* von Christine Haller belegen, das genauso zum Inventar eines gutbürgerlichen Haushalts gehörte wie der Herrgottswinkel in den bayrischen Stuben. Auf welche Weise ich in den Besitz eines der inzwischen seltenen Exemplare (3. Auflage, 1900) gekommen bin, will ich hier nicht verraten. Wie die Verfasserin stolz bemerkt, beinhaltet ihr 500-Seiten-Werk »1650 in langjähriger Praxis erprobte Kochrezepte und 364 Speisezettel für die gutbürgerliche und Herrschaftsküche«.

Nicht nur die Rezepte, sondern auch die Menuvorschläge haben es in sich. Ich beschränke mich auf drei Beispiele.

Zum Gabelfrühstück (*déjeuner*) empfiehlt Christine Haller zunächst eine Bouillon, gefolgt von Schellfisch mit Kartoffeln, Blumenkohl mit Kalbsschnitzeln oder westfälischem Schinken, sowie gebratenen Kapaun mit Salat und »Compot«. Und einen Nachtisch. Zum Mittagessen (*dîner*) trägt sie zu Beginn eine Jussuppe mit kleinen gebackenen Erbsen und kleinen Butternocken auf, gefolgt von »Caviar, Briesen-Pastetchen, Rheinsalm mit holländischer Soße und kleinen Kartoffeln«. Danach gibt's »Ochsenlenden mit Gemüsen garniert und kalte Beilagen, sowie Sauerkraut mit Rebhühnern, Kalbskopf *en turture*; Rehcoteletten mit Macaroni-Nudeln, Kapaunen am Spies (sic!) gebraten mit italienischem Salat und Apfel-Compot.« Außerdem Kabinetts-Pudding, Maltheser-Orangen-Torte, Gefrorenes, Obst, Dessert-Backwerk und Kaffee. Und weil die Sonne ja irgendwann untergeht, braucht der Mensch auch ein Abendessen (*souper*), das sich aus den folgenden paar Kleinigkeiten zusammensetzt: »Reissuppe mit Huhn; gebratener Rothfisch mit Citronenschnitten garniert, gedämpfte Enten und Rahmpastetchen, Rehbraten mit Prünellen-Compot, Vanille und Chokolade-Gefrorenes, Torten und Confect.«

Seltsamerweise finden sich in dem gesamten Kochbuch keinerlei Ratschläge hinsichtlich der Getränke. Was übrigens nicht weiter erstaunt. Denn wer fast rund um die Uhr mit dem Kochlöffel hantiert, kann sich nicht auch noch um den Korkenzieher kümmern.

Heute empfinden wir derartige Speisefolgen als Zumutung. Früher galten sie in herrschaftlichen Haushalten als Selbstverständlichkeit; erinnert sei etwa an die Schilderungen in Thomas Manns Roman *Die Buddenbrooks*. Oder an die Menüvorschriften, welche 1728 für die Priesteramtskandidaten des Bistums Basel galten:

> *An Fleischtagen zum Mittagessen: Suppe; ein halbes Pfund Rindfleisch für jeden, Zugemüs, ein halbes Pfund Ragout, ein Apfel, eine Birne oder anderes Obst je nach Jahreszeit und ein Schoppen Wein. – An festlichen Fleischtagen zum Mittagessen: Außergewöhnlicherweise eine warme Pastete, ein Braten, Salat, die doppelte Menge Wein. – An Fleischtagen zum Abendessen: Suppe, ein halbes Pfund Ragout, ein halbes Pfund Braten, Salat oder etwas Obst, Wein wie beim Mittagessen. – An festlichen Fleischtagen zum Abendessen: Außergewöhnlicherweise eine kalte Pastete, zwei Sorten Ragout oder zwei Braten aus Wild, Geflügel, Hase etc., die doppelte Portion Wein. – An fleischlosen Tagen zum Mittagessen: Suppe, Fisch, Gemüs, ein Nudelgericht oder eines aus Eiern, Fröschen, etc., etwas Obst, eine gewöhnliche Portion Wein. – An fleischlosen Tagen zum Abendessen: Suppe, Eier, wenn man keinen Fisch hat, ein Viertel [!] eines Apfels oder einer Birne etc., ein Stück Käse, Wein wie gewöhnlich. – An Fasttagen zum Mittagessen: Anders als an fleischlosen Tagen üblich ein Gericht aus Eiern oder Stockfisch, Hering, Kabeljau, etc. je nach Saison. Für die Zwischenmahlzeit: Eine Suppe, für die, die eine brauchen, ein paar Trockenfrüchte oder Obst je nach Jahreszeit, etwas Käse, Wein wie beim Mittagessen. – In der Fastenzeit gibt es nur dreimal etwas Käse, oder stattdessen zweimal brezelen [Brezen]. – Wenn die fleischlosen Tage auf einen Festtag fallen, zieht man sie gewöhnlich vor oder verschiebt sie auf den ersten Fleischtag. Wenn man sie einhält, gibt es anders als üblich: Eine Fischpastete, ein Eiergericht, eine doppelte Portion Salat. – An den Hochfesten gibt es zusätzlich einen Apfelkuchen mit Korinthen oder etwas dergleichen.*

Angesichts derartiger Erlasse hat man leicht den Eindruck, es handle sich da um ein Regelwerk in Sachen Mengenlehre. Harte Kasteiungen oder übertriebene Entbehrungen jedenfalls waren für die künftigen Gottesmänner nicht vorgesehen. Wir unsererseits wissen nun, weshalb die Prälaten und Kanoniker auf den Porträts in den Wandelgängen der bischöflichen Kurien fast ausnahmslos ein Doppelkinn und Pausbacken aufweisen. Sehr alt sind die meisten von ihnen auch nicht geworden.

Das trifft nicht nur für die Exzellenzen und Eminenzen, sondern häufig auch für Fürsten und Regenten zu; erinnert sei etwa an König Ludwig XVI. von Frankreich (1754–1793), der allerdings nicht seiner Fresslust, sondern der Guillotine zum Opfer fiel.

Die absolutistische Monarchie lag damals in den letzten Zügen. Aber noch huldigte das Volk den Fürsten, und die Fürsten huldigten dem König. Und der König? Huldigte der Völlerei. Von Ludwig XVI. ist überliefert, dass er zum ersten Frühstück um sechs Uhr morgens mindestens vier Koteletts, ein Masthuhn, sechs Eier und einige Scheiben Schinken verschlang. Angesichts des sagenhaften Appetits dieses Monarchen waren Letztere wohl nicht zu dünn geschnitten.

>Fest des Königs und seiner Kavaliere in Fontainebleau<; zeitgenössischer Kupferstich

Nach dem *déjeuner* ging Ludwig XVI. nach Möglichkeit seiner Lieblingsbeschäftigung nach, die (purer Zufall?) der Nahrungsbeschaffung diente. Seine Majestät schwang sich aufs Pferd und ritt aus, zur Jagd. Über die Ergebnisse wurde penibel Buch geführt. In dreizehn Jahren erlegte der König immerhin 189'251 Stück Niederwild und 1274 Hirsche. Wenn er auf der Pirsch war, pflegte er das Mittagsmahl im Freien einzunehmen. Meistens kehrte er ja erst zum Abendessen heim, wobei er wiederum unglaubliche Mengen verschlang. Nach Tisch legte er sich schlafen. Mindestens einmal in der Nacht unterbrach er sein im halben Schloss vernehmliches und in ganz Frankreich berühmtes Schnarchen, um noch eine Kleinigkeit zu sich zu nehmen, die seine Köche für ihn hergerichtet hatten. Gewöhnlich bestand diese nächtliche Zwischenmahlzeit aus einer Poularde und etlichen hart gesottenen Eiern, zu denen er eine oder zwei Flaschen Bordeaux trank. Seine blutjunge Frau, die österreichische Kaiserstochter Maria Antoinette, scheint vor allem zu Beginn ihrer Ehe wegen der Völlereien und Jagdveranstaltungen ihres Gemahls in mehr als einer Hinsicht etwas zu kurz gekommen zu sein. Jedenfalls beschwerte sie sich in ihren Briefen an die Mutter immer wieder darüber, wie sehr sie sich vernachlässigt fühle.

Dass man im 17. und im 18. Jahrhundert nicht nur an Fürstenhöfen, sondern auch in Klöstern nicht am Hungertuch nagte, geht aus zahlreichen Zeugnissen hervor. Eines von vielen bildet eine in der Zisterzienserabtei Lützel oder Lucelle im Jahre 1671 veröffentlichte Rezeptsammlung. Beeindruckend ist schon das kulinarische Programm, das der Verfasser, ein anonymer »Geistlicher Kuchen-Meister« des Gotteshauses Lützel »beschrieben und practiciert« und im Titel seines Werks festgehalten hat: *Koch-Buch So wol Für Geistzliche als auch Weltliche grosse und geringe Haußhaltungen / wiebey denen täglich viel Leut am füglichsten abgespeiset werden. Darin Uber die Achthunderterley Fleisch / Wildprett / Geflügel / Fisch / Eyer / und Garten-Speisen / auch die manier und weiß selbige zubereiten / Neben andern nutzlichen Haußhaltung-Stücklein / zu finden und begriffen seynd.* Offensichtlich handelt es sich bei diesem Werk nicht um eine Abhandlung für arme Schlucker. Vielmehr scheinen die Gottesmänner von anno dazumal herzhaft zugelangt zu haben. Am Mittag und am Abend wurden in Lucelle jeweils zwei Fleisch- oder Fischgänge aufgefahren.

Sehr viel einfacher als in der vornehmen Abtei von Lucelle hielten es die Kapuziner in ihren Niederlassungen. Als Goethe 1799 auf seiner Italienfahrt im urnerischen Realp Station machte, bekam er im dortigen Kapuzinerkloster ein einfaches rustikales Mahl vorgesetzt, das ihm bestens schmeckte.

Armenspeisung im Kloster

Wir hatten unsere Führer schon verschiedentlich gefragt, was für ein Wirtshaus und besonders was für Wein wir in Realp zu erwarten hätten. Die Hoffnung, die sie uns gaben, war nicht sonderlich, doch versicherten sie, dass die Kapuziner daselbst, die zwar nicht, wie die auf dem Gotthard, ein Hospitium hätten, dennoch manchmal Fremde aufzunehmen pflegten. Bei diesen würden wir einen guten roten Wein und besseres Essen als im Wirtshaus finden. Wir schickten einen deswegen voraus, dass er die Patres disponieren und uns Quartier machen sollte. Wir säumten nicht ihm nachzugehen und kamen bald nach ihm an, da uns denn ein großer ansehnlicher Pater an der Tür empfing. Er hieß uns mit großer Freundlichkeit eintreten und bat noch auf der Schwelle, dass wir mit ihnen vorlieb nehmen möchten, da sie eigentlich, besonders in jetziger Jahrszeit, nicht eingerichtet wären, solche Gäste zu empfangen. Er führte uns sogleich in eine warme Stube und war sehr geschäftig, uns, indem wir unsere Stiefeln auszogen und Wäsche wechselten, zu bedienen. Er bat uns einmal über das andre, wir möchten ja völlig tun, als ob wir zu Hause wären.

Wegen des Essens müssten wir, sagte er, in Geduld stehen, indem sie in ihrer langen Fasten begriffen wären, die bis Weihnachten dauert. Wir versicherten ihm, dass eine warme Stube, ein Stück Brot und ein Glas Wein unter gegenwärtigen Umständen alle unsere Wünsche erfülle. Er reichte uns das Verlangte, und wir hatten uns kaum ein wenig erholt, als er uns ihre Umstände und ihr Verhältnis hier auf diesem öden Flecke zu erzählen anfing. Wir haben, sagte er, kein Hospitium, wie die Patres auf dem Gotthard; wir sind hier Pfarrherrn und unser drei: Ich habe das Predigtamt auf mir, der zweite Pater die Schullehre und der Bruder die Haushaltung. Er fuhr fort zu erzählen, wie beschwerlich ihre Geschäfte seien, am Ende eines einsamen, von aller Welt abgesonderten Thales zu liegen, und für sehr geringe Einkünfte viele Arbeit zu tun. Es sei sonst diese, wie die übrigen dergleichen Stellen, von einem Weltgeistlichen versehen worden, der aber, als einstens eine Schneelawine einen Teil des Dorfs bedeckt, sich mit der Monstranz geflüchtet; da man ihn denn abgesetzt und sie, denen man mehr Resignation zutraue, an dessen Stelle eingeführt habe. Ich habe

83

mich, um dieses zu schreiben, in eine obere Stube begeben, die durch ein Loch von unten aufgeheizt wird. Es kommt die Nachricht, dass das Essen fertig ist, die, ob wir gleich schon einiges vorgearbeitet haben, sehr willkommen klingt.

Die Patres, Herren, Knechte und Träger haben alle zusammen an Einem Tische gegessen; nur der Frater, der die Küche besorgte, war erst ganz gegen Ende der Tafel sichtbar. Er hatte aus Eiern, Milch und Mehl gar mannigfaltige Speisen zusammengebracht, die wir uns eine nach der andern sehr wohl schmecken ließen.

◄◇►

Eierkuchen mit Speckwürfelchen

Eier, Milch und Mehl. Vermutlich standen bei den Kapuzinern auch Eierkuchen auf dem Speisezettel. Und die konnten sich zu Zeiten Goethes in ländlichen Gegenden wahrlich sehen lassen. Zeitgenössische Kochbücher enthalten verschiedene Varianten dieses nahrhaften Gerichts.

6 Eier	*1 fein gehackte Zwiebel*
250 ml Milch	*25 g Butter*
1 EL Mehl	*3–4 altbackene Semmeln in kleinen*
2 EL fein gehackte Petersilie	*Würfeln*
Salz, Pfeffer, Muskat	*Bratbutter*
120 g Speckwürfelchen	

Die Eier mit der Milch, dem Mehl, der Petersilie und den Gewürzen zu einem Teig verrühren und diesen mindestens 20 Minuten ruhen lassen. Die Zwiebeln in der heißen Butter knapp glasig dünsten. Die Semmelwürfelchen dazugeben, mitrösten. Die Speckwürfelchen auslassen und zusammen mit der Brot-Zwiebel-Mischung unter den Teig rühren. Diesen portionenweise in etwas Bratbutter ausbacken.

◄◇►

Aber auch da, wo die Mönche es sich gut gehen ließen, vergaßen sie nicht die Armen, die meist nichts Gutes und häufig überhaupt nichts zu beißen hatten.

Indirekt bezeugt dies der Bericht über ein »Apostelessen«, welches im Jahre 1713 offenbar nach der damals erstmals durchgeführten Fußwaschung im Benediktinerstift Admont in der Steiermark aufgetragen wurde.

Anno 1713 haben Ihro Hochwürden und Gnaden, Herr Abt Anselmus, angefangen, 13 armen Männern in der Kirchen nach voller Abkleidung der Altäre die Füße zu waschen. Welche hernach in den Saal bei Hof traktiert worden folgendermaßen:

Nach der Zahl der armen Personen wurden auch 13 Speisen auf 3 mal aufgesetzt. Selbige trugen die Bedienten von der Kuchl bis vor die Tür des Saales und setzten es auf einen Tisch, der alldort dazu bereitet war. Allwo Ihro Hochwürden und Gnaden und die Reve-

rendissimi Patres Officiales, so alle mit Auf-
warttüchern umgürtet, die Speisen abgeho-
let, auf die Tafel getragen, geteilet und den
Armen vorgeleget haben.

Was über verblieben, wurde in 13 gleiche
Teil abgeteilet und den Armen mit nacher
Haus gegeben. Aus gnädigem Befehl wur-
den nur gemeiner Speisen aufgesetzet.
Nämlich die Brezensuppe, Stockfisch in der
Milch, Kraut, Hering, Hausen-Pasteten,
Nudelkoch, Bachfisch, Guglhupf, Pfeffer,
Zwetschken-Torte, Reis, Triet, Krapfen.

Die dazumalen anwesenden Gäst und
weltliche Bediente haben auch aufgewartet.
[Ab] Anno 1715 ist alles portionsweise aufge-
tragen worden.

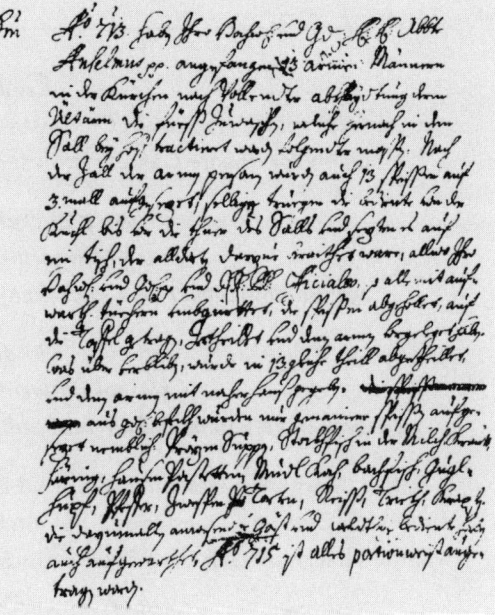

Kloster Admont. Chronikeintrag über das Apostelessen

<o>

Stockfisch (baccalà)

Den »Stockfisch in der Milch«, von welchem in dem Dokument über das ›Apostelessen‹
die Rede ist, bereiten wir so zu:

800 g Stockfisch	*Salz, Pfeffer, Muskat*
Saft von 1–2 Zitronen	*350 ml Milch*
150 g Mehl	*150–200 g geriebener Parmesan*
100 g Butter	*und Greyerzer (gemischt)*

Den getrockneten und gesalzenen Stockfisch über Nacht in kaltem Wasser aufweichen.
Nachher gut wässern und mit Zitronensaft beträufeln. Den Fisch in nicht zu kleine Stücke
schneiden und für 1 Stunde in etwas Milch einlegen. Die Fischstücke aus der Milch
nehmen, mit Küchenpapier abtupfen, in Mehl wenden und in der Butter goldbraun braten.
Mit der Milch ablöschen. Den Fisch in einer ausgebutterten Gratinform warm stellen.
Die restliche Milch etwas aufkochen, den Käse unterrühren, sodass eine sämige Soße
entsteht. Diese über den Fisch gießen. Das Ganze bei 180° etwa 10 Minuten gratinieren.
Dazu reichen wir eine Polenta (Letztere vielleicht sogar mit Steinpilzen).

85

Grazer Triet

Gerade weil man diesen vom Chronisten erwähnten Nachtisch heute kaum mehr kennt, möchten wir unsere Gäste mit dieser Spezialität aus der Steiermark überraschen.

400 g Zucker   *8 Eier*
100 g Margarine   *500 g Mehl*
25 g Vanillinzucker (= 2 Päckchen)

Für den Glühwein
500 ml Rotwein   *2–3 Gewürznelken*
1 Zitrone, abgeriebene Schale und Saft

Zucker, Margarine, Vanillinzucker und Eier schaumig rühren, das Mehl nach und nach einrühren. Den Teig daumendick auf ein befettetes und bemehltes Blech streichen und 25 Minuten backen. Nach dem Erkalten in Schnitten schneiden und diese bei mäßiger Hitze leicht rösten.
Den Wein zusammen mit den Zutaten erhitzen. Keinen Zucker hinzufügen, da das Backwerk schon süß genug ist!
Die Schnitten in einen Suppenteller legen, mit Glühwein übergießen, durchziehen lassen und servieren.

Vom Breitopf zur Luxusküche

Was sich die alten Römer so alles einverleibten, ist nicht nur aus den Schriften der antiken Autoren bekannt. Unser diesbezügliches Wissen verdanken wir darüber hinaus den Altertumsforschern und Archäologinnen. Die haben sich, wenn immer auf italischem Boden ein Haus ausgegraben wurde, auch für die Küchen interessiert. Das wiederum hängt mit den früheren Vorstellungen in Sachen Hygiene zusammen. Abfälle und Essensreste nämlich wurden oft entsorgt, indem man sie kurzerhand in den Lehmboden der Küche stampfte. So fanden sich denn bei Ausgrabungen neben Knochen, Gräten und Schuppen auch Reste von Fischköpfen, Vögeln, Fröschen, Schnecken und Eierschalen.

In den Speisesälen ging es aus heutiger Sicht oft recht rudimentär zu. Abfälle landeten auf dem Boden – wie das übrigens bis hinauf in die Neuzeit üblich war. So dekretierte noch ein Erasmus von Rotterdam in seiner 1511 erschienenen *Tischzucht*: »Hat man wirklich etwas im Munde, was sich nicht schlucken lässt, wirft man es unbemerkt irgendwohin.«

Diese schon im Altertum verbreitete Sitte war es denn auch, welche einen griechischen Künstler dazu inspirierte, den Mosaikfußboden in einem Speisesaal mit Bildern von Essensresten zu bestücken. Das Beispiel machte Schule. Mosaike mit abgenagten Knochen, ausgelutschten Muschelschalen und kahl gezupften Traubenstielen zierten bald schon auch die Böden im Speisesaal römischer Herrschaftshäuser. Das hatte den Vorteil, dass die Reste eines Gelages unter dem Esstisch kaum auffielen. Ein Beispiel solch pragmatischer Kunst ist in den Vatikanischen Museen in der Abteilung *Museo Gregoriano Profano* zu bewundern. Es handelt sich dabei um die Kopie eines griechischen Fußbodenmosaiks. Die dargestellten Essensreste erlauben den Rückschluss, dass es mit der römischen Küche in dem Maße aufwärtsging, als es Rom gelang, seine Stellung als Weltmacht auszubauen.

Griechischer Mosaikfußboden mit Darstellungen von Speiseresten

Tatsache ist: Je weiter sich das Reich ausdehnte, desto vielfältiger präsentierten sich die Mahlzeiten der höheren Schichten. Im Gegensatz zu den deutschen Romantikern schwärmten die Römer noch nicht vom Gesang der Nachtigallen, sondern delektierten sich an den gegrillten Vögeln. Störche, Krähen und Kraniche kamen gebraten auf die Teller. Zeitweise galten Pfauenzungen als der letzte Schrei. Es waren die Römer, welche dem Senf zu seinem Vollgeschmack verhalfen und die Crêpes und die Austernzucht erfanden.

Dabei hatte alles recht frugal begonnen. Der gestrenge Cato, der 234–149 vor Christus lebte – die Historiker haben ihm den Beinamen ›der Ältere‹ verpasst, um ihn von seinem gleichnamigen Urenkel (95–46 v. Chr.) zu unterscheiden – geriet regelmäßig in Rage, wenn Feinschmecker von neuen Gerichten schwärmten. Eine seiner Lebensaufgaben sah er darin, gegen den Verfall der guten Sitten anzukämpfen. Dabei schwebten ihm die gleichen Ideale vor, welche die christlichen Einsiedler ein paar Jahrhunderte später in den unterägyptischen Wüstengegenden predigten und praktizierten. Cato war nämlich überzeugt, dass er seine Landsleute dahin bringen musste, sich zu ernähren statt zu schlemmen; dann würde es ihnen auch leichter fallen, auf Capricen und Komfort zu verzichten. Schon deshalb sträubte er sich gegen jede Neuerung in Sachen Gastronomie. Und propagierte bodenständige Kost: Getreide- und Hirsebrei, Käse, Früchte, Gemüse, Oliven, gelegentlich ein Ei, etwas Fisch und, wenn es denn unbedingt sein musste, Gesottenes oder Gebratenes vom

Schwein, vom Huhn, vom Ochsen. Wer sich hingegen an aufwendigen Gerichten ergötzte, galt dem lustfeindlichen Sittenrichter als Unterwanderer des römischen Staatswesens.

In seiner Schrift *Über die Landwirtschaft* überliefert Cato auch einige einfache Rezepte aus Ururgroßmutters Zeiten. Darunter finden sich ein paar Dinge, die, obwohl sie recht kärglich anmuten, äußerst schmackhaft sind. Es trifft dies etwa zu für die von ihm empfohlene Olivenpaste, mit der ich ein paar Brotscheiben bestreiche, wenn ich meinen Gästen zum Aperitif ein Glas trockenen Weißwein reiche. Dass Cato noch im Grab vor sich hinmault, weil ich mir statt Schwarzbrot eine Baguette leiste, lässt mich gleichgültig. Der schollenverbundene Dickschädel wird sich schon wieder beruhigen, wenn er sieht, dass ich anderntags den Rest seiner Olivenpaste zusammen mit einem Frischkäse und zwei Scheiben urigem Walliser Roggenbrot verspeise.

––––––––––––––––––––––––◄◦►––––––––––––––––––––––––

Olivenpaste (Epityrum)

Catos Rezept im Original: »*Epityrum album, nigrum, varium sic facito. Ex oleis albis, nigris variisque nucleos eicito. Sic condito. Concidito ipsas, addito oleum, acetum, coriandrum, cuminum, feniculum, rutam, mentam. In orculum condito, oleum supra siet. Ita utito.* – Die weiße, dunkle oder gemischte Paste [eigentlich: ›Olivenkäse‹] wird so zubereitet: Aus weißen [grünen] und schwarzen Oliven oder aus einer Mischung davon entferne die Steine. Zerstoße sie [mit dem Mörser], gib Öl und Essig dazu, außerdem Koriander, Kümmel, [fein gehackten] Fenchel, Raute und Minze. Fülle das Ganze in ein Gefäß und bedecke die Paste mit Öl. So steht sie bereit für den Gebrauch.«
Wir sind ja nicht schwerhörig und haben den notorischen Nörgler sehr wohl verstanden. »Für den Gebrauch«, sagt er. Und nicht etwa: Für den Genuss! Zur Herstellung dieser Olivenpaste benützen wir selbstverständlich nicht den Mörser, sondern den Mixer. Allenfalls fügen wir noch eine Prise Salz und etwas weißen Pfeffer hinzu. Was übrig bleibt, brauchen wir nicht mit Öl zu bedecken; wir besitzen ja einen Kühlschrank.

––––––––––––––––––––––––◄◦►––––––––––––––––––––––––

Noch zu Catos Lebzeiten, mit der Erweiterung des Reiches um 200 v. Chr., kam mehr Abwechslung auf den Speiseplan. Von jedem Feldzug brachten die Eroberer nicht nur Sklaven als billige Arbeitskräfte mit, sondern auch neue Köstlichkeiten für die Küche. Aus Persien importierten sie Pfirsichbäume. 73 v. Chr. brachte der Feldherr und Feinschmecker Lucullus die Süßkirsche nach Rom. Ein Vierteljahrhundert später landete Cäsar in Ägypten, wo er außer auf Kleopatra auch auf Honigmelonen scharf war. Um die Zeitenwende reichte der lange Arm der römischen Invasoren bis nach Indien. Von dort importierten sie Safran, Zimt, Pfeffer und Kardamom. Unter Augustus, der 27 v. Chr. die Kaiserzeit einleitete, steigerte sich die Fresslust zur Zügellosigkeit. Schlemmer-Events waren an der Abendordnung (bekanntlich hatte sich inzwischen die Hauptmahlzeit vom Mittag auf den Anbruch der Dämmerung verlagert).

Immer mehr entwickelte sich das Essen zum Ritual. Entsprechend luxuriöser wurde getafelt. Wobei der Begriff *tafeln* der Sache nicht eigentlich gerecht wird. Denn wie die Orientalen begannen die Römer, sich zum Essen auf Esssofas zu betten, die um niedrige Tischchen angeordnet waren. Auf dem linken Ellenbogen stützten sie sich auf; mit der rechten Hand griffen sie nach den Schüsseln. Gegessen wurde mit den Fingern.

Traditionsbewussten Intellektuellen schlug dieser neue Trend auf den Magen. Als hätte er geahnt, wohin das alles führen würde, hatte der Komödienschreiber Plautus schon 200 v. Chr. an dem »verfluchten Senf« Anstoß genommen – vergeblich. Vergils, Ovids und Senecas Rufe nach einem nüchternen Lebensstil verhallten ungehört. Und über Horaz' Scheltreden (»Mir genügen Oliven, Salat und Malven«) lachten sich die gaumenverwöhnten Snobs einen Schranz in die Toga.

Das einfache Volk hingegen hatte wie gewöhnlich nichts zu lachen. In den Mietshäusern (*insulae*) gab es keine Küchen; die Brandgefahr war zu groß. Wer Lust auf etwas Warmes verspürte, begab sich ins Freie, wo Garköche an den Straßenecken zu günstigen Preisen frittierte Fische oder gegrilltes Gemüse anboten. Dazu kamen jede Menge Schnellimbissbuden, in denen Eintopfgerichte über der Glut schmorten. Im Gegensatz zu heute drängten sich dort nicht die Touristen, sondern der Mittelstand.

Um die Bevölkerung mit Nahrungsmitteln zu versorgen, erfand man die Märkte. Weltberühmt waren die *Mercati Traiani*, die Trajanmärkte, vor deren Ruinen die Romreisenden noch heute das Staunen lernen. Eigentlich handelte es sich dabei um zwei immense halbkreisförmige Warenhäuser. Mit diesem gigantischen Projekt hatte Kaiser Trajan (98–117) einen Stararchitekten beauftragt, nämlich Apollodoros aus Damaskus, der gleich noch eine griechische und eine lateinische Bibliothek in das Projekt einbezog. Insgesamt umfasste die Anlage fünf Stockwerke mit rund 150 Läden, die in Sektoren aufgeteilt waren. Im Erdgeschoss wurden Früchte und Blumen verkauft, in der ersten Etage boten die Wein- und Ölhändler ihre Erzeugnisse feil, im dritten Stockwerk gab es Luxusartikel, zu denen auch die exotischen Gewürze zählten. Darüber befand sich die Sozialhilfe, wo die Notleidenden gegen Gutscheine in Form von Blechmünzen Grundnahrungsmittel beziehen konnten. Im fünften Stockwerk schließlich konnte sich die Kundschaft mit Fisch- und Fleischwaren versorgen. Bei der Eröffnung dieses Marktes waren wohl viele davon überzeugt, dass damit das Schicksal der Kleinhändler endgültig besiegelt sei. Andere wiederum werden auf der Suche nach bestimmten Waren ihrem Unmut freien Lauf gelassen haben: »Wer soll sich da noch zurechtfinden!?« Gleiches bekommt man heute weltweit in großen Warenhäusern auch zu hören.

Im Gegensatz zu den Garköchen und den Betreibern von Imbissbuden und Schankstuben scheinen die Lebensmittelhändler an den großen Märkten nicht selten ein immenses Vermögen erwirtschaftet zu haben. Ein Zeugnis dafür bildet das überdimensionale Grabdenkmal bei der Porta Maggiore in Rom, das der Bäcker und Hoflieferant Marcus Virgilius Eurisaces im ersten Jahrhundert v. Chr. für sich und seine Frau Atistia errichten ließ. Das Monument ist einem Backofen nachgebildet. Im Fries sind Herstellung und Verkauf von Brot dargestellt. Entdeckt wurde die Grabstätte erst 1898, als man spätere Verbauungen niederriss.

Angesichts eines solchen postmortalen Luxus wäre der alte Cato wohl krebsrot angelaufen. Aber auch bei ihm stieß die Sittenstrenge an Grenzen, und zwar dann, wenn es ums Geschäft ging. Es dokumentiert dies unter anderem eine Stelle aus seiner bereits zitierten Schrift über die Landwirtschaft: »Gib deinen Sklaven den Winter über täglich vier Pfund Brot. Wenn sie dann aber mit ihrer Arbeit im Weinberg beginnen, gib ihnen fünf Pfund, damit sie nicht von deinen Feigen essen. Nachher setze ihre Tagesration wieder auf vier Pfund herunter.«

Von Beichteiern und von Butterbriefen

Im Jahre 1672 veröffentlichte der Ingolstädter Theologe Georg Stengel ein lateinisches Buch mit dem etwas untheologischen Titel *Ova pasqualia*, was so viel wie *Ostereier* bedeutet. Darin betont der gebildete Jesuit, dass es uraltem katholischem Brauchtum entspreche, Eier einzufärben, sie mit allerlei Bildern und Sinnsprüchen zu schmücken und diese zu Ostern segnen zu lassen. Der Abhandlung beigegeben waren über hundert Kupferstiche mit bemalten Ostereiern. Zu den beliebtesten Themen gehörten das Lamm mit der Osterfahne als Sinnbild der Auferweckung Jesu, aber auch biblische Motive wie der Gute Hirte oder die Darstellung von Brot und Fischen, welche an die wunderbare Brotvermehrung erinnern sollten.

Noch heute kann man gelegentlich hören, dass der Ostereier-Brauch auf vorchristliche Fruchtbarkeitskulte zurückgehe, eine These, welche von der neueren Forschung überzeugend widerlegt wurde. In Wirklichkeit nämlich ist die Tradition des Eierfärbens eine Folge der kirchlichen Fastenbestimmungen. Seit Ende des 7. Jahrhunderts war der Verzehr des Fleisches von Warmblütern in der Zeit vor Ostern verboten. Alles in allem waren die Gläubigen seit dem Hochmittelalter während ungefähr zweier Monate im Jahr zum Fasten und zur Enthaltung von Fleischspeisen verpflichtet.

Diesen Vorschriften vermochte ein Martin Luther nichts mehr abzugewinnen. Er sprach dem Papst das Recht ab, diesbezügliche Bestimmungen zu erlassen, da darüber nichts in der Bibel stehe. In seinen Tischreden empfiehlt der Reformator reichliches Essen und Trinken als Heilmittel gegen theologische Zweifel und geistliche Schwermut. Im Übrigen sei sein eigener Appetit so gering, dass die Anstrengung zu essen und zu trinken vor Gott ein Fasten bedeute, auch wenn es vor der Welt einen anderen Anschein habe.

Nicht erlaubt war zu Luthers Zeiten während der Fastenzeit auch der Genuss anderer Nahrungsmittel tierischen Ursprungs wie Butter und Eier. Wo diese Nahrungsmittel nur schwer durch andere ersetzt werden konnten, ersuchte man den Papst um Dispens. Diese wurde gegen Entgelt in Form eines sogenannten ›Butterbriefs‹ erteilt.

Da jedoch die Kirche den Hennen das Eierlegen während der Fastenzeit nicht verbieten konnte, ergab sich zum Osterfest ein Überangebot, das nun abgebaut werden musste. Dass man in dieser Sache durchaus praktisch dachte, belegen zahlreiche Zeugnisse über die im Mittelalter üblichen Eierzinsen und Eierspenden. Bekanntlich war das Fest von Jesu Auferstehung neben dem Martinstag der wichtigste Zinstermin, an welchem die Bauern an die weltlichen und kirchlichen Obrigkeiten ihre Abgaben zu entrichten hatten. Die geltenden Fastenbestimmungen brachten es mit sich, dass der ›Eierzins‹ auf Ostern besonders hoch angesetzt wurde. Die Knaben, welche am Karfreitag und am Karsamstag, wenn die Kirchenglocken schwiegen, mit ihren Holzratschen die Gläubigen zum Gottesdienst riefen, beschenkte man mit ›Klappereiern‹, während der dem Pfarrer für das Abnehmen der jährlichen Osterbeichte zustehende Beichtpfennig häufig durch ›Beichteier‹ ersetzt wurde. Für das geweihte Osterwasser wiederum bedankte man sich mit einigen ›Taufeiern‹.

Als eigentliche Ostereier galten nur die am Gründonnerstag geweihten Eier, von deren Verzehr man sich eine besonders heilsame Wirkung erhoffte. Die Schalen wiederum wurden vielerorts auf die Äcker verstreut, zwecks Abwendung von Schäden und zur Steigerung des Ernteertrags. In manchen Gegenden war es üblich, ein geweihtes Ei im Dachstock zu deponieren, um Unheil fernzuhalten.

Erst durch die Weihe also wurden gewöhnliche Eier zu Ostereiern. Um sie als solche zu kennzeichnen, wurden sie gefärbt, zunächst fast ausschließlich rot. Einige Forscher vermuten, dass dabei die rote Osterfahne eine Rolle spielte. Natürlich kam es schon sehr bald zum Wettbewerb um die schönsten Farben. Selbst Ornamente aus Gold und Silber waren keine Seltenheit, was schließlich dazu führte, dass man die Ostereier in vielen Fällen nicht mehr konsumierte, sondern konservierte.

Nach der Reformation distanzierten sich die Protestanten anfänglich entschieden von dem katholischen Ostereierbrauchtum. So listet ein gewisser Thomas Kirchmayr in einer im Jahre 1553 erschienenen Schrift mehrere »Fehler des Katholizismus« auf, zu denen er auch die Gewohnheit zählt, rot gefärbte Eier zu weihen. Der reformierte Frankfurter Pastor und Arzt Johannes Richier wiederum erinnert in seiner 1682 veröffentlichten Disputation *De ovis paschalibus* (Von Ostereiern) daran, dass es im evangelischen Thüringen den Kindern nicht gestattet sei, von ihren Paten Ostereier entgegenzunehmen. Zur Untermauerung dieses Verbots holt er sich gar Schützenhilfe bei medizinischen Autoritäten. Unter Berufung auf sie versucht er nachzuweisen, dass der Genuss von gekochten (lies: geweihten!) Eiern gesundheitliche Schäden zur Folge habe.

Inzwischen scheint auch das ursprünglich katholische Osterei konfessionslos geworden zu sein. Schon zu Beginn des vergangenen Jahrhunderts verwendete man immer mehr neutrale Motive und weltliche Sinnsprüche, zum Beispiel diesen:

Dass ich dich lieb,
daran ist kein Zweifel.
Wirst du mir untreu,
dann hol dich der Teufel.

Spinat-Käsekuchen

Da das Käse- und Eierverbot inzwischen längst abgeschafft ist, gönnen wir uns während der Fastenzeit guten Gewissens einen Spinat-Käsekuchen.

1 runder Blätterteig	*100 ml steif geschlagene Sahne*
ca. 32 cm Durchmesser	*1 Ei*
je 200 g grob geraffelter Emmentaler	*150 ml Sahne*
und Greyerzer	*Muskat*
1 Packung tiefgefrorener Spinat (ca. 400 g)	*Pfeffer*

Eine runde Kuchenform mit dem Blätterteig belegen und diesen mit einer Gabel mehrmals einstechen. Die Fläche mit einer Teigkarte in zwei Teile markieren. Emmentaler und Greyerzer miteinander vermischen und auf der einen Hälfte des Teigs verteilen. Den aufgetauten Spinat mit der steif geschlagenen Sahne vermischen. Die Masse auf die andere Hälfte des Teigs geben. 1 Ei und 150 ml Sahne schaumig rühren, mit etwas Muskat und Pfeffer würzen und über den Käse gießen. Den Kuchen in dem auf 200° erhitzten Ofen 25–30 Minuten backen.

---

92   Erst Feiern, dann Fasten

Ob Fasching, Fastnacht oder Karneval – in jedem Fall geht es darum, eine Gegenwelt zu dem aufzubauen, was als ›normal‹ gilt. Bestimmt wird der Zeitpunkt des närrischen Treibens ausgerechnet vom liturgischen Kalender.

Irgendwie mutet es schon ein bisschen seltsam an. Früher haben während der Faschingszeit in vielen Pfarrgemeinden Bußandachten stattgefunden, um die während der »drei tollen Tage« begangenen Exzesse zu sühnen. Paradoxerweise jedoch war die Kirche selber an der Entstehung der Fastnacht beteiligt.

Manche Sprachforscher sind der Ansicht, dass der Begriff *Fastnacht* auf das frühneuhochdeutsche *faseln* zurückgehe, was so viel wie *gedeihen* oder *fruchtbar sein* bedeutete. Tatsächlich feierte man die Fastnacht als Vorfrühlings- und Fruchtbarkeitsfest, bevor sie im 12. Jahrhundert von der Kirche auf die Tage vor der Fastenzeit verlegt wurde. In Anlehnung an das vierzigtägige Fasten Jesu in der Wüste umfasste die Fastenzeit ursprünglich die vierzig Tage vor Ostern. Als eine Kirchenversammlung zu Benevent im Jahre 1091 die Gläubigen an den Sonntagen während der Fastenzeit vom Fasten befreite, rückte der Beginn

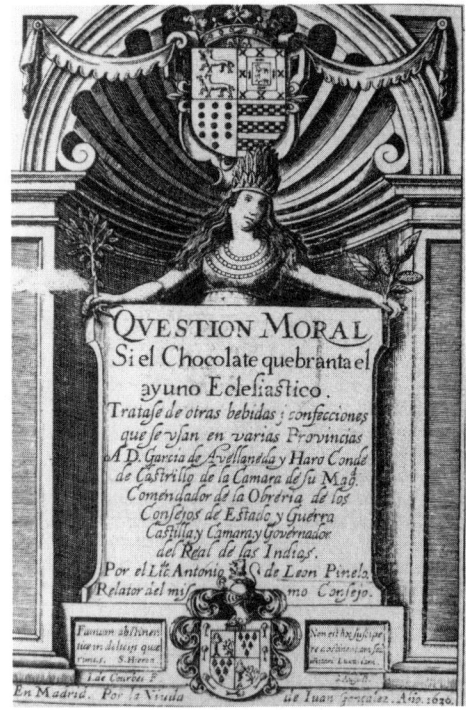

Titelseite der Abhandlung von León Pinelo, in der erörtert wird, ob Schokolade während der kirchlichen Fastenzeit erlaubt ist. Madrid 1636

des 40-tägigen Fastens um sechs Wochentage vor. Seitdem endet die neue oder ›Herrenfastnacht‹ am Dienstag vor dem Aschermittwoch. An manchen Orten vermochte sich diese kirchliche Neuordnung jedoch nicht durchzusetzen, was zur Folge hatte, dass die Alte Fastnacht (auch ›Bauernfastnacht‹) noch immer mit dem Beginn der liturgischen Fastenzeit zusammenfällt – so etwa in Basel, im Badischen und in Teilen des Markgräflerlandes, wo man eisern an der Alten Fastnacht festhält. Oft war diese gleichzeitig eine protestantische Demonstration gegen die katholische Fastenzeit.

Gelegentlich wurde die Narrenzeit selbst in Klöstern ausgiebig gefeiert – und zwar nicht nur von Mönchen, sondern auch von Nonnen und Stiftsdamen. Im Jahre 1729 weiß eine Gottesbraut aus einem rheinländischen Konvent zu berichten, dass dann vieles, was sonst verboten oder doch verpönt war, als erlaubt galt: Von Tee, Kaffee, Schokolade, gar von Karten- und Glücksspiel ist die Rede. Im 16. und 17. Jahrhundert beanstandeten Chronisten die in manchen Mönchsklöstern zu Fasching übervollen Speisetafeln. Gelegentlich stießen auch Tanzveranstaltungen und der merklich erhöhte Weinverbrauch auf Missbilligung.

Fastnachtskrapfen aus Mürbeteig

Dass auch Mönche und Nonnen Fasching feierten, dokumentieren mehrere Rezepte aus Kloster-Kochbüchern. Das folgende stammt aus der Klosterküche der Franziskanerinnen des Kreszentiaklosters in Kaufbeuren.

30 g Zucker	*10 g Backpulver (= ½ Päckchen)*
65 g Butter	*evtl. etwas Milch*
2 Eier	*Backfett*
250 g Mehl	

Butter schaumig rühren, Zucker, Eier und Backpulver dazugeben, wenn nötig noch so viel Milch, dass man einen mittelfesten Teig erhält. Den Teig ausrollen, runde Formen ausstechen und diese schwimmend im heißen Fett ausbacken.

Da die Kirchenoberen sich außerstande sahen, das närrische Treiben zu eliminieren, mussten sie es wohl oder übel tolerieren. Dass sie dabei dem ganzen Trubel ein theologisches Feigenblatt verpassten, verwundert nicht weiter. So wurde etwa behauptet, die Gläubigen könnten an sich selbst erfahren, wie närrisch die Rolle des Gottesleugners und der Narren sei, wenn sie in die Maske der Gottesfeinde schlüpften und sich als Teufel oder Hexen verkleideten.

Ursprünglich gehen derartige Faschingsbräuche auf abergläubische Gepflogenheiten früherer Zeiten zurück, als man mit Lärmen und schreckenerregenden Masken die bösen Geister des Winters zu vertreiben trachtete, damit der Frühling endlich einziehen konnte. Später hatte das wilde Treiben die Funktion des Dampfablassens, bevor die strenge Fastenzeit begann. Wer jetzt sein Alltagswams für ein Weilchen mit dem Narrengewand vertauschte, tat dies nicht mehr, um Kobolde und Klabautermänner zu verjagen, sondern wollte noch einmal so richtig auf die Pfanne hauen. Und wer heutzutage zur Fastnacht eine Larve trägt, genießt als Hanswurst oder Harlekin, als Schelm, Schalk und Spaßvogel ein Quäntchen jener Freiheit, welche früher den Hofnarren zugestanden wurde.

Offenbar wagen viele Menschen nur sich selber zu sein, wenn sie ihr Gesicht hinter einer Larve verbergen können. Die Anonymität erst ermöglicht ihnen jene Unbekümmertheit, die sie sich im richtigen Leben versagen (beziehungsweise versagen müssen). Von daher kann man sich schon fragen, ob das sogenannte ›richtige‹ Leben vielleicht nicht doch das falsche sei.

»Ein Fasten, wie ich es liebe ...«

Wer sich über die kirchlichen Fastenvorschriften informieren möchte, greift am besten zum vierten Band der *Enciclopedia cattolica*. Bei dieser Enzyklopädie handelt es sich um ein theologisch ausgerichtetes Nachschlagewerk, das in den 50er-Jahren des letzten Jahrhunderts im Vatikan gedruckt wurde. Unter dem Begriff *digiuno* orientiert uns ein Moraltheologe, was die Kirche unter Fasten versteht. So erfahren wir

Pieter Breughel d. Ä., Die magere Küche, 16. Jahrhundert

unter anderem, dass an den vorgeschriebenen Fasttagen nur eine Hauptmahlzeit erlaubt ist. Wer eine zweite vollständige Mahlzeit einnimmt, bricht das Fasten und verstößt auf schwerwiegende Weise gegen die kirchliche Vorschrift. Die beiden leichten Mahlzeiten am Morgen und am Abend unterliegen gewissen Beschränkungen in Bezug auf Quantität und Qualität der Speisen. Was die Hauptmahlzeit betrifft, existieren keine Bestimmungen hinsichtlich der Menge der Gerichte, die man zu sich nehmen darf. Wer bei dieser Gelegenheit üppig oder im Übermaß isst, versündigt sich nicht gegen das Fastengebot, sondern bloß gegen die Tugend der Mäßigkeit! Einig sind sich die Moralisten bezüglich der Dauer der Hauptmahlzeit. Ohne ein stichhaltiges Motiv ist es unter Sünde nicht erlaubt, diese über zwei Stunden hinzuziehen. Außerdem müssen die einzelnen Gänge kontinuierlich aufgetragen und eingenommen werden; größere Pausen zwischen den verschiedenen Gerichten (als Richtmass gilt höchstens eine halbe Stunde) würden nämlich bewirken, dass ein Essen sich praktisch in mehrere Mahlzeiten aufgliedert. *Summa summarum:* Man kann sich also ruhigen Gewissens den Bauch vollschlagen, ohne das Fasten zu brechen; entgegen dem Gebot handelt nur, wer die Hauptmahlzeit über zwei Stunden hinaus in die Länge zieht oder mehr als eine volle Mahlzeit am selben Tag zu sich nimmt. Zu dieser Belehrung fällt mir der Schluss einer Kapuzinerpredigt ein, der mir aus Kindertagen noch immer in den Ohren nachhallt: »So, nun wisst ihr's! Amen.« 95

Kartoffelküchlein aus Pellkartoffeln

6–7 vom Vortag übrig gebliebene   *wenig Salz*
Pellkartoffeln   *Mehl*
4 gehäufte EL geriebener Greyerzer

Kartoffeln schälen, raffeln, mit dem geriebenen Käse und etwas Salz vermischen. Aus der Masse Küchlein formen, diese in etwas Mehl wenden und goldbraun braten.

Angesichts von so viel Kasuistik und Rabulistik werden einige sich vielleicht ärgern, andere eher schmunzeln. Aber wenn die einen wie die anderen im Ersten Testament blättern und dort vielleicht zufällig auf das 58. Kapitel des Jesaja-Buches stoßen, werden Befremden oder Heiterkeit schnell in Betroffenheit umschlagen. Zunächst fragt der Prophet: »Warum fasten wir, und du, Gott, siehst es nicht? Warum tun wir Buße, und du merkst es nicht?« Dann lässt er Gott selber sagen, was dieser sich unter einem richtigen Fasten vorstellt:

Seht, an euren Fasttagen macht ihr Geschäfte und treibt alle eure Arbeiter zur Arbeit an. Obwohl ihr fastet, gibt es Streit und Zank, und ihr schlagt zu mit roher Gewalt. So wie ihr jetzt fastet, verschafft ihr eurer Stimme droben kein Gehör. Ist das ein Fasten, wie ich es liebe, ein Tag, an dem man sich der Buße unterzieht: wenn man den Kopf hängen lässt, so wie eine Binse sich neigt, wenn man sich mit Sack und Asche bedeckt? Nennst du das ein Fasten und einen Tag, der dem Herrn gefällt? Nein, das ist ein Fasten, wie ich es liebe: die Fesseln des Unrechts zu lösen, die Stricke des Jochs zu entfernen, die Versklavten freizulassen, jedes Joch zu zerbrechen, an die Hungrigen dein Brot auszuteilen, die obdachlosen Armen ins Haus aufzunehmen, wenn du einen Nackten siehst, ihn zu bekleiden und dich deinen Verwandten nicht zu entziehen. Dann wird dein Licht hervorbrechen wie die Morgenröte, und deine Wunden werden schnell vernarben. Deine Gerechtigkeit geht dir voran, die Herrlichkeit des Herrn folgt dir nach (Jesaja, Kapitel 58, Verse 3–8).

Da, scheint mir, wäre nun der Predigtschluss des Kapuziners tatsächlich am Platz: »So, nun wisst ihr's. Amen!«

96

Wie die verfluchte Knolle zum Segen gereicht

Die christlichen Wüstenväter waren beileibe nicht die Ersten, die gegen Völlerei und Prasserei wetterten. Schon die griechische Mythologie weiß darum, dass so manches Unheil in der Küche seinen Ursprung hat. Bekanntlich hielten die olympischen Götter das Feuer aus blanker Wut versteckt, weil Prometheus sie dazu überredet hatte, sich bei den Tieropfern mit den Knochen und dem Fett zufrieden zu geben – damit die Sterblichen das Fleisch behalten konnten. Anschließend klaubte Prometheus den Göttern das Feuer und schmuggelte es in einem hohlen Fenchelzweig aus dem Olymp heraus, um es den Menschen zu bringen. Die wiederum lernten erstaunlich schnell, wie man einen saftigen Braten zube-

Fenchel. Miniatur aus dem Hausbuch der Familie Cerruti (14. Jahrhundert)

reitet. Für Prometheus ging die Sache weniger gut aus. Die Götter fesselten ihn an einen Felsen und schickten einen Adler, der dem Unglücklichen die Leber aus dem Leibe fraß.

In Griechenland diente der Fenchel seither nicht mehr als Feuerträger. Bekannt ist er dort übrigens unter der Bezeichnung *marathon*. Umstritten ist, ob der Name daher rührt, weil die Ebene, auf der im Jahre 490 v. Chr. Miltiades über die Perser siegte, mit wildem Fenchel überwachsen war. In der Kunstsprache Esperanto wird Fenchel mit *fenkolo* übersetzt, was sich wie ein Schimpfwort anhört, und das hat die Knolle, selbst wenn der Fluch der Götter ihr bis heute anhaftet, nun wirklich nicht verdient.

◄◦►

Fenchelmousse

In ihrem Kochbuch *Von himmlischen und irdischen Köstlichkeiten* zeigt uns die Musikerin und begnadete Köchin Eve Landis, wie wir diesen Götterfluch in einen Segen verwandeln können.

300 g Fenchel	*4 Blätter Gelatine*
Salz, Pfeffer, Muskat	*200 ml Sahne*

97

Strünke an den Knollen entfernen und den Fenchel in grobe Stücke schneiden. Diese in Salzwasser während etwa 25 Minuten weich kochen, im Mixer pürieren und mit Salz,

Pfeffer und Muskat würzen. 4 Blätter Gelatine in kaltem Wasser einweichen und im Wasserbad (oder im Mikrowellenherd) flüssig machen. Einen Löffel Fenchelpüree unter die Gelatine, dann die Gelatine unter das Fenchelpüree mischen. Die Sahne steif schlagen. Wenn das Püree leicht anzuziehen beginnt, die Sahne unterziehen. Eine Terrine mit Klarsichtfolie ausschlagen, die Masse einfüllen und im Kühlschrank während 3–4 Stunden fest werden lassen. Den Inhalt aus der Form heben und in Tranchen schneiden. Diese auf einen Spiegel aus Kräutersoße anrichten.

Kräutersoße

4 EL frische Gartenkräuter	*200 ml saure Sahne*
(Petersilie, Thymian, Schnittlauch...)	*Salz, Pfeffer*

Die saure Sahne mit den Gartenkräutern vermischen; salzen, pfeffern.

Fenchel auf griechische Art

2 Fenchelknollen	*1 zerkrümeltes Lorbeerblatt*
125 ml Weißwein	*je 1 Prise Koriander, Anis, Senfkörner*
100 ml Olivenöl	*Pfeffer,*
wenig kräftige Gemüsebrühe	*1 El Akazienhonig*

Die Fenchelknollen in grobe Stücke schneiden. Alle übrigen Zutaten zusammen mit der Gemüsebrühe erhitzen, die Fenchelstücke dazugeben und auf kleiner Flamme etwa 20 Minuten köcheln. Normalerweise ist die Menge für 4 Personen gedacht – aber wenn ich keine Gäste erwarte, schaffe ich das auch ganz allein ...

Ob die Kirchgänger im Mittelalter während der Predigt Fenchelsamen kauten, um die Prediger nicht mit ihren Verdauungsgeräuschen zu stören, ist historisch nicht einwandfrei verbürgt. Tatsache ist, dass Tee aus Fenchelsamen gegen Blähungen hilft.

98 # Feinschmecker und Weinschmecker

Vor vier Jahrzehnten waren die heute Sechzigjährigen so um die zwanzig. Viele von ihnen hatten sich damals, das Abitur in der Tasche, an einer Fakultät immatrikuliert und bereiteten sich auf die akademischen Weihen vor. Dazu gehörte nicht nur die

Paukerei, sondern auch die eine oder andere Exkursion in die Gefilde der Fein-schmecker – also in die Delikatessen-Abteilungen der Supermärkte.

Was die Getränke angeht, geben sich Feinschmecker nicht mit Bier allein zufrie-den. Ein richtiger Feinschmecker ist erst, wer sich auch als Weinschmecker einen Namen gemacht hat. Das verlangt nach Übung. Geübt wurde in der WG, wo denn sonst? Zu ersten zaghaften Versuchen waren Freunde eingeladen. Dann kamen *spag-hetti al salmone, melanzane ripiene, risotto ai funghi* auf den Tisch und in die Teller – die italienische Küche galt damals als das Nonplusultra. Zum Risotto und den Aubergi-nen gab's einen süßlichen Lambrusco, zu den Lachsspaghetti einen lieblichen Orvieto, wohl bekomm's!

Die Freunde sind begeistert, allerdings nur solange die Speisen in den Töpfen noch vor sich hin dümpeln und die Flaschen noch nicht entkorkt sind. Die Erwartungen des Gastgebers sind groß. Zu groß, wie sich schnell herausstellen wird. Dann wird gekostet, vom Festen und vom Flüssigen.

»Na, schmeckt's?«

»Doch, schon.«

»Aber?«

»Aber irgendwie riechen diese Lachsspaghetti nach Fisch.«

»Ja, wonach sollen sie denn sonst schmecken?«

»Ich habe ja nicht gesagt, dass sie nach Fisch schmecken. Ich habe gesagt, sie *rie-chen* nach Fisch ... Diesen Geruch, den kenn' ich doch vom Fischmarkt, um den ich immer einen großen Bogen schlage. Eigentlich ist es kein Geruch, sondern ein ...«

»Ein was?«

»Halt so eine Art Gestank. Und was den Wein betrifft, meine Oma fände den sicher klasse, aber mir ist er einfach zu süß. Bitte, das ist kein Urteil, ich rede ja nicht vom Wein, sondern von meinem Geschmack – also von mir. Aber vielleicht hat's ja hier noch ein Bier im Kasten?«

Irgendwann sind die Studiosi dann wieder auf Rindsrouladen umgestiegen, die in einer Fabrik an- oder besser hingerichtet und in eine Dose eingesperrt wurden ...

Spaghetti al salmone (Lachsspaghetti)

300 g Spaghetti
2 Tranchen frischer Lachs (300 g)
etwas Zitronensaft
125 ml Sahne
50 ml Cognac

30 g Butter
weißer Pfeffer, Salz

Die Spaghetti in reichlich Salzwasser *al dente* kochen. Inzwischen die Lachsscheiben entgräten, enthäuten, mit etwas Zitronensaft säuern und in ganz kleine Stücke zerpflücken. In einer großen Bratpfanne die Butter erhitzen und die Lachsstückchen kurz anbraten. Die Sahne dazugießen. Würzen und die Flüssigkeit etwas verdunsten lassen. Den Cognac beifügen und nochmals aufköcheln. Sobald die Soße leicht sämig wird, die gekochten und abgetropften Spaghetti dazugeben und alles gut vermischen. Unbedingt auf vorgewärmte Teller verteilen und sofort servieren.

Notfalls kann man auch Räucherlachs verwenden (von dem im Tiefkühlfach sicher noch ein paar Päckchen liegen).

◄◦►

Inzwischen, das wurde ja bereits angedeutet, sind die ehemaligen WG-Leute um die sechzig. Und gesellschaftlich etabliert. Außer den paar wenigen, welche nach vier Semestern gerade mal drei Examen abgelegt und eines davon sogar bestanden haben. Die finden heute ihr Auskommen als Parkbankphilosophen. Sie sind in der Öffentlichkeit präsent, jedenfalls vom Frühjahr bis zum Herbst, in den städtischen Grünanlagen. Dort hängen sie herum – und an der Flasche. Und die ist nicht mit Tokajer, sondern mit Fusel gefüllt. Allerdings nur so bis gegen Mittag; dann ist Nachschub fällig.

Die anderen kennen sich inzwischen aus im Leben. Haben Karriere gemacht und sich nebenher, so sehen *sie* das, auch kulinarisch weitergebildet. Ihre Ehefrauen sind auf Feinschmecker-Hochglanzgazetten abonniert. Sie selber konzentrieren sich auf den Weinkeller. Und was lagert dort? Kein süßlicher Lambrusco! Kein Orvieto amabile! Nicht einmal ein ehrlicher Chianti! Sondern? Dort lagern *Jahrgänge*! Und die glücklichen Besitzer haben vorab eines im Kopf: ihr Wein-Vokabular!

Unter ihnen gibt es welche, die erschnuppern sofort einen »Hauch von Patina«, wenn ich ihnen einmal einen gut gelagerten Tropfen vorsetze. Und sind tatsächlich beleidigt, wenn ich sie dann frage: »Soll ich Ihnen mal meinen Römertopf zeigen? Der hat auch eine Patina.«

100

Urteile über den Wein geraten nicht selten zu sprachlichen Karnevalsveranstaltungen. Das hängt damit zusammen, dass die Degustierenden auf Originalität bedacht

Weinlese. Initiale E aus einer Handschrift von Augustinus' De Trinitate (Über die Dreifaltigkeit) aus Notre-Dame de Citeaux

sind, statt sich auf den Inhalt ihrer Gläser zu konzentrieren. Bei Weinproben haben sie gelernt, dass Wein im Gegensatz zu einer Rose keinen Geruch, kein Parfum und keinen Duft hat, sondern ein Bukett. Dieses wiederum erinnert an exotische Früchte, Kräuter oder Gewürze. Oder an seltene Hölzer und zierliche Blümlein. Herhalten müssen immer wieder die armen Veilchen. Aber auch Vanille, Cassis, Brombeeren, Sandelholz und verschwitztes Leder werden bemüht. Oder gelbe Kirschen. Früher erspürten manche angeblich sogar einen feinen Hauch von Tabak. Seit auf den Zigarettenpackungen steht, dass Rauchen tödlich ist, hört man dergleichen kaum mehr. Was den Geschmack betrifft, ist eigentlich kein Attribut verboten, außer ein paar Tabuwörtern wie *köstlich* oder *göttlich*. In Bezug auf die Farbe ist jeder Unsinn erlaubt oder vielmehr erwünscht, angefangen von »gelb-orange mit Purpurschatten« bis hin zu »rubinrot mit irisierendem Goldschimmer«.

Weinkeller im Frankreich, 15. Jahrhundert

Nicht der Geschmackssinn, sondern die sprachschöpferische Begabung öffnet den Zugang zur Kultgemeinde der Weinsnobs. Wer es nicht schafft, einen Wein auf feinsinnige und originelle Art zu charakterisieren, bleibt *ante portas*. Natürlich gibt es auch unter den Weinsnobs Kenner und Kennerinnen, die genau wissen, dass die meisten Beschreibungen weder feinsinnig noch originell sind, sondern an die misslungenen Versuche erfolgloser Lyriker erinnern. Was soll man von einem Saint-Emilion halten, der angeblich wie ein »samtener Saphir« schmeckt? Was bedeutet »feinwürziger Bodenduft«? War da vielleicht eine Ziegenherde daran beteiligt, die sich in den Weinberg verirrt hatte? Warum eigentlich genieren sich sogar Leute, die noch alle Gläser im Schrank haben, zu sagen, dass ein Barolo nach Barolo schmeckt? *Das* wäre wahrlich ein Kompliment!

Selbst in Leitfäden für Weinliebhaber stößt man zuweilen auf Beschreibungen, die eher die Psychoanalytiker als die Schlemmer faszinieren, beispielsweise wenn ein Experte die »muskulöse Struktur« und das »männliche Bukett« eines Weines rühmt. Latent homophile Bewertungen dieser Art sind fast nur noch durch ungezügelte Erotik zu übertreffen, etwa wenn ein Fachmann verkündet, dass eine »verführerische Blume« sich mit einem »gut strukturierten Körper« paart. Warum sagt er nicht einfach: Romeo und Julia in der Flasche?

Die abgebrühtesten Weinsnobs erkennt man daran, dass sie, während sie einen

101

Châteauneuf-du-Pape einschenken, ganz beiläufig fragen: »Waren Sie schon einmal in der *Cuvée des Célestins?*« In Wirklichkeit handelt es sich natürlich nicht um eine Frage, sondern um eine Mitteilung: *Ich* war schon dort! Wenn Ihnen einmal so etwas passiert, meine lieben Leserinnen und Leser, dann sollten Sie nicht um die Ecke denken, sondern die Frage als Frage auffassen und in einem möglichst nonchalanten Ton antworten: Natürlich. Dann machen Sie eine kurze Kunstpause und fügen hinzu: Schon mehrmals. Anschließend wird das Gespräch eine vernünftige Wendung nehmen und Sie können Ihren 88er aus der *Cuvée des Célestins* in kleinen Schlucken genießen. Wohlgemerkt, in kleinen Schlucken, nicht in großen Zügen! Sonst merkt Ihr Gastgeber nämlich, dass Sie schon wieder gelogen haben.

Darf ich Ihnen zum Schluss noch mit einem guten Rat aufwarten? Wenn Sie nichts vom Wein verstehen, sollten Sie sich bei diesbezüglichen Diskussionen auf ein verständnisvolles Nicken beschränken, das sowohl als Zustimmung wie auch als Ausdruck vornehmer Zurückhaltung interpretiert werden kann. Wenn man Sie insgeheim verdächtigt, in Sachen Wein ein Banause zu sein, ist es besser, den Mund zu halten, als zu reden und damit die Zweifel zu beseitigen.

Was meinen Rotweinkuchen betrifft, wird der auch jenen schmecken, die einen hervorragenden Tropfen nicht zu würdigen wissen.

Rotweinkuchen

4 Eier	280 g Mehl
250 g Butter (oder Margarine)	1 Päckchen Backpulver (18 g)
250 g Zucker	150 g Schokoladestreusel
1 Päckchen Vanillezucker (10g)	3 EL gemahlene Hasel- oder Walnüsse
1 TL Zimt	150 ml kräftiger Rotwein
1 TL Kakao	

Die Eier trennen, das Eiweiß steif schlagen. Alle Zutaten zu einem Teig verrühren. Die Eiweißmasse am Schluss sorgfältig unterziehen und den Teig in eine Springform geben. In dem auf 180° erhitzten Ofen 50 Minuten backen (Nadelprobe!). Falls Ihre Gäste zu diesem Kuchen lieber ein Glas Rotwein als eine Tasse Kaffee trinken, sollten Sie auf den Zuckerguss (125 g Puderzucker mit sehr wenig Rotwein verrühren) verzichten.

Sind manche Weine so gut, weil sie so teuer sind, oder so teuer, weil sie so gut sind? Weinschmecker stellen sich diese Frage nicht. Weinsnobs hingegen wissen erst, was ihnen schmeckt, nachdem sie das Preisschild studiert haben.

Da staunt der Laie

Eierspeise für Kokotte

Zahlreiche Angehörige des altrömischen Adels- und heutigen Fürstengeschlechts der Colonna haben im Lauf der Jahrhunderte Karriere gemacht. Die Familie stellte nicht nur mehrere Senatoren im mittelalterlichen Rom (mit denen die nicht minder ehrgeizigen Orsini zeitweise eine Art Dauerfehde unterhielten), sondern auch eine ganze Reihe von hochgestellten Prälaten (die manchen Päpsten schwer auf dem Magen lagen). Beide Familien können sich rühmen, etliche Kardinäle hervorgebracht zu haben. Während es den Orsini gelang, gleich drei Angehörige ihres Fürstenhauses auf den Stuhl Petri zu katapultieren (Coelestin III., 1191–1198; Nikolaus III., 1277–1280; Benedikt XIII., 1724–1730), führte Oddo Colonna als Einziger seines Geschlechts während fast anderthalb Jahrzehnte das Regiment über die Kirche.

Am elften Elften 1417 auf dem Konzil von Konstanz zum Nachfolger Petri gewählt, beendigte er das große Abendländische Schisma, welches das römische Papsttum beinahe in den Ruin getrieben und die Kirche an den Rand des Abgrunds gebracht hatte. In der Papstliste figuriert er unter dem Namen Martin V. In den Geschichtsbüchern ist nachzulesen, dass er nicht nur den Wiederaufbau des Kirchenstaates, sondern auch die Reform der Kirche energisch vorantrieb. Diesem Zweck sollte auch das von ihm auf den Juni 1431 nach Basel einberufene Konzil dienen, dessen Beginn Martin V. allerdings nicht mehr erlebte; er starb schon im Februar jenes Jahres.

Martin V., Marmorplastik von Jacopino da Tradate, 1419–21, Mailand, Chorumgang des Doms

Sein Grab befindet sich in der *Confessio* der Lateranbasilika, wo Fremdenführer und Reiseleiterinnen ihre zumeist teilnahmslosen Grüppchen mit ein paar historischen Daten abspeisen.

Dabei könnten sie doch ganz woanders ansetzen. Wo fand Martin V. die Kraft, um den Klerus zu disziplinieren und die Kirche zu reformieren? Im Gebet? In der Lektüre der Bibel? In der Meditation? Aber wie kann man sich ins Gebet versenken, die innere Einkehr pflegen und seine Gedanken sammeln, wenn der Magen aggressiver knurrt als ein wütender Hund?

Mens sana in corpore sano – darum, so der lateinische Dichter Juvenal (um 65 bis ca. 128), sollen wir die Götter bitten (*orandum est ut*...). Dieses – zumeist missdeutete – Zitat bezieht sich auf die törichten Wünsche, die Menschen an die Götter zu richten pflegen und beinhaltet die Mahnung, es den Überirdischen zu überlassen, uns das Ersprießliche zu gewähren, nämlich körperliche Gesundheit und gesunden Menschenverstand. Fest steht aber auch, dass der Geist willensschwach wird, wenn der Körper darbt. Diese Überlegung bringt uns auf die richtige Fährte, wenn wir wissen möchten, wo Martin V. die nötige Energie fand, um die desolate Lage der Kirche zu verbessern – und diese Spur führt geradewegs in eine teutonische Küche.

Seine Reform*pläne* entwickelte Martin V. auf der Grundlage des Evangeliums. Seinen Reform*willen* hingegen scheint er am Tisch gestärkt zu haben. Und hier war der Kleriker und Kochkünstler Johannes Bockenheym zuständig, dessen Nachname sich von seinem Geburtsort, einem rund dreißig Kilometer westlich von Worms gelegenen Flecken, herleitet. Bockenheym ließ sich von dem auf dem Konstanzer Konzil zum Papst gewählten Martin überreden, ihm vom Bodensee an den Tiber zu folgen.

Bockenheym bekochte den Papst bis zu dessen Tod im Jahre 1431. Der zeigte sich von den Künsten seines Küchenchefs derart angetan, dass er ihn mit Privilegien geradezu überhäufte, was diesem später den Aufstieg auf der kirchlichen Karriereleiter um einiges erleichterte.

Nach dem Hinscheiden des Pontifex vertauschte Bockenheym den Kochlöffel mit dem Gänsekiel und veröffentlichte ein in schwerfälligem Latein verfasstes *Registrum coquine*, ein Kochbuch mit 74 Standardrezepten, dessen Original sich heute in der *Bibliothèque Nationale* in Paris befindet (Manuskript Nr. 7054).

Die von Bockenheym ausgeklügelten Speisezettel sind nicht nur von ernährungsgeschichtlicher Bedeutung, sondern erlauben auch Rückschlüsse auf die damalige Zusammensetzung der päpstlichen Kurie und deren Diplomatie. Am Ende fast jeden Gerichts nämlich vermerkt der Koch, wem er es zugedacht hat. Den Sachsen, Friesen und Slawen setzt er Vögel und Käsekuchen vor, während er die Palastgarde mit Innereien abspeist. Die Angelsachsen hält er mit Huhn und Fleischklößchen bei Laune; für die Römer trägt er Pfau mit Pfeffersoße auf. Natürlich vergisst Bockenheym nicht, dass die Standesunterschiede nicht nur mittels der Sitzordnung, sondern auch auf dem Teller zu wahren sind. Den Fürsten empfiehlt er seine gewürzte Mandelsuppe,

den für den Adel bestimmten Hackbraten mit Datteln, Mandelsplittern und Pinienkernen verziert er *propter bene stare* – das Auge isst mit! – mit purem Blattgold, während er den Kopisten der päpstlichen Kanzlei und deren Gesponsen gerade noch eine
gemischte Gemüseplatte zugesteht. Den Mönchen, die aufgrund ihrer Gelübde teilweise auf den Fleischgenuss verzichten müssen, verabreicht er gefüllte Eier. Und weil
der Verweltlichung der Weltstadt Rom trotz aller päpstlichen Reformbemühungen
nicht beizukommen war, sah sich Johannes Bockenheym genötigt, auch ein für
Venusdienerinnen und deren Beschützer geeignetes Gericht in seine Sammlung aufzunehmen; es handelt sich dabei um ein Orangenomelett.

Orangenomelett

Sic fac fritatem de pomeranciis. Recipe ova percussa, cum pomeranciis ad libitum tuum,
et extrahe inde sucum, et mitte ad illa ova cum zucaro; post hoc recipe oleum olive, vel
segimine, et fac califeri in patella, et mitte illa ova intus. Et erit pro ruffianis et
leccatricibus.

So wird das Orangenomelett zubereitet: Nimm eine angemessene Menge verquirlter Eier
und eine entsprechende Anzahl Orangen, presse diese und vermische den Saft mit der
Eimasse und rühre den Zucker dazu. Dann erhitze ein wenig Olivenöl oder Fett in einer
Pfanne, gieße die Eimasse darüber und brate sie. Dieses schmeckt vornehmlich den
Zuhältern und den Kurtisanen.

Kenner und Kennerinnen werden hier an die sagenhafte *Crêpe Suzette* denken, die im
Grunde so etwas wie eine geadelte Nachfahrin des bockenheymschen Orangenome-
letts darstellt. Dieses lässt sich noch verfeinern, indem man der Eimasse eine Prise
Salz, etwas Ingwer oder Koriander untermischt und den Eierkuchen mit Bitteroran-
genkonfitüre füllt.

Dass Bockenheym seinen alemannischen Landsleuten vorwiegend schwere Suppen mit Stücken vom Rind und vom Kalb auftischt, will uns nicht einleuchten. Deshalb gönnen wir uns jetzt grad zum Fleiß und ein bisschen auch um der Abwechslung willen ein Schweinskotelett mit Schinken und Mozzarella.

Schweinskotelett mit Schinken und Mozzarella

4 Schweinskoteletts	*4 halbe Schinkentranchen*
Olivenöl	*1 große Tomate in Scheiben*
Salz, Pfeffer	*1 Mozzarella (ca. 150 g)*

Für die Marinade

2 EL grobkörniger Senf	*Oregano*
Cayennepfeffer	*Meersalz*
3 EL Weißwein	*frisches Basilikum*
3 EL Knoblauchöl	

Die Zutaten für die Marinade miteinander verrühren. Die Koteletts in der Marinade wenden und einige Stunden zugedeckt im Kühlschrank ziehen lassen.
Das Olivenöl in eine backfeste Form gießen und in dem auf 250° erhitzten Ofen erhitzen. Die Koteletts salzen, pfeffern und in die heiße Form legen. Etwa zehn Minuten braten. Die Form aus dem Ofen nehmen, die Koteletts wenden und mit je einer halben Schinkentranche und einer mit Oregano und etwas Meersalz bestreuten Tomatenscheibe belegen. Mit einer Scheibe Mozzarella abdecken und etwas Pfeffer darüberstreuen. Die Form wieder in den auf 220° zurückgestuften Ofen schieben und die Koteletts weiterbraten, bis der Käse geschmolzen ist, also etwa zehn Minuten. Mit frischem Basilikum garnieren.

Bleibt noch zu erwähnen, was es mit der Crêpe Suzette auf sich hat. Die wurde von einem Koch in Monte Carlo für den Prinzen Eduard von Wales erfunden. Der wendete die Crêpes in Mandarinenbutter und tränkte sie mit etwas Curaçao. Diese Köstlichkeit benannte der Prinz galant nach seiner Geliebten: Suzette. Hätte es sich bei der fraglichen Dame um eine Haduwig oder um eine Brunhilde gehandelt, wäre dem neu kreierten Gericht vielleicht etwas weniger Erfolg beschieden gewesen ... Bei der Crêpe Suzette hingegen zerfließt einem schon der Name auf der Zunge.

Heute ersetzt man die Mandarinen in der Regel durch Orangen und den Curaçao der Originalfassung durch Grand Marnier oder Cointreau. Und während die Crêpe Suzette ursprünglich nicht flambiert wurde, gerät sie in unseren Tagen, wo immer man sie bestellt, in Feuer und Flamme.

Crêpes Suzette

Für die Crêpes

80 g Mehl	*150 ml Milch*
2 Eier	*abgeriebene Schale von 2 Orangen*
1 Messerspitze Salz	*25 g Butter*
1 TL Zucker	*Butter zum Ausbacken*
10 g (1 Beutelchen) Vanillezucker	

Zum Flambieren

30 g Butter	*50 ml Cognac*
3 El Zucker	*25 ml Orangenlikör*
150 ml Orangensaft	*(Grand Marnier; Cointreau ...)*
Saft von 1 Zitrone	

Außerdem
4–8 Kugeln Orangen-, Vanille- oder Zimteis

Für den Teig das Mehl in eine Schüssel sieben. In der Mitte eine kleine Mulde ausheben und die Eier hineingeben. Salz, Zucker, Vanillezucker und Milch hinzufügen und alles mischen, bis ein glatter Teig entsteht. Die geriebene Orangenschale und die zerlassene Butter unterziehen und den Teig zugedeckt mindestens anderthalb Stunden ruhen lassen, damit er gut aufquillt. Falls er zu fest ist, mit etwas Milch oder einem Schuss Orangenlikör verdünnen.
Im Crêpe-Pfännchen (notfalls in einer Teflonpfanne) ganz wenig Butter zum Schmelzen bringen und aus dem Teig kleine, hauchdünne Crêpes backen und diese auf einen Teller schichten.
Nun in einer Flambierpfanne die Butter erhitzen, den Zucker dazugeben und leicht karamellisieren. Mit dem Orangen- und Zitronensaft ablöschen und den Saft unter Rühren etwas einkochen. Die einzelnen Crêpes zweimal falten, sodass Dreiecke entstehen und für etwa 2 Minuten in die heiße Soße legen. Mit Grand Marnier und Cognac übergießen und flambieren. Auf Tellern anrichten, mit der restlichen Soße übergießen und mit 1–2 Kugeln Orangen-, Zimt- oder Vanilleeis servieren.

◄◦►

Die unvergessliche Predigt des Paters Simplicius

Zeitlebens war er kein großer Redner vor dem Herrn. Und schon gar nicht galt er als begnadeter Prediger vor versammelter Gemeinde. Im Kloster betrachtete man ihn nicht gerade als Geistesleuchte. Wenn er unterwegs war und sich mit den Leuten unterhielt, merkten die schnell, dass sie keinen Einstein vor sich hatten. Aber er war ein herzensguter Mensch, der es einfach immer und mit allen gut meinte. Aber die gute Meinung allein bürgt natürlich noch nicht für gutes Gelingen. Wie er mit richtigem Namen hieß, spielt hier keine Rolle. Nennen wir ihn einfach Pater Simplicius – *nomen est omen*, man ist versucht zu übersetzen: Name verpflichtet.
Pater Simplicius wirkte in jenen guten alten Zeiten, als die Frühmesse am Sonn-

tag noch stark besucht und die Predigten auswendig hergesagt wurden. Pater Simplicius aber konnte nur drei Predigten, eine über die Muttergottes, eine über den Rosenkranz und eine über das Herz Jesu. Mehr, sagte er, bringe er in seinem Kopf nicht unter. Praktisch bedeutete das, dass der Pater Guardian ihn höchstens drei Mal an den gleichen Ort zur Aushilfe schicken konnte. Sonst hätte er sich beim Predigen ja wiederholt. Einige Mitbrüder mutmaßten zwar, dass der gute Simplicius noch unzählige andere Predigten wusste. Dass er das aber verheimlichte, um etwas weiter in der Welt herumzukommen.

Nun begab es sich eines Sonntags, dass der Klosterprediger erkrankte. Alle anderen Patres außer dem guten Simplicius waren auf Aushilfe. Das bedeutete: Simplicius musste predigen! Und weil er seine drei berühmten Predigten im Kloster schon einmal gehalten hatte, musste er jetzt eine neue erfinden. Oder, wie sich zeigen sollte, aus seinem Fundus hervorholen. Tatsächlich erwies es sich an diesem denkwürdigen Tag, dass Simplicius hinreichend Material gelagert hatte.

Der Saufaus. Nach einem Holzschnitt von Hans Weidlitz, Augsburg 1521

Bevor er die Sakristei verließ, wandte er sich noch kurz an den Bruder Sakristan: »Heute predige ich über den Alkohol. Hör gut zu – ich habe nämlich den Eindruck, dass in letzter Zeit weit mehr Messwein verbraucht wird, als wir in der Kirche benötigen.« Sprach's und schwebte die Treppe zur Kanzel hoch.

Die Einleitung (»Geliebte Brüder und Schwestern in Christo, an diesem hochheiligen Tage des Herren …« undsoweiterundsofort) war ebenso langatmig wie die Predigt lang geriet. Simplicius wetterte, donnerte, dröhnte, drohte, malte den Teufel an die Kirchenwand und schilderte in den schaurigsten Farben den Säufersektor in der Hölle – immer länger wurden da die Hälse der Zuhörenden, immer mächtiger das Staunen über die verbalen Kraftakte des sonst so sanften Simplicius und immer größer schließlich die Erheiterung, besonders gegen Ende des langen Sermons, dessen Finale in eine abschreckende Beispielgeschichte mündete: »Geliebte! Da war einst einer, der hatte die Wahl, sich einen Rausch anzutrinken oder seinen eigenen Vater umzubringen oder ins Bordell zu gehen oder einen Meineid zu leisten. Der Rausch schien ihm noch das geringste Übel; also besoff sich der Mann. Anschließend landete er im Bordell. Als sein Vater am anderen Tag davon erfuhr und ihm Vorwürfe machte, schlug er ihn tot. Und vor Gericht bezeugte er durch einen Meineid, dass *er* der Mörder nicht sei. Geliebte in Chri ...« Was Pater Simplicius sonst noch zu sagen gedachte, bleibt sein Geheimnis. Weil nämlich die versammelten Christenmenschen in ein Heidengelächter ausbrachen, wie man es in jener Kirche weder vorher noch nachher je gehört hatte.

Noch heute erinnern sich einige Alte an jenen sagenhaften Sermon, der als Schnapspredigt in die Geschichte des Städtchens einging. Natürlich löste das abschreckende Beispiel auch im klosternahen Wirtshaus ein großes Gelächter aus, wo die Frommen sich mit den weniger Frommen nach der Messe zum Frühschoppen trafen.

Bloody Mary

Um die Predigt des Paters Simplicius zu verdauen, gönnen wir uns einen Cocktail, der sich vorzüglich auch zu einem Aperitifgebäck eignet.

Pro Person

40 ml Wodka	*2 Spritzer Tabasco*
10 ml Zitronensaft	*einige Spritzer Worcestershire-Soße*
Pfeffer, eine Prise Salz	*120 ml Tomatensaft*

Aperitifgebäck

Auf ein Kuchenblech ein Backtrennpapier legen. Darauf kommt ein rechteckiger Blätterteig. Mit Eigelb bestreichen, mit Mohnsamen bestreuen und mit dem Teigrädlein kleine Vierecke (2 x 2 cm) einritzen. Diese mit entsteinten Oliven, Wursträdchen, kleinen Stücken Räucherlachs, Sardellenfilets (je 1–2 Kapern mit einrollen!), Parmesan- oder anderen Käsewürfelchen belegen. Den Ofen auf 200° erhitzen und das Ganze etwa 15 Minuten backen.

Le anguille del Papa

Wenn wir uns an Dantes *Göttliche Komödie* halten, befindet sich der Ort, wo die Leckermäuler für ihre ungezähmten Lüste büßen, weder ganz im Zentrum noch ganz am Rand des Fegefeuers, sondern irgendwo dazwischen. Denn erst im 24. von den dreiunddreißig Gesängen des *Purgatorio* gelangt der Dichter unter Vergils kundiger Führung dahin, wo die Naschkatzen und Genuss-Spechte zum Abspecken versammelt sind. Unter ihnen befindet sich auch einer

mit einem ganz zerfallenen Gesicht.
Die Kirche war ihm früher anvertraut.
Er kam von Tours und läutert jetzt mit Fasten
Vernaccia und die Aale aus Bolsena.

Ein Papst? Aus Tours? Der Aale mochte? Die in Vernaccia zubereitet wurden? So viel würde uns kein Quizmaster verraten. Weil sonst sogar die Kirchenfernen rasch auf Martin IV. kämen. Da die Römer dem in diplomatischen Dingen erfahrenen Franzosen nach seiner im Jahre 1281 erfolgten Wahl zu Viterbo den Zutritt zu ihrer Stadt verweigerten, ließ dieser sich in Orvieto krönen. Nach vier Jahren schon verstarb er in Perugia und wurde in der dortigen Kathedrale beigesetzt.

Netzfischer. Miniatur, Deutschland, 15. Jahrhundert

Vielleicht wären ihm noch ein paar Jährlein vergönnt gewesen, wenn er seine Residenz nicht so nahe beim Lago di Bolsena aufgeschlagen hätte. Denn auf die in diesem See sich schlängelnden Aale war Martin IV. regelrecht gierig, und das sollte sein Verderben sein. Zeitgenössischen Chronisten zufolge nämlich starb der Bedauernswerte nach einem ausgiebigen Aalessen an Verdauungsbeschwerden.

Dieses Gericht aber schmeckt so gut, dass selbst Dante für die Gelüste des Papstes Verständnis hegt. Sonst hätte er den genussfreudigen Martin ja nicht zum Fegefeuer begnadigt, sondern ihn wie Nikolaus III., Bonifaz VIII. und Klemens V. in die Feuerhölle verbannt. In der Gegend um den Bolsener See gelten die *Anguille del Papa* noch heute als Spezialität.

<o>

Anguille del Papa (Aal, wie der Papst ihn mag)

700 g Aal	1 Lorbeerblatt, Salz, Peperoncino
1 mittelgroßes Stück Sellerie	2–3 EL Olivenöl
2–3 Karotten	300 ml Vernaccia di San Gimignano
1 Zwiebel	(oder ein anderer möglichst trockener
80 g getrocknete Steinpilze	Vernaccia)

III

Das Gemüse in Würfelchen schneiden und die vorher eingeweichten Steinpilze grob hacken. Alles bei mittlerer Hitze in einem Topf in Öl dämpfen, würzen und unter gelegentlichem Rühren immer wieder etwas Vernaccia dazugeben. Am Schluss wird der gehäutete und in Stücke geschnittene Aal hinzugefügt, ein- bis zweimal gewendet und nach 10–15 Minuten aus dem Topf serviert.

Falls wir vergessen haben, im Fachgeschäft einen Vernaccia zu besorgen, verwenden wir stattdessen einen trockenen Riesling.

━━━━━━━━━━━━━━━━◄○►━━━━━━━━━━━━━━━━

Etwas altmodisch wie wir nun einmal sind, betrachten wir die Geschichte nach wie vor als *magistra vitae*, als Lehrmeisterin in Bezug auf unsere Lebensführung, und bedenken dabei das Ende des Papstes. Anderseits sind wir natürlich nicht so abergläubisch, dass wir uns bei diesem Gericht auf eine halbe Portion beschränken. Frohgemut lassen wir uns noch einmal nachreichen. Und genehmigen uns zum Schluss einen Aquavit. Der hätte Martin IV. möglicherweise das Leben gerettet.

Der Chronist überliefert, dass schon kurz nach seinem Tod ein Spottvers in Form einer Grabinschrift die Runde machte:

Gaudent anguillae
quia hic iacet ille
qui quasi mortue eas
escoriabat eas.

Auch wer kein Latein versteht, kann sich auf dieses Epitaph einen Reim machen:

Es jubeln die Aale hienieden,
denn hier ruht jener in Frieden,
der sie in der Pfanne erhitzte
und mit Vernaccia bespritzte.

Wer keinen Aal mag, kriegt die ›Strangolapreti‹ vorgesetzt, die Martin IV. zweifellos und ungeachtet der mit der Bezeichnung verbundenen Gefahren ebenfalls gemundet hätten. Bevor wir uns an die Zubereitung machen, sollten wir aber schon wissen, worum es sich handelt. Wörtlich übersetzt bedeutet der Ausdruck ›Pfaffenwürger‹. Falls Sie Ihre Gäste nicht erschrecken wollen, schreiben Sie auf die Menükarte einfach ›Spinatknödel‹.

Strangolapreti (Spinatknödel)

125 ml Milch	5–6 EL Semmelbrösel
3 Eier	80 g geriebener Pecorino
250 g altbackenes Weiß- oder Toastbrot	(notfalls Parmesan oder Sbrinz)
300 g Spinat	Oregano, weißer Pfeffer, Salz, Muskat
1 mittelgroße Zwiebel	50 g fein gehobelter Pecorino
1–2 Knoblauchzehen	ca. 40 g Butter

Milch und Eier verquirlen und das klein gewürfelte Brot darin einweichen. Den Spinat waschen und sehr fein hacken. Zwiebel und Knoblauch in kleine Würfel schneiden und in wenig Butter glasig dünsten. Den Spinat dazugeben und mitdünsten, bis er zusammenfällt (man kann auch tiefgefrorenen Spinat verwenden). Die Masse in ein Sieb geben, die Flüssigkeit gut ausdrücken und zusammen mit dem geriebenen Käse, den Semmelbröseln und den Gewürzen zum eingeweichten Brot geben. Alles gut vermengen und mit angefeuchteten Händen 16 Knödel formen. Die Knödel etwa 8–10 Minuten im heißen Wasser sieden und auf vorgewärmten Tellern anrichten. Die erhitzte Butter über die Knödel gießen und diese anschließend mit dem gehobelten Käse bestreuen.

Wer dieses Gericht zum ersten Mal zubereitet, sollte zunächst einen Probeknödel formen und sieden und, falls dieser zu weich ist, noch 1–2 EL Semmelbrösel zu der Masse geben. Außerdem ist darauf zu achten, dass das Wasser die Grenze vom Sieden zum Kochen nicht überschreitet. Wenn in der Küche der Käsehobel fehlt, besteht kein Anlass zur Verzweiflung; auch mit dem Spargelschäler lassen sich feinste Streifchen aus dem Pecorino schneiden.

Als Beilage zu Fleisch oder Fisch ist die hier angegebene Menge etwas großzügig bemessen. Als vegetarisches Hauptgericht serviert, verträgt es sich durchaus mit einer kleinen Vorspeise und einem nicht zu opulenten Nachtisch.

Warum die Italiener diese Köstlichkeit *strangolapreti* nennen, ist eines jener Rätsel, die zu ständig neuen Spekulationen Anlass geben, aber noch immer nicht gelöst wurden. Sollte es zutreffen, dass der Klerus den übrigen Christenmenschen in Sachen Esskultur tatsächlich etwas voraushat, könnte man die Bezeichnung als Hinweis auf die Güteklasse dieses Gerichts werten. Anderseits beinhaltet der Begriff vielleicht auch eine versteckte Warnung. Dennoch sind wir der Ansicht, dass der Ausdruck *Pfaffen-* *würger* sehr viel verlockender klingt als die sachgerechte Bezeichnung *Spinatknödel*.

Küche im Konklave

Wenn sich die Kardinäle nach dem Tod eines Papstes ins Konklave zurückziehen, genügt ihnen nicht der Beistand des Heiligen Geistes, um einen neuen Nachfolger des heiligen Petrus zu wählen; sie bedürfen auch der leiblichen Nahrung. Obwohl an Seele und Leib gestärkt, kam es dennoch immer wieder vor, dass die Purpurträger Mühe hatten, sich auf einen Kandidaten zu einigen. Eine traurige Berühmtheit erlangte das Konklave von Viterbo, das bisher längste in der Geschichte, welches am 1. September 1271 einer dreijährigen Sedisvakanz ein Ende setzte – und zwar unter massivem Druck der Öffentlichkeit. Weil die siebzehn im Bischofspalast versammelten Kardinäle die Wahl immer weiter hinauszögerten, beschlossen die Behörden der Stadt, die Eingangstüren zuzumauern und den untereinander zerstrittenen Wählern durch ein Fenster nur noch Wasser und Brot zu reichen. Als selbst diese Maßnahme nichts fruchtete, deckten einige Bürger schließlich das Dach ab, sodass die Kardinäle zeitweise buchstäblich im Regen saßen. Diese Maßnahme bewirkte schließlich, dass sich die Kardinäle auf den Archidiakon von Lüttich, Tedaldo Visconti, einigten, der allerdings weder Priester noch Kardinal war und sich in Erfüllung eines Kreuzzuggelübdes gerade in Palästina befand. Der neue Nachfolger Petri, nunmehr Gregor X., kam erst im Februar 1272 in Viterbo an, am 13. März empfing er in Rom die Priesterweihe und am 27. desselben Monats fand die Papstkrönung statt.

Was die Verpflegung der Kardinäle während der Konklaven betrifft, besitzen wir nur spärliche Nachrichten. Gut informiert hingegen sind wir über das Zeremoniell der Speisekontrollen, die bei den Papstwahlen im 16. Jahrhundert üblich waren, um Leib und Leben der Wähler zu schützen. Diese Informationen verdanken wir dem Drei-Sterne-Meister Bartolomeo Scappi.

Dieser wurde vermutlich in den ersten Jahrzehnten des 16. Jahrhunderts geboren und starb um 1570. Er hinterließ ein Kochbuch, dessen nichtssagender Titel *Opera* (›Werk‹) in eklatantem Widerspruch zu seinem gewichtigen Inhalt steht, handelt es sich doch um ein fundiertes Standard- und Nachschlagewerk, das bis weit ins 17. Jahrhundert hinein immer neu aufgelegt wurde.

Als Päpstlicher Geheimkoch – heute würden wir sagen als Leibkoch – war Scappi für die Verköstigung der Kardinäle während mehrerer Konklaven verantwortlich. Von den fünf Päpsten, die er bekochte, zeigte sich vor allem der gaumenlustige Weinkenner Paul III. (1534–1549) von der Kunst dieses Küchenartisten begeistert. In seinem kulinarischen Bestseller dokumentiert Scappi unter anderem die Hürden, welche die Köche während des Konklaves nach dem Tod Pauls III. zu überwinden hatten, bevor die Speisen vom Herd auf die Teller der Wähler gelangten. Zum einen wurden sämtliche Gerichte schon während der Zubereitung einer strengen Prüfung unterzogen, um zu verhindern, dass schriftliche Botschaften in den Versammlungsraum gelang-

Konklave von 1549 (Papstwahl Julius' III.), Kupferstich aus Bartolomeo Scappis »Opera«. Jeder Kardinal wurde zum Konklave von seinem privaten Majordomus begleitet, der sich um die Speisen seines Herrn kümmern durfte. Die Reihenfolge beim Servieren wurde durch das Los ermittelt. Wie der Kupferstich zeigt, wurde nach dem Vorkosten in der Küche ein weiteres von mehreren, ebenfalls durch das Los bestimmten Bischöfen vorgenommen. Die Vorkoster befanden sich im Vorzimmer zu dem geschlossenen Saal, in dem das Konklave stattfand. Über eine rotierende Durchreiche gelangten die Gerichte zu den Kardinälen. Da die Vorkoster – unter ihnen Scappi – ihre Sache gut machten, führten manche Spötter die Länge des Konklaves auf die Kochkünste zurück.

ten (weswegen Pasteten von vornherein verboten waren), und zum anderen galt es zu verhüten, dass die Kardinäle einem Giftanschlag zum Opfer fielen.

Die Vorsichtsmassnahmen gegen kriminelle Ränkespiele begannen naturgemäß in der Küche – in den damals recht bewegten Zeiten übrigens nicht nur bei Papstwahlen, sondern auch bei Hofe, wie wir den *Memoires* Oliviers de la Marche entnehmen können, der unter Karl dem Kühnen (1433–1477), dem letzten Herzog von Burgund, das Amt eines Hofmeisters innehatte. Zunächst lag es am Koch und an einem Vorkoster zu beweisen, dass die Gerichte nicht vergiftet waren. Danach wurden die Schüsseln zugedeckt und von den Dienern in den Speisesaal gebracht. Dort hob man die Deckel, der Vorschneider entnahm eine Probe und gab sie dem Diener zu kosten, der das Essen hereingebracht hatte. Danach erfolgte ein chemischer Test. Dafür verwendete man Zähne von Narwalen, das Horn des Steinbocks oder Elfenbeinstücke, von denen man annahm, dass sie sich verfärben würden, wenn die Speisen vergiftet waren. Gelegentlich benutzte man auch Korallen, Edelsteine oder Mineralien wie Ser-

115

pentin und Alabaster oder die Zähne fossiler Haifische. Gang für Gang wurde auf diese aufwendige Weise geprüft, wobei Kostprobe und Gifttest lediglich einen Teil des komplexen Sicherheitssystems bildeten. Dieses beinhaltete überdies Zutrittsverbote für Fremde zu Küche, Weinkeller und Vorratskammer, die tägliche Inspektion von Möbeln, Wäsche und Geschirr und eine akribische Überwachung der Hofangestellten. Der Hofmeister prüfte das bei Tisch verwendete Essgeschirr, das Salz, die Silbergefäße, Wasserschalen, Tischtücher und Servietten.

Im 16. Jahrhundert herrschten bei den Konklaven noch strengere Sicherheitsvorkehrungen. Jeder Kardinal hatte einen Diener, der für seinen Herrn die Mahlzeit in der Küche abholte. Nach einer ersten Kostprobe wurden die Speisen mehreren weiteren Kontrollen unterworfen. Die letzte Probe wurde von sieben Bischöfen durchgeführt. Diese Vorkoster warteten im Vorzimmer des geschlossenen Saals, in dem das Konklave stattfand; von hier aus wurden die Gerichte über eine rotierende Durchreiche in den Tagungssaal befördert.

Diese ganze Prozedur (oder *credenza*, wie das Ritual damals hieß) führt Bartolomeo Scappi in seiner *Opera* der Leserschaft mittels einer Radierung vor Augen; man erkennt auf dieser Illustration, wie die Speisen in abgedeckten Schüsseln transportiert werden; auch die Durchreiche ist zu erkennen.

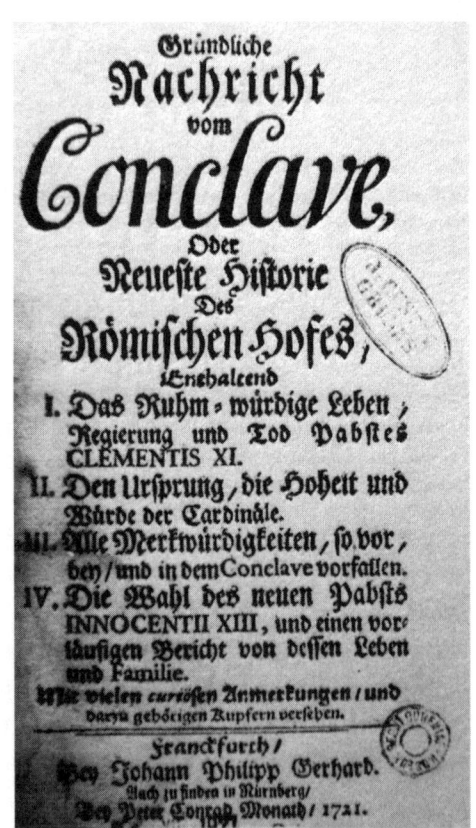

Kulinarisch nicht gerade einen Höhepunkt bildete das Konklave von 1721, aus dem Innozenz XIII. als Sieger hervorging. Dazu erschien in Frankfurt am Main noch im selben Jahr eine anonyme Schrift mit dem Titel *Gründliche Nachricht vom Conclave Oder Neueste Historie des Römischen Hofes*. Daraus geht hervor, dass das Essen ziemlich einfach war, damit die Eminenzen nicht auf den Gedanken kämen, sich in Schwelgereien zu ergehen und die Wahl absichtlich hinauszuzögern. In keinem Verhältnis zu der eher kargen Kost stand das großartige Zeremoniell, mit dem die Speisen gereicht wurden.

116

> *Damit auch den Cardinälen die Lust vergehen möge / allzulange in dem Conclave zu verbleiben / so sind ihnen vom Pabst Bonifacio VIII. alle delicate*

Nachricht vom Conclave. Beschreibung des Konklaves von 1721

Speisen verboten / also dass /wenn in acht Tagen kein neuer Pabst erwehlet wird / ihnen die übrige Zeit ein gewisser Antheil Brodes und Weines / und sonst nichts gereichet werde welches aber heut zu Tage nicht mehr in Acht genommen wird.

Es wird ihnen die Speise / mit grossem Pomp und Pracht also überbracht: Erstlich gehen 2 Diener voran / deren jeder einen grünen oder violetten Stab / auf welchem des Cardinals Wappen stehet / in Händen hat. Nach diesem kömmt der Marschall des Cardinals mit einem silbernen Stab / in Begleitung einiger seiner Edelleute und Bedienten. Hierauf folgt der Mundschenck mit einer Serviete auf seiner Schulter / und dann 2 Diener / welche Gläser und das Silber-Geschirr tragen. Nach diesem bringen 2 andere Diener die Speisen / allerhand Brodt / Confituren und Flaschen mit Wein / welches zusammen in schönen gemahlten Körben an Stöcken getragen wird. Soferne nun ein fremder Reisender dieser Solennität beiwohnen will /so kan er zwar hierdurch Gelegenheit bekommen / mit dem Cardinal am Fenster / durch welches ihm die Speisen gereichet werden / zu sprechen / gleichwol aber selbigen nicht sehen / weil er durch eine runde Scheibe / welche hinten zugedecket ist / bedecket wird. Wenn ihm ein Fremder die Speisen überreichet / bedancket sich der Cardinal höflichst / und befiehlet seinen Bedienten / ihn stattlich zu tractiren / welches sie dann auch genau in Acht nehmen.

An dem Ende der ersten Celle sind in einem hölzernen Verschlag 2 Scheiben / die sie Ruote oder Räder nennen / vermittelst welche denen Cardinälen die Speisen zugeschoben / und von denen Conclavisten inwendig angenommen werden. Darbey befinden sich etliche Prälaten / deren Amt ist / die Speisen und andere Dinge / auch die Personen / so selbige bringen / aufs genaueste zu besehen / damit nicht etwa Briefe darinnen verstecket seyen. Indem es denen Cardinälen und allen Conclavisten diese Zeit über nicht vergönnet ist / Briefe zu schreiben oder zu empfangen. Gleichwol geschiehet es / daß / so bald ein oder der andere Cardinal im Vorschlag ist / man es gleich in ganz Rom weiß / ohnerachtet ein solcher Conclavist / der hierüber betreten würde / nicht nur alle Hoffnung zu einiger Beförderung verlieret / sondern auch nach dem Gefängnis wandern muß / daraus er ohne ausdrücklichen Befehl des neuen Pabstes nicht wieder erlassen wird. Wenn die Speisen und das Getränk hinein gereichet / schliesset der Cursore /so auch einen silbern Stab in der Hand führet / wieder zu und der Prälat / nebst dem Ceremonien-Meister / sehen zu / ob es recht verschlossen / und das Schloß verriegelt. An diesem Ort wird auch denen Ambassadeurs Audienz gegeben / als welche nach geschlossenem Conclave dasselbe nicht mehr betreten dürfen.

Insgesamt dauerte das Konklave immerhin 39 Tage, nämlich vom 30. März bis zum 8. Mai 1721. Trotz der einfachen Kost und sicher nicht wegen des aufwendigen Zeremoniells wurde der neue Papst erst in der 75. Abstimmung gewählt. Dass sich das Konklave so lange hinzog, lag nicht an dem prächtigen Speisezeremoniell, sondern an politischen Querelen. Aber das gehört nun nicht in eine Küchen-, sondern in die Kirchengeschichte.

Da nach katholischer Überzeugung und römischer Doktrin im Konklave jeweils ein Nachfolger des heiligen Apostels und (Menschen-)Fischers Petrus gewählt wird, erlauben wir uns, an dieser Stelle ein Rezeptlein einzublenden, das diesem Glauben durchaus förderlich ist – oder ihm zumindest nicht im Wege steht. Das Stichwort heißt Petersfisch.

Petersfisch mit Paprikapüree

4 große Petersfisch-Filets   *1 Zweiglein Rosmarin*
Zitronensaft

Für das rote Paprikapüree
2 rote Paprika   *Salz, schwarzer Pfeffer*
1 kleine enthäutete und entkernte Tomate   *1 EL kalte Butter*
1 fein gehackte Schalotte

Für das gelbe Paprikapüree
2 gelbe Paprika   *Salz, weißer Pfeffer*
2 EL trockener Weißwein   *1 EL kalte Butter*

Die Paprika für etwa 30 Minuten in den auf 200° erhitzten Backofen stellen. Entkernen, schälen.
Die roten Paprika zusammen mit den restlichen Zutaten im Cutter pürieren, das Püree in einer Pfanne erhitzen und einige Minuten köcheln.
Dann die gelben Paprika schälen, entkernen und mit den übrigen Zutaten ebenfalls im Cutter pürieren. Das Püree in einem zweiten Pfännchen köcheln.
Die Fischfilets mit Zitrone beträufeln, ein paar Minuten ziehen lassen und auf ein eingefettetes Dämpfkörbchen legen. Etwas Wasser in einen Topf füllen. Darauf achten, dass dieses nachher nicht durch das Dämpfkörbchen dringt. Ein Rosmarinzweiglein ins Wasser legen, das Dämpfkörbchen in den Topf stellen und den Fisch bei geschlossenem Deckel einige Minuten garen.
Die beiden Pürees so auf Tellern anrichten, dass das rote die eine, das gelbe die andere Tellerhälfte bedeckt. Den gegarten Fisch darauf legen. Allenfalls mit ein paar sehr kleinen Paprika-Würfelchen garnieren.
Besonders schön präsentiert sich das Gericht, wenn man die Filets vor dem Garen in breite Streifen schneidet. Dazu passen Salzkartoffeln oder ein Trockenreis.

◄○►

Was übrigens die *credenza* betrifft, wurde diese bei den Papstwahlen nicht bloß aus Angst vor vergifteten Speisen gepflegt, oder um zu verhindern, dass Nachrichten von außen die Wähler beeinflussen könnten. Gleichzeitig nämlich war das Ritual des Vorkostens auch Ausdruck der sozialen Stellung und des gesellschaftlichen Ansehens einer Person. So schreibt der florentinische Bildhauer und Goldschmied Benvenuto Cellini, der 1539 in Rom wegen seines gewalttätigen Verhaltens vorübergehend eingekerkert war: »Herr Antonio schickte mir mein Essen durch jenen Apothekerknecht Giovanni, der früher in Prato gewesen und jetzt hier Soldat ist. Ich sagte ihm nun, ich wolle von dem, was er mir bringe, nichts mehr essen, wenn er es mir nicht vorkoste. Er antwortete mir darauf, einen Vorkoster habe wohl der Papst. Darauf versetzte ich: Da vornehme Leute dem Papst vorkosten müssen, so sei auch er, ein Soldat, Apothekerknecht und Bauer von Prato verpflichtet, einem Florentiner meinesgleichen vorzukosten. Hierauf schimpfte er und ich schimpfte wieder.«

Nicht wie es bei einer Papstwahl zwischen Küche und Esstisch zuging, sondern was die versammelten Purpurträger bei dieser Gelegenheit auf den Teller bekamen, erfahren wir aus dem Tagebuch des Domenico Svampa, seines Zeichens Kardinal und Erzbischof von Bologna, das auf allerlei Umwegen in die Öffentlichkeit gelangte. Die Aufzeichnungen betreffen das Konklave, zu welchem sich im Jahre 1903 nach dem Tod Leos XIII. 62 Kardinäle zusammengefunden hatten. Untergebracht waren sie in der *Sala Regia*, in der Sixtinischen Kapelle und in vier weiteren Gemächern. Das besagte Tagebuch enthält nicht nur kirchenpolitische Anmerkungen, sondern auch persönliche Eindrücke und Erfahrungen. So bemerkt der Schreiber am 31. Juli, am ersten Tag des Konklaves, dass ihn heftige Zahnschmerzen plagten, weswegen seine »linke Gesichtshälfte, vor allem um das Auge« aufs Heftigste anschwoll, ein Übel, das den Bedauernswerten veranlasste, nicht zum gemeinsamen Abendessen zu erscheinen, sondern in seiner Zelle zu bleiben, wo man ihm, weil's gerade Freitag war, »außer einem mit etwas Butter angereicherten Süpplein gebratenen Fisch und Bohnensalat« servierte. Anderntags, nach der Messe, machte sich ein weiteres Malheur bemerkbar, das aber sämtliche Kardinäle betraf: »Weder Brot noch Milch wurden rechtzeitig zum Frühstück geliefert. Statt Milch gab's Eier, während das Brot durch Kekse ersetzt wurde.«

So gestärkt schritten die Kardinäle zum ersten Wahlgang; ein Ergebnis kam nicht zustande (was nach diesem missglückten Frühstück wohl niemanden überraschte).

Das Mittagessen war offenbar genießbar. Jedenfalls notiert Svampa die einzelnen Gänge, ohne sich darüber zu beklagen: »Suppe mit Nudeleinlage, Gesottenes mit Bohnen, gebratene Leber und Reis, gebratene Hähnchen mit russischem Salat, Käse, Obst.« In der Folge gerät Svampas Tagebuch immer mehr zum Gastro-Memorial. Peinlich genau verzeichnet der Würdenträger, was zum Abendessen (nach einem zweiten, ebenfalls ergebnislosen Wahlgang) auf den Tisch kam, nämlich »Minestra mit Nudeleinlage, Kalbsbraten mit Zucchinisalat, Käse und Obst.«

Bei den nächsten vier Wahlgängen am 2. und 3. August konnten sich die Eminenzen noch immer nicht auf einen neuen Papst einigen. Immerhin ließen die im sechsten Wahlgang abgegebenen Stimmen die Stimmung steigen; alles deutete darauf hin, dass am folgenden Morgen, am 4. August, der Erzbischof von Venedig, Kardinal Sarto, das erforderliche Mehr schaffen würde. Kardinal Svampa zufolge setzten sich die Kardinäle frohgemut zu Tisch, um das Abendessen einzunehmen. Als Hauptspeise wurden Pilze gereicht. Hatten sich die Kardinäle bisher bei den Abstimmungen mutig geschlagen, so schlugen sie jetzt bei dem Pilzgericht wacker zu.

Die Nacht vom 3. auf den 4. August blieb wohl allen Beteiligten in Erinnerung. Svampa kommentiert das Drama eher lakonisch: »Fast alle Konklavisten wurden von furchtbaren Magenkrämpfen und einer so fürchterlichen Diarrhö heimgesucht, dass man gezwungen war, in der Apotheke 50 Packungen mit Heilmitteln zu ordern. Der Arzt ist überzeugt, dass die Pilze diese Plage verursacht haben.« Lediglich drei Wähler blieben von den Attacken verschont, nämlich Kardinal Mariano Rampolla, der seinen persönlichen Koch mitgebracht hatte, der Erzbischof von Wien, der sein Essen aus der Kantine der Schweizergarde bezog, und der Primas von Ungarn, der sich seine Diät von einer Ordensschwester zubereiten ließ.

Wenn wir gelegentlich in einem Restaurant ein Pilzgericht bestellen, werden wir uns künftighin nicht mehr verwundern, wenn der Wirt uns die Rechnung präsentiert, bevor wir es konsumieren. Was hingegen unsere Pilzpizza betrifft, gehen wir auf Nummer sicher und bereiten sie selber zu.

Pizza mit Pilzen

1 kleine Zwiebel	*Saft von 1 Zitrone*
2 EL Olivenöl	*Salz, Pfeffer*
500 g gemischte Pilze	*100 ml Sahne*
(Champignons, Eierschwämme,	*Thymian oder Muskatnuss*
Pfifferlinge...)	*1 Pizzateig (ca. 350 g)*
1 EL gehackte Petersilie	

Wenn Sie den Pizzateig nicht gebrauchsfertig kaufen, konsultieren Sie für die Zubereitung Ihr italienisches Kochbuch.
Die Zwiebel fein hacken und im Olivenöl andünsten. Die Pilze säubern, in Scheiben schneiden und zusammen mit der Petersilie und dem Zitronensaft dazugeben. Mit Salz und Pfeffer würzen. Dämpfen, bis die entstandene Flüssigkeit fast eingekocht ist. Die Masse auskühlen lassen und auf dem ausgewallten Pizzateig verteilen. Die Sahne darüber gießen, das Ganze mit etwas Thymian oder Muskatnuss bestreuen. Für rund 15 Minuten auf die unterste Rille des auf 220° erhitzten Backofens schieben.

Was übrigens das Konklave von 1903 betrifft, stellte sich später heraus, dass sich der Medikus mit seiner Diagnose vertan hatte. Nicht die Pilze, sondern ein Kupfertopf mit einem Fehler im Überzug hatte dazu geführt, dass die Nacht, bevor Kardinal Sarto zum Papst gewählt wurde, für die höchsten Exponenten der katholischen Kirche zum Trauma geriet.

Der Neugewählte nannte sich Pius X. Schon ganz am Anfang seines Pontifikats erließ er eine Bestimmung, welche *per omnia saecula saeculorum* verbot, in einer Konklaven-Küche Kupferbehälter zu verwenden.

Wie Klemens und Christine tafelten

Im Gegensatz zum heiligen Petrus, der sich möglicherweise (oder vorzugsweise?) von seiner Schwiegermutter bekochen ließ (denn nur von ihr, nicht aber von seiner Frau ist in den Evangelien die Rede), hielten seine Nachfolger ein paar Jahrhunderte später eine ganze Mannschaft auf Trab, um ihren Hunger zu stillen.

Aus einigen in den Vatikanischen Archiven verstaubenden Gehaltslisten geht zweifelsfrei hervor, dass die Päpste aus ihrer Schatulle nicht nur mehrere Sängerchöre und ganze Truppenverbände, sondern reihenweise auch Skribenten, Kopisten, Notare, Bibliothekare, Ablassverwalter und Kämmerer und natürlich auch ganze Heerscharen von Dienstboten zu bezahlen hatten – und dass sie auch für ihre Köche aufkommen mussten, wenn sie und ihr Hofstaat sich nicht mit schierer Rohkost begnügen wollten.

Dass es im pontifikalen Speisesaal ab und an ein bisschen gar zu aufwendig zuging, können wir den alten Annalen entnehmen. Allerdings war das nicht die Regel. Manche Päpste und Prälaten kamen vor allem deshalb in den Ruf der Völlerei, weil die Chronisten naturgemäß nur außergewöhnliche Bankette erwähnen, die bei besonderen Anlässen stattfanden.

Gut unterrichtet sind wir in dieser Hinsicht über ein Essen, zu dem Papst Klemens IX. am 9. Dezember 1668 die frühere Königin Christine von Schweden, die Tochter Gustav Adolfs II., einlud. Diese war zum Katholizismus übergetreten, was mit sich brachte, dass sie auf den Thron verzichten musste. Für den Papst war dies eine willkommene Gelegenheit, sie in sein Propagandaprogramm gegen die Protestanten einzuspannen. Aus diesem Grund kam die kapriziöse und gelegentlich exzentrische Exmonarchin schließlich zu der Ehre, vom Papst persönlich zur Tafel geladen zu werden. Der ungewöhnliche Umstand, dass eine Frau zusammen mit dem Oberhaupt der ganzen Christenheit speiste, erforderte natürlich besondere Maßnahmen. Zunächst einmal mussten zwei verschiedene Tische gedeckt werden – denn damals speiste der Papst allein an einer Tafel.

121

Papst Klemens IX., Gemälde von Carlo Maratti, 1669

Das eigentliche Schauspiel begann schon mit der Ankunft Christines. Wo immer diese Frau in Erscheinung trat, hatte sie ihren Auftritt. Schon als sie in Rom einzog, verschmähte sie die von Papst Alexander VII., dem Vorgänger Klemens' IX., entsandte Kutsche und schwang sich zur Verwunderung der Römer und zum Entsetzen der päpstlichen Abgesandten kurzerhand aufs Pferd. Begreiflich daher, dass der gesamte im Speisesaal versammelte Hofstaat dem Erscheinen der Exmonarchin entgegenfieberte. Wobei zu sagen ist, dass die Höflinge, wie damals üblich, dem offiziellen Essen im Stehen beiwohnten, sich also mit dem bloßen Augenschmaus begnügen mussten. Und der war keineswegs gering. So rühmt der Chronist den reichen Tafelschmuck aus Zuckerzeug, der mythologische Figuren und Szenen aus dem Leben Jesu darstellte; heidnische Motive und christliche Mysterien vertrugen sich gegen Ende der Renaissance durchaus noch miteinander. Die beiden Tische standen in gebührendem Abstand unter rotgoldenen Baldachinen. Während der Mahlzeit wurden immer wieder Trinksprüche ausgetauscht, bei denen sich die Königin jedes Mal erhob. Der Papst trank einen herzstärkenden Saft aus Walderdbeeren, Kirschen und Limonen; Christine nippte am Weinglas. Zwölf *Camerieri segreti straordinari*, also hochrangige Geheimkämmerer, davon zehn allein für die Exkönigin, trugen alles gleichzeitig auf, und zwar: Vier Fleischspeisen und eine große Auswahl an Desserts. Den Abschluss bildeten Konfekt und Früchte, die in Schalen aus gefärbtem Zucker serviert wurden. Die zwischen den beiden Tafelnden freundlich ausgetauschten Komplimente wurden von einem Mittelsmann an den jeweils anderen Tisch mündlich weitergeleitet.

Das Mahl endete mit einem kurzen Geplauder, zu dem man zwei Stühle für die beiden Persönlichkeiten zusammengerückt hatte. Dann verabschiedete sich der Papst. Anschließend entfernte sich auch Christine. Ob zufrieden, sagt der Chronist nicht.

Bei uns allerdings geht es weniger steif zu, während wir unser Schweinskotelett mit Mangosalat genießen.

Schweinskoteletts mit Mangosalat

2 Mangos	*1–2 EL Curry (je nach Schärfe)*
1 EL Honig	*Salz*
Koriander	*4 Schweinskoteletts*
Zitronensaft	*etwas Mehl*
100 ml Fleisch- oder Gemüsebrühe.	*Bratfett*
250 ml Kokosmilch	

Die Mangos schälen und in Scheiben und diese in Streifen schneiden (Alternative: Papayas. Oder Aprikosen- oder Pfirsichhälften und/oder Ananasscheiben aus der Dose). Etwas Honig im Wasserbad oder im Mikrowellenherd flüssig machen und mit Koriander und Zitronensaft zu einer Soße verrühren. Die Früchte in der Soße marinieren.
Die Fleisch- oder Gemüsebrühe erhitzen und die Kokosmilch beigeben. Reichlich Curry unterrühren und das Ganze eventuell mit etwas Salz abschmecken. Falls die Soße zu dünn ist, diese mit etwas Mehl oder Maizena binden.
Die Koteletts (Alternative: Kalbs- oder Schweinsschnitzel, Hühnerbrüstchen) mit wenig Mehl bestäuben und mit Salz bestreuen. Bratfett erhitzen und die Koteletts goldbraun braten. Zusammen mit der Curry-Kokos-Soße und den Früchten anrichten. Dazu servieren wir gekochte Glasnudeln oder einen Trockenreis. Was die Getränke angeht, halten wir uns diesmal nicht an den Papst, sondern an Christine von Schweden – passend wäre ein Amarone oder ein Primitivo.

Leider verrät uns der Chronist kaum Einzelheiten bezüglich des vatikanischen Gastrogipfels vom Dezember 1668. Andere Berichte sind in dieser Hinsicht um einiges ausführlicher. So etwa die vielleicht älteste deutsche Schilderung einer Menüfolge, welche im 10. Jahrhundert im Kloster St. Gallen für Aufsehen sorgte. Den Anlass zu diesem Gastmahl bildete ein Besuch, den die Herzogin Hadwiga dem Abt abstattete. Bei dieser Gelegenheit gab's dampfenden Hirsebrei, Hirschrücken, Bärenschinken, Biber, Fasane, Birkhuhn, Rebhühner, Turteltauben, sowie verschiedene Arten von Fischen. Dazu trank man Veltliner, außerdem einen besonderen Klosterwein. Zum Nachtisch wurden Pfirsiche, Melonen und Feigen gereicht. Auffallend an der ganzen Sache ist, dass nur Getreide (Hirse), aber kein Gemüse auf den Tisch kam; das Grünzeug galt damals als Armeleutekost. Auch Schweinefleisch wurde von den Höhergestellten verschmäht. Hoch im Kurs standen hingegen Wild und Fische.

Dass auch die einfachen Leute es sich gelegentlich gut gehen ließen, zeigt die folgende Geschichte. An einem Freitag (an dem früher das Fleischessen verboten war) trifft der Pfarrer im Wirtshaus auf einen Bauern, der sich eben anschickt, eine mächtige Schweinshaxe zu verzehren. »Dich wird einmal der Teufel holen, wenn du dich weiterhin so gegen das Fastengebot versündigst«, donnert der Pfarrer. »Keine Sorge, Hochwürden, der merkt nichts«, sagt darauf der Bauer. »Vorher hab i en Fisch gessen, und obendrauf ess ich en Käs. Egal, ob der Teufel von vorn oder von hinten nei-kummt – beide Mal sieht er nur Fastenspeise.«

Mit dem Papst zu Tisch

Papst Johannes XXIII. (1958–1963) liebte es nicht, allein zu speisen. Als er wieder einmal keine Gesellschaft hatte, bat er den Schweizergardisten, der vor der Tür Wache schob, zu Tisch. Und fragte ihn schon nach wenigen Minuten, warum er denn so zittere. Die Antwort war einleuchtend: »Heiliger Vater, essen Sie doch einmal mit einem Papst!«

Früher hielten die Päpste Hof. Erst gegen die Mitte des 19. Jahrhunderts wurde es üblich, dass sie allein speisten. Als Erster brach mit dieser Gepflogenheit Papst Pius X. (1903–1914). Er beharrte darauf, dass seine zwei ›Geheimen Kammerdiener‹ sich mit ihm an den Tisch setzten. Auf den Einwand des Zeremonienmeisters, dass ein derartiges Ansinnen gegen jedes Brauchtum verstoße, antwortete Pius X.: »Dann initiieren wir jetzt eben eine neue Tradition.« Benedikt XV. (1914–1922) lud gele-gentlich seine Cousine, die Contessa Persico, zum Essen. Pius XI. (1922–1939) ließ sich während der Mahlzeiten von einem Sekretär die Zeitung vorlesen. Der Mann musste solange stehen, bis der Papst ihm ein Zeichen gab, sich zu setzen. Noch unge-selliger gab sich Pius XII. (1939–1958). Einzig sein Kanarienvogel durfte ihm auf den Teller schauen.

Die Wende kam mit Johannes XXIII. (1958–1963), dem *Papa buono*, welcher fast regelmäßig Gäste hatte. Paul VI. (1963–1978) benützte die Einladungen zum Essen, um Kontakte zu knüpfen. Johannes Paul II. pflegte schon zur Morgenmesse und zum anschließenden Frühstück jeweils ein handverlesenes Grüpplein einzuladen. Auch mittags speiste er selten allein (was den Kurswert der Einladungen nicht gerade erhöhte). Sein Leibgericht, den polnischen Gänsebraten, verzehrte er auch schon mal in Gesellschaft von Stadtstreichern, mit denen er sich in der Obdachlosenkantine des Vatikans traf.

Benedikt XVI. gibt sich in Sachen Gastereien etwas zurückhaltender als sein Vor-gänger. Vatikankennern zufolge lässt er sich regelmäßig mit Schmankerln aus seiner bayrischen Heimat versorgen. Besonders freut er sich angeblich über die selbst geba-ckenen Plätzchen der bayrischen Pfarrhaushälterinnen sowie über die Schokolade eines Herstellers aus Aachen – da werden die helvetischen Schokoladefabrikanten

Das Bancket deß Pabsts Gregorii XIII. gehalten zu Ehren 20. Cardinälen und dreyen Königlichen Abgesandten.

Servieten. DIe Haubt-Tafel war in dem grösten Saal gesetzet/ beziert mit den künstlich zusammen gelegten Servieten/ darvon auch ein Castell mitten auf der Tafel gebauet/ und in selben ein Fahnen/ darinnen deß Königs in Hispanien Wappen zu sehen/ auffgestecket. Unter diesem Castell waren Bilder eines Ritter und etlicher Soldaten.

Geschencke. Erstlich wurden aufgetragen kalte Gerichte/ als Mandelmilch/ Salat/ Granaten/ ꝛc. und so offt man getruncken/ wurde einem jeden Gast ein andres Serviet oder Fatscheinlein gereichet/ welches mit wolriechenden Wasser gewaschen/ den Mund darmit zu trocknen/ und dieses geschahe gleichfals/ so vielmals man neue Trachten brachte.

Alle seltzame Speisen zu erzehlen ist nicht nöhtig/ sondern allein ist dieses zugedencken/ daß man 23. silberne verguldte Schalen/ so viel der Gäste waren/ auffgesetzet/ und einem jeden die/ so für ihm gestanden/ geschencket/ und sampt denen darinnen liegenden Confect mit nach Hause gegeben hat.

Bilder. Alldar waren zu sehen 5. Marcepane Bilder 2½ Spann hoch/ verguldet/ daß sie weissen Marmol gegleichet.

Gedräng wie es zu meiden. Die Mänge und das Gedränge welches bey dergleichen Gastereyen einzureissen pfleget/ wurde auf folgende Weise verhütet: Zween vornehme ansehliche Herren gangen in dem Saal herumb und schafften alle schlechte Gesellen/ so mit grossen Herren hinein gewischet/ in ein andres Zimmer/ in welchem man ihnen zu essen und zu trincken verschaffet/ und wurde keiner mehr eingelassen. Deßgleichen wurde auch für die Edlen und Rittersleute/ in einem Zimmer 4. lange Tafeln bereitet/ und also der Saal sonder Ungelegenheit von sehr vielen Leuten befreyet/ und an vier besagte Tafeln wurden fast alle vornehme Herren/ von denen darzu befehlten Marschalken gebeten und freundlichst genöhtiget. Von diesen Nebenzimmern konte man in den Hof gehen/ die Thüren aber in dem Saal waren verschlossen/ daß die/ so geessen/ hinweg/ aber nicht wieder zurucke gehen konten.

Bediente. Für die jenigen/ so zu Tisch gedienet/ wurde auch eine Tafel von den Ubergebliebenen bereitet/ nach dem die hohen HerrenGäste Urlaub genommen/ und hatten auch die Knechte und Kutscher ihren Antheil bey diesem Bancket/ jedoch alles absonderlich/ daß sie nicht Ursach hatten/ sich in den grossen Saal/ unter dem Schein ihrer Herren Dienste/ zu drängen.

Originaltext zu einem von Papst Gregor XIII. veranstalteten Bankett

wohl neidig werden. Beim Lieferanten dieser Leckereien handelt es sich um den Leiter eines Bankinstituts; aber wir wollen hier keine Werbung machen. Benedettos Leibspeise: Apfelstrudel.

Strudeltäschchen

4 große säuerliche Äpfel (z. B. Boskop)
wenig Butter
2–3 EL Rosinen
2 EL Zucker
1 EL gehackte kandierte Früchte oder
kandierte Ingwerstückchen

Zimt
Zitronensaft
2 EL Pinienkerne
4 Teigblätter für Frühlingsrollen oder
Strudelteig (fertig im Handel!)

Die Äpfel schälen, in kleine Würfel schneiden und in etwas Butter andünsten. Rosinen, Zucker und ein paar gehackte kandierte Früchte oder kandierte Ingwerstückchen dazugeben. Mit Zimt und Zitronensaft würzen. Pinienkerne in einer Teflonpfanne ohne Zugabe von Butter rösten, unter die Apfelmasse mischen und diese erkalten lassen. Die Teigblätter ca. 1 Minute zum Weichwerden zwischen zwei feuchte Küchentücher legen. Je 2 EL der Masse auf der Mitte eines Teigblattes verteilen. Die vier Ecken nach oben ziehen und die Teigblätter mit einem Baumwollbändchen verschließen. 10 Minuten in dem auf 200° erhitzten Backofen ausbacken. Dazu Zimteis servieren.

Der Weg zu Gott führt durch die Küche

Was tut eine Köchin, wenn der Braten angebrannt, wie reagiert ein Koch, wenn der Fisch ausgetrocknet ist? Vermutlich werden beide die Hände ringen. Und was tun sie, wenn sie den Fisch oder den Braten ins Rohr schieben? Wahrscheinlich schicken sie zuerst einen Blick und anschließend einen Stossseufzer in Richtung Himmel. Und zwar nicht irgendwohin in den Himmel, sondern dorthin, wo sie ihren Schutzpatron vermuten.

Als herausragender Schirmherr aller Garköche und Kochkünstlerinnen gilt seit einigen Jahren der heilige Cucino. Der hieß ursprünglich Domenico Pentola und

Ein Mönch verköstigt Pilger mit Brot und Wein

wurde im Jahr des Herrn 1411, am 14. Juli, am Festtag des Heiligen Camillus, als Sohn des Weinbauern Bruno und dessen Frau Prisca geboren. Wie in jenen Zeiten üblich, erlernte Domenico den Beruf seines Vaters, und von seiner Mutter lernte er kochen. Im jugendlichen Alter von 17 Jahren beschloss er, sein Leben ganz Gott zu weihen und bat im Klösterlein San Francesco bei Ponte Piave um Aufnahme. Als Fra Cucino (ein ›neuer‹ Mensch braucht einen neuen Namen) wirkte er dort vorzugsweise in der Küche und zwar so geschickt, dass es bald einmal in der ganzen Gegend hieß: »*Fra Cucino predica col cucchiaio* – Bruder Cucino predigt mit dem Kochlöffel.«

Sein Ruhm drang bis nach Rom, was wiederum bewirkte, dass Papst Famixtus ihn in den Vatikan berief. Dort gelang Fra Cucino das Kunststück, die ganze damalige Theologie mit ihren dunstigen Distinktionen und subtilen Spekulationen in einem einzigen Satz zusammenzufassen: »*Mangiare e bere tiene insieme corpo e anima* – Essen und Trinken hält Leib und Seele zusammen.« Nur ungern willfahrte der Papst dem Wunsch des inzwischen weltberühmten Fra Cucino, zu seinem Kräutergärtlein bei Ponte Piave zurückzukehren. Zusammen mit der Bewunderung für Fra Cucinos Kochkünste wuchs auch seine Verehrung für ihn. Am 26. September 1494, nachdem Fra Cucino dem Pater Guardian noch einmal dessen Leibgericht zubereitet hatte, verschied er und stellte sich dem Gericht Gottes. Seine letzten Worte waren: »*Vino buono – vita buona.*« Bereits ein Jahr nach seinem seligen Hinschied nahm Papst Setus, der Nachfolger von Papst Famixtus, den Prediger mit dem Kochlöffel in das Verzeichnis der Heiligen auf. Keine Kirche ist auf seinen Namen geweiht. Stürmische Bitten und heiße Stoßgebete erreichen ihn auch so aus den Küchen seiner Bewunderer und Verehrerinnen.

Ob Fra Cucino sich auch fernerhin so großer Wertschätzung als Fürsprecher erfreut, darf bezweifelt werden. Denn das Ende der ganzen Geschichte mutet recht prosaisch an. Inzwischen nämlich ist bekannt geworden, dass die Gestalt des sympathischen Fra Cucino am 31. Dezember 1972, anlässlich einer Silvesterparty, von einem Münchner Kunstprofessor namens Rudolf Seitz *erfunden* wurde.

Auf die Bewunderer und Verehrerinnen des italienischen Küchenheiligen wirkt diese Feststellung naturgemäß ernüch-

Geburt Jesu – mit kochendem Josef. Tafelmalerei um 1418. Im 15. Jahrhundert ist das Motiv des bei der Geburt Jesu kochenden Josef vor allem im Süddeutschen verbreitet. Damit setzten die Künstler ins Bild, dass Josef lediglich der Nährvater Jesu ist.

127

ternd. Umso ergötzlicher ist dafür die Nachgeschichte. Am 10. März 1994 wandte sich der Biograf des bloß erdachten Heiligen in einem Schreiben an die römische Kongregation für Selig- und Heiligsprechungen: »Eminenz, sehr verehrter Herr Kardinal! Ich stieß hier in Bayern auf einen Heiligen (?), der offensichtlich verehrt wird. Trotz redlicher Bemühungen konnte ich keine Unterlagen über ihn finden. Könnten Sie mir bitte mitteilen lassen, in welche Richtung ich meine Bemühungen lenken soll?« Die Antwort kam schon am 25. März, nicht etwa in lateinischer, sondern in englischer Sprache. Die Kongregation ließ lediglich wissen, dass es sich bei dem besagten Fra Cucino um einen ihr unbekannten Heiligen handle – und ermunterte den erzählfreudigen Professor, weitere diesbezügliche Nachforschungen anzustellen.

Was den humorvollen Fantasten dazu veranlasste, an der von ihm in die Welt gesetzten Legende weiterzustricken. So wusste er in der Folge zu berichten, dass es dem demütigen San Cucino entgegen aller von den Heiligen sonst geübten Gepflogenheit einmal sogar gelang, ein Wunder zu verhindern.

Bevor wir davon berichten, wollen wir uns aber erst einmal den wahren Küchenheiligen zuwenden. Die nämlich drängeln sich zwischen Herd und Esstisch allenthalben, besonders in unserem südlichen Nachbarland. Da gehören zum Josefstag am 19. März ganz unbedingt die Fritelle di San Giuseppe, ein Gebäck aus Mehl, Milch, Eiern und Zucker. Da feiert man am 5. Februar das Fest der heiligen Agatha mit einem Marzipangebäck, den Olivette di Sant'Agata. Da fiebern am 24. Juni, dem Gedenktag des heiligen Johannes des Täufers, Hunderte von Familien den Johannis-Schnecken entgegen, die mit Knoblauch und Tomatensoße zubereitet werden. Wenn man gar noch die Weine mit einbezieht, sitzt jenseits des Gotthardgebirges mindestens jeden dritten Tag irgendein Heiliger mit zu Tisch. So wird ein hervorragender Rotwein aus der Emilia Romagna nach Johannes dem Täufer Sangiovese benannt, ein trockener Rebensaft aus Apulien ist unter der frommen Bezeichnung San Severo im Handel, ein vollmundiger Chianti trägt den Namen Santa Cristina, ein Dessertwein aus der Toskana nennt sich Vin santo, und ein schwerer Tropfen von den Hängen des Vesuvs wird auf dem Flaschenetikett als Lacrima Christi, als ›Jesusträne‹, deklariert, was teutonische Theologiestudenten in Rom seit Menschengedenken dazu veranlasst, ein lateinisches Bonmot zu kolportieren: »*Cur, Christe, non lacrimasti etsi in Germania* – warum nur, o Jesus, hast du nicht auch in Deutschland geweint?« Das alles zeigt: Es führen viele Wege zu Gott. Einer davon geht zweifellos durch die Küche.

Tortelli di S. Giuseppe

Nicht nur in manchen Teilen Italiens, sondern auch im Tessin bäckt man am Fest des
heiligen Josef zu seinen Ehren leckere Küchlein, die *Tortelli di San Giuseppe*.

70 g Butter	*4 Eier*
1 EL Zucker	*3 EL Rum*
250 ml Wasser	*geriebene Schale von 1 Zitrone*
1 Messerspitze Salz	*Öl*
150 g Weißmehl	*Puderzucker*

Das Wasser zusammen mit der Butter, dem Salz und dem Zucker aufkochen. Das gesiebte
Mehl beigeben und sofort kräftig rühren, dass sich ein Teig bildet. Den Topf vom Herd
nehmen und die Eier einzeln mit dem Teig verarbeiten. Den Rum und die Zitronenschale
dazugeben und den Teig erkalten lassen. Mit zwei Esslöffeln Kugeln abstechen und diese
in heißem Öl frittieren. Die Küchlein vor dem Servieren mit Puderzucker bestreuen.

◦►

Was das von San Cucino boykottierte Wunder betrifft, verhielt es sich damit so: Der
fromme Klosterkoch hatte eben einen Topf voll Milch auf den heißen Herd gestellt
und seinen Gehilfen, den etwas einfältigen Fra Barolo, gebeten, darauf aufzupassen.
Anschließend begibt sich Cucino in den Kräutergarten, um etwas Rosmarin und
Basilikum und Thymian zu pflücken. Und schon hört er Fra Barolo aus dem Küchen-
fenster schreien: »Miracolo, miracolo! Die Milch wird immer mehr.« Fra Cucino
rennt in die Küche und nimmt den Topf vom Feuer. Wodurch er die wundersame
Milchvermehrung im allerletzten Augenblick verhindern kann.

Nothelfer am Herd

Der Legende zufolge war der heilige Goar bei Oberwesel am Rhein nicht nur ein
frommer Seelenhirt, sondern auch ein fröhlicher Schankwirt. Das hat ihm manchen
Ärger eingebracht. Für alle, die bei ihm anklopften, fand der gutmütige Einsiedler ein
tröstendes Wort. Wohl wissend, dass ein Seelentrost erst wirklich wirkt, wenn auch
der Leib zu seinem Recht kommt, ließ Goar es nicht bei erbaulichen Reden bewen-
den, sondern hielt für seine Gäste auch eine körperliche Stärkung bereit. Das muss
sich schnell herumgesprochen haben. Der steigende Zulauf jedenfalls bewirkte, dass
ein paar Neidlinge unter den Klerikern Übles über den gastfreundlichen Gottesmann

129

verbreiteten: Er sei ein Schwelger und Saufaus, der seine Eremitenzelle zur Zechstube umfunktioniert habe, wo er sich bei Bier und Wein mit gemeinem Lumpengesindel verbrüdern würde.

Goar lebte vermutlich in der Zeit vom 5. zum 6. Jahrhundert. Inzwischen haben die Gastwirte in ihm einen mächtigen Patron und Fürsprecher gefunden. Dargestellt wird er mit einem Topf in der Hand, gelegentlich aber auch mit drei Hirschkühen, mit deren Milch er erschöpfte Wanderer vor dem Verdursten bewahrte.

Derlei Beigaben haben die Funktion eines Personalausweises. Sie ermöglichen es, die einzelnen Gottesstreiter zu identifizieren. Wobei längst nicht alle Heiligenattribute – so der Fachausdruck – personenbezogen sind. So verweist der Palmzweig, den viele Heilige in ihrer Hand halten, auf das von ihnen erlittene Martyrium. Die römischen Blutzeugen Johannes und Paulus, die im 4. Jahrhundert hingerichtet wurden, tragen zudem noch einen Lorbeerkranz auf ihrem Helm, ein Gewächs, mit dem gelegentlich auch Dichter gekrönt wurden, das man aber besser zur Abrundung von Soßen verwendet.

Viele Heiligenattribute stehen mit der Küche oder mit dem Weinkeller in Verbindung – was aber meist auf die Legende und nicht auf die Historie zurückzuführen ist. Es gilt dies etwa für den heiligen Rochus, den meist ein Hund begleitet; denn ein solcher brachte ihm angeblich die tägliche Brotration in die abgelegene Hütte, in die sich der Pestkranke zurückgezogen hatte. Dass der heilige Ulrich von Augsburg mit einem Fisch dargestellt wird, hat ebenfalls einen gastronomischen Hintergrund. Als Ulrich an einem Donnerstagabend mit dem Bischof Konrad von Konstanz zu Tisch saß, vertieften sich die beiden die Nacht über ins Gespräch. Am Freitagmorgen überbrachte der Bote eines Herzogs, dem Ulrich Unrecht vorgehalten hatte, einen Brief. Als Botenlohn überreichte Ulrich dem Ankömmling ein beim Nachtessen übrig gebliebenes Gänsebein. Der Bote überbrachte dies dem Herzog, als Beweis, dass der Bischof am Freitag Fleisch esse. Als der Herzog das Gänsebein aus der Umhüllung nahm, hatte es sich in einen Fisch verwandelt.

Martin von Tours hingegen wird gelegentlich mit einer Gans dargestellt, weil er sich nach seiner Wahl zum Bischof in einem Gänsestall versteckt haben soll, um das hohe Amt nicht annehmen zu müssen. Allerdings sei er dann vom Geschnatter der Tiere verraten worden. Weshalb das Geflügel nun ausgerechnet an seinem Gedenktag, am 11. November, die Federn lassen muss. Auch Papst Urban I. sagt man nach, dass er nach seiner Wahl Verstecken spielte, und zwar in einem Weinberg. Was mit sich brachte, dass er nun mit einer Traube in der Hand durch die Kirchengeschichte wandert. Marta von Betanien wiederum lädt mit dem Kochlöffel zur Nachfolge Jesu ein, obwohl dieser sie für ihr emsiges Treiben am Herd tadelte und ihr erst noch ihre untätige Schwester Maria als Vorbild hinstellte. Laurentius wurde bei lebendigem Leib auf einem Rost gebraten, weshalb er, was nun doch recht makaber anmutet, prompt zum Patron der Köche und Grillmeister avancierte. Die drei Äpfel, welche der heilige Nikolaus von Myra auf seinem Gebetbüchel präsentiert, haben ihren Ursprung in einem Missverständnis. Alte Darstellungen zeigen den Heiligen mit einer Schriftrolle und drei goldenen Kugeln. Diese verweisen auf die Lehre von der Wesensgleichheit der drei göttlichen Personen, welche Nikolaus im Jahre 325 auf dem Konzil von Nikaia verteidigt haben soll (in Wirklichkeit jedoch war er damals längst tot). Im Lauf der Zeit geriet dieser Zusammenhang in Vergessenheit, was dazu führte, dass später aus den drei goldenen Kugeln drei Äpfel, gelegentlich auch drei Beutel voller Gold wurden.

Heiligenattribute sind längst nicht immer eindeutig. Der Granatapfel in der Hand des Johannes von Gott weist diesen nicht als Obstbauer aus, sondern erinnert an seinen Wirkungsort – die Frucht ist das Symbol der Stadt Granada, wo der Heilige am 8. März 1550 verstarb. Der heilige Rupert, bekannt als ›Apostel der Bayern‹, begnügt sich mit einem Salzfass. 696 kam er als Missionar nach Bayern. Herzog Theodor überließ ihm Besitz in Salzburg und schenkte ihm Salzpfannen in Reichenhall. Im Gegensatz zu Rupert, der offenbar Scharfes bevorzugt, steht der heilige Ambrosius eher auf Süßes. Sein Erkennungszeichen ist der Bienenkorb, was darauf zurückzuführen ist, dass seine *Sermones* der Mailänder Bevölkerung lieblicher schmeckten denn Honig. Ähnliches

Nikolaus von Myra, Gemälde von Lorenzo di Niccolò Gerini, 1410

wird auch von dem großen Prediger und Marienverehrer Bernhard von Clairvaux berichtet, der mit dem Titel *Doctor mellifluus*, honigfließender Lehrer, geehrt wird.

Nicht weniger süß, wenn auch auf einer anderen Ebene, schmeckt meine Festtagscreme, welche ich für ein Essen kreiert habe, das ich zu meinem 60. Geburtstag ausrichtete.

◄○►

Festtagscreme

500 g Mascarpone	*Saft von 1 Blutorange und 2 Limetten*
180 g Orangenjoghurt	*2–3 EL Zucker*
200 g Hüttenkäse oder Quark	*100 ml steif geschlagene Sahne*

Alle Zutaten außer der Sahne im Mixer pürieren. Die Masse 2–3 Stunden im Kühlschrank lagern. Vor dem Servieren die Sahne unterziehen. Das ist so einfach, wie es sich anhört. Aber das Ergebnis ist überwältigend.

◄○►

Weil es bei Tisch an Tranksame nicht fehlen soll, erinnern wir uns zum Schluss noch an den heiligen Abt Wigbert, einen Angelsachsen, der Bonifatius nach Deutschland folgte, in Hessen und Thüringen missionierte und um 737 im Kloster Fritzlar verstarb. Wigbert ist zuständig für die Bekämpfung der Reblaus und für das Gedeihen der Weingüter. Seine Attribute sind Traube und Kelch, weil er, als einst der Messwein fehlte, aus einer getrockneten Traube genügend Saft zu pressen vermochte. Eine Beere allerdings grub er ein; daraus wuchs dann in den nächsten Jahren ein riesiger Weinstock. Behauptet die Legende.

Der Krieger und der Bettelmann

Spätestens gegen Ende Oktober, wenn Rilke wieder einmal recht behält (»Wer jetzt kein Haus hat…«), und der Herbst schon fortgeschritten ist und an die bald einmal fällige Martinsgans erinnert, läuft selbst eingefleischten Atheisten das Wasser im Mund zusammen. Der Vogel kommt aber erst am 11. November auf den Tisch, zu Sanct Martini, wie aufrechte Christenmenschen zu sagen pflegen. Wenn an diesem Abend zu Ehren des heiligen Bischofs der Laternenumzug stattfindet (ein Brauch, der sich in vielen Gegenden, unter anderem im bayrischen Freising und in Kirchzarten im Breisgau erhalten hat), gehen auch jene Menschen auf die Straße, die mit der Kirche wenig am Hut haben.

Dargestellt wird der heilige Martin in der Regel als Soldat, hoch zu Ross, mit Helm und Schwert und Mantel und einem Bettelmann zu Füßen. Denn einem solchen soll er einst, als er noch ungetauft den Göttern opferte, vor dem Stadttor zu Amiens die Hälfte seines Mantels geschenkt haben. Aber weder die Soldaten noch die Caritashelfer, sondern ausgerechnet die Weinbauern haben ihn zum Patron erkoren.

In der Biografie des heiligen Martin sucht man vergeblich nach Anhaltspunkten für derlei nicht ganz unpoetisches Brauchtum. Geboren wird er um 316 in der römischen Provinz Pannonien. Mit 15 Jahren tritt er in Pavia in die römische Armee ein. In diese Zeit fällt auch die berühmte Begegnung mit dem Bettler. Mit 18 empfängt er die Taufe. Im Jahre 361 gründet er in der Nähe von Poitiers das erste Kloster im damaligen Gallien. Zehn Jahre später wird er auf den Willen des Volkes hin zum Bischof von Tours ernannt. Gegen Ende des vierten Jahrhunderts, vermutlich an einem 11. November, verstirbt er, hoch verehrt als Mönchsvater und Missionar.

132 Als eine der kostbarsten Reliquien wird von jeher der übrig gebliebene halbe Mantel, die *capa*, wie man damals sagte, aufbewahrt, und zwar in einer eigens dafür gebauten *Capella*, zu deren Betreuung man einen *Capellanus* bestellte. Wenn der heilige Martin seinerzeit seinen Mantel nicht zerschnitten hätte, gäbe es heute weder Kapellen noch Kapläne.

Da der Bischof von Tours auch als großer Wundertäter in Erscheinung trat, avancierte er schon kurz nach seinem Tod zu einem der beliebtesten Heiligen überhaupt. Aber nicht damit, sondern mit seinem Sterbedatum (an dem auch sein Fest gefeiert wird) hängt es zusammen, dass sich zu seinen Ehren allerlei Gebräuche entwickelten, die samt und sonders auf dem weiten Feld zwischen Frömmigkeit und Fröhlichkeit anzusiedeln sind.

In den ersten Jahrhunderten nämlich waren die Gläubigen gehalten, vor dem Epiphanie-fest ein vierzigtägiges Fasten zu beobachten. Diese vierzig Fasttage zählte man unter Aus-lassung der Sonnabende und der Sonntage von Epiphanie aus zurück und kam so dazu,

Martin als Bischof mit Stab und gebratener Gans am Spieß. Initiale H aus einem Evangelistar des 16. Jhs.

den Beginn der großen Fastenzeit auf den Tag nach Martini, also auf den 12. November, festzusetzen.

Das Martinsfest fiel demnach auf den letzten Tag vor einer langen Fastenzeit. Und diese wurde äußerst streng gehandhabt. Verwundert es da vielleicht, dass Christen, welche auf der steilen Stufenleiter der Askese kaum das untere Drittel geschafft hatten, sich noch schnell ein kleines Fettpölsterchen zulegen wollten, um die kommende Zeit möglichst schadlos zu überstehen?

Aber damit nicht genug! In früheren Jahrhunderten war die ganze Fastenzeit über auch die sogenannte Fastenruhe zu beachten. Das bedeutete, dass während dieser vierzig Tage nicht nur lärmige Festivitäten, sondern auch alle Rechtsgeschäfte unter-sagt waren. Von daher versteht es sich von selbst, dass der Martinstag zu einem wich-tigen Zinstermin wurde und dass an besagtem Datum auch der übliche Gesinde-wechsel stattfand. Die Herrschaften ihrerseits veranstalteten bei dieser Gelegenheit den letzten großen Jahrmarkt. Dass es dabei recht feuchtfröhlich zuging, liegt in der Natur der Sache; die Gänse hatten den Sommer über Fett angesetzt, der neue Wein hatte die richtige Gärung gerade erreicht. Damit ist endlich auch das Geheimnis gelüftet, wie der heilige Martin zur Gans und die Weinbauern zu ihrem Patron kamen. Tatsächlich fällt ja sein Festtag in etwa mit dem Datum zusammen, an wel-chem der *Beaujolais primeur* noch heute seine Hoch-Zeit hat. In Italien hingegen ist es Brauch, dass man sich am Abend des 11. November im vertrauten Kreis 133 zusammensetzt und vom *vino novello* kostet. Weil man sich dabei aber nicht auf eine Kostprobe beschränkt, gibt es dazu jede Menge geröstete Kastanien.

In Verbindung mit dem Gansessen am Martinstag sind im Lauf der Zeit allerlei Spiele entstanden, so etwa das ›Gans-Scheiben-Schießen‹, bei dem der Sieger eine

Martinsgans gewann. Eine besondere Volksbelustigung bildet mancherorts noch heute das ›Gansreißen‹ (in der Schweiz spricht man von der ›Gansabhauet‹). In dem kleinen am Sempachersee gelegenen Städtchen Sursee spannt man aus diesem Anlass einen Draht über den Rathausplatz, an dem eine abgestochene Gans mit den Füßen nach unten hängt. Ein mit einem roten Mantel bekleideter und mit einer pausbackigen Sonnenmaske und einem Säbel ausstaffierter Kandidat (mittlerweile sind auch Frauen willkommen) muss Kopf und Rumpf der Gans mit einem einzigen Hieb trennen. Wer's zuerst schafft, kriegt die Beute.

Vermutlich waren es Mönche, welche (beim Verzehr eines Gänsebratens?) die Mär in die Welt setzten, dass sich der schüchterne Martin nach seiner Wahl zum Bischof in einem Gänsestall versteckte und dann durch das Schnattern der aufgeregten Tiere verraten wurde ... Sicher ist, dass es sich dabei um eine Legende handelt.

Dass es beim Gansessen am Martinstag schon immer ein bisschen ausgelassen zuging, dokumentieren ein paar Verse aus einer Handschrift aus der Zeit um 1400, welche man damals wohl zum Auftakt des Gelages anstimmte:

Martin, lieber Herre, nun lass uns fröhlich sein,
heut zu deinen Ehren und durch den Willen dein.
Die Gäns' sollst du uns mehren, und auch den kühlen Wein
gesotten und gebraten, sie müssen all herein!

Während die Gänse am Martinstag aus sehr profanen Gründen ihre Federn lassen müssen, scheinen die Fackel- und Laternenumzüge am Abend des Festes in der kirchlichen Liturgie ihren Ursprung zu haben.

Ein handgeschriebenes aus dem 11. Jahrhundert stammendes Missale aus Monte Cassino jedenfalls sah für die Messe am Martinstag einen Evangelientext vor, in dem es unter anderem heißt: »Legt euren Gürtel nicht ab und lasst eure Lampen brennen« (Lukasevangelium, Kapitel 12, Vers 35). Vom Licht war auch in dem vom Konzil von Trient erneuerten *Römischen Brevier* in einer der Lesungen zum Martinsfest die Rede: »Dieses ist die Lampe, die angezündet wird, die Tugend unseres Geistes und Sinnes ...«

Wenn immer ein Heiligenfest ansteht, wollen wir uns davor hüten, das Geistliche und das Weltliche allzu sehr auseinanderzureißen oder gar gegeneinander auszuspielen. Dieser Ansicht scheint auch ein gewisser Melchior de Fabris gewesen zu sein, der gegen Ende des 16. Jahrhunderts eine Martinspredigt hielt, deren Titel uns heute vielleicht ein bisschen kurios erscheint: *Von der Martins Gans. Ein schöne nützliche Predig / darinnen zuo sehen ein feyne außlegung deß H. Evangelij leben: Unnd ein hailsame anmanung / wie und was gestalt wir S. Martins Gans essen / und unser leben in ein andern gang richten sollen / Gedruckt im Closter zuo Thierhaupten 1595.*

Kann man es dem Prediger verübeln, wenn er in seiner Betrachtung den Blick der Gläubigen auf das Evangelium lenkt, ohne dabei selber die Gans aus dem Auge zu verlieren?

Gänsebrust mit glasierten Kastanien

Für unser Martinsgansessen, wir sind ja ein kleiner Kreis, reicht eine Gänsebrust von etwa
900 g. Und die bereiten wir, natürlich nicht nur zu Sanct Martini, im Römertopf zu.
Den Römertopf während 15 Minuten in kaltes Wasser stellen. Inzwischen die Gänsebrust
waschen, gut mit Salz und Pfeffer einreiben und mit der Fettschicht nach oben in den Topf
legen. Diesen in den kalten Ofen schieben, die Temperatur auf 220° einstellen und nach
etwa einer Stunde den Deckel entfernen (und allenfalls etwas Fett abschöpfen). Die Brust
muß nun bei reduzierter Hitze noch rund 10 Minuten weitergaren, damit eine schöne
Kruste entsteht. Dann wird die Gänsebrust entbeint, in dünne Scheiben geschnitten und
auf der gleichen Schüssel angerichtet wie die Kastanien.
Weil der Ofen für die Gänsebrust benötigt wird (und der Römertopf immer in den kalten
Ofen gestellt werden muss, damit er nicht zerspringt), rösten wir die Kastanien am besten
schon am Vortag.

Glasierte Kastanien

Die Kastanien waschen, abtrocknen und mit einem scharfen Messer längs der Wölbung
einschneiden und anschließend auf einem Kuchenblech während etwa 40 Minuten in dem
auf 220° erhitzten Backofen rösten. Abkühlen lassen und schälen. Die Butter in einem Topf
erhitzen, den Zucker dazugeben und die Pfanne immer wieder ein wenig rütteln, bis der
Zucker hellbraun (karamellisiert) ist. Dann kommen die Kastanien hinein und werden gut
durchgemischt (glasiert) und mit etwas Zitronensaft beträufelt.
Zur Gänsebrust servieren wir außer den Kastanien etwas Rosenkohl oder Rotkraut,
außerdem Brokkoli mit Mandelsplittern und Spätzle.

Wie der fischende Bischof zum Jäger wurde

Die älteste Lebensbeschreibung des heiligen Hubertus wurde von einem seiner Schüler verfasst. Dieser weiß zu berichten, dass Hubertus um 655 geboren wurde; dass er
in Paris unter Theoderich III. das Amt eines Pfalzgrafen bekleidete und später am
Hof Pippins lebte; dass er in Südbrabant und in den Ardennen das Christentum verbreitete; dass er, wohl seit dem Jahre 703 oder 705, als Bischof von Tongern-Maast-
richt wirkte und am 30. Mai 727 in Tervueren bei Brüssel verstarb und seither als Heiliger verehrt wird.

Für die Jägerei allerdings hatte dieser fromme Mann und eifrige Missionar nie

Albrecht Dürer, hl. Hubertus/Eustachius, 1500–1502

etwas übrig, wenn man einmal davon absieht, dass er in seiner Jugend den »Eitelkeiten der Welt« nachjagte (wie sein Biograf berichtet). Und seine letzten Lebenstage verbrachte er nicht auf der Pirsch, sondern beim Fischfang.

Dass ausgerechnet die Jäger ihn zu ihrem Schutzherrn erkoren, beruht auf einer Reihe von Umständen, die mit dem Leben dieses Bischofs in keinem Zusammenhang stehen. Am 3. November 743, sechzehn Jahre nach Hubertus' Tod, wurden seine Gebeine exhumiert und in das später nach ihm benannte Ardennenkloster zu Andage übertragen, wo der Heilige früher als Glaubensbote gewirkt hatte. Dort suchte man schon um die Mitte des 10. Jahrhunderts Heilung vor Tollwut. Diese damals in den Ardennen bei den Wildtieren sehr verbreitete Krankheit wurde häufig auf die Jäger übertragen. Aufgrund dieser Tatsache entstand eine erste Beziehung zwischen dem heiligen Hubertus und den Weidmännern. Dazu kommt, dass die dortigen Jäger vor der Christianisierung die Erstlinge der Jagd der römischen Göttin Diana opferten. Im Zug seiner Missionierung hatte Hubertus diesen Brauch nicht bekämpft sondern verchristlicht; die zuerst erlegten Tiere wurden auf seine Anregung hin fortan nicht mehr der römischen Jagdgöttin sondern dem Apostel Petrus dargebracht. Dies ist ein weiterer Grund, weshalb die Waidmänner in den Ardennen ausgerechnet den Hobbyfischer Hubertus zu ihrem Schutzpatron erwählten.

Woher aber kommt es, dass Hubertus in der Regel mit einem Hirschen dargestellt wird, der ein Kreuz zwischen seinem Geweih trägt? Nachdem man dem fischenden Rentner erst einmal eine Jägermontur verpasst hatte, lag es nahe, auch seine Biografie etwas anzureichern. Kurzum, seitdem die Jäger Hubertus zu ihrem Liebling erkoren hatten, machten sie ihn schließlich selber zum Jäger! Ein späterer Biograf greift dieses Stichwort auf und verfällt seinerseits auf eine glänzende Idee; er fügt in die *Vita Huberti* einen Textbaustein ein, den er einer in den ersten Jahrhunderten stammenden Heiligenlegende entnimmt. Dort ist nachzulesen, dass ein Heide namens Eustachius sich an einem Karfreitag auf die Jagd begibt. Plötzlich taucht vor ihm ein Hirsch auf, in dessen Geweih ein Kreuz aufleuchtet, worauf Eustachius sich zum wahren Glauben bekehrt. Ein paar Jahrhunderte später überträgt man diese Legende auf Hubertus, ohne zu bedenken, dass so der Eindruck entstehen könnte, lieber als das ihm anvertraute Hirtenamt habe Hubertus das Waidmannshandwerk ausgeübt.

Rehgeschnetzeltes nach meiner Art

650 g Rehgeschnetzeltes　　　*Bratbutter*
einige zerstoßene Pfeffer- und　*Salz*
　Wacholderbeeren

Das Fleisch würzen und in einer Pfanne in der Bratbutter gut anbraten.
Warm stellen.

Soße

100 ml Wasser　　　　　*100 ml trockener Rotwein*
1 El Bratensoße　　　　*Salz, Pfeffer*
1 kleiner Brühwürfel　　*50 ml Cassislikör (oder Holundergelee)*
100 ml Sahne

Das Wasser erhitzen, die Bratensoße und den Brühwürfel darin verrühren, die heiße Sahne
und anschließend den Rotwein dazugießen. Mit Salz und Pfeffer abschmecken und den
Cassislikör unterrühren. Das Fleisch dazugeben und alles 10 Minuten auf leichter Flamme
köcheln.
Als Beilage reiche ich Kartoffelbrei, glasierte Kastanien (Rezept im vorhergehenden Kapitel)
und gedünstete Zwetschgen mit Preiselbeerkonfitüre.

Gedünstete Zwetschgen mit Preiselbeerkonfitüre

16–20 Zwetschgen　　　*2 EL Zucker*
250 ml starker Schwarztee　*Preiselbeerkonfitüre*
1 Nelke

Die Zwetschgen halbieren, entsteinen und in dem mit Nelke gewürzten und gesüßten
Schwarztee kurz erhitzen. Die Hälften mit Preiselbeerkonfitüre füllen.

Der Bußprediger als Ernährungsberater

Am 20. September 1575 hatte der heilige Karl Borromäus, seit fünfzehn Jahren Kardinal und Erzbischof von Mailand und gefürchtet wegen seines kompromisslosen Einsatzes für eine eiserne Kirchenzucht, wieder einmal seinen strengen Tag. Nachdem er in Bergamo ein Frauenkloster visitiert hatte, sah er sich zu etlichen Rügen veranlasst. Aus seinem abschließenden Bericht (publiziert im Jahre 1937 von Angelo Roncalli, dem späteren Papst Johannes XXIII.) geht hervor, dass er vor allem am Verhalten einer gewissen Schwester Valeria argen Anstoß nahm:

> Leider mussten Wir feststellen, dass besagte Schwester offenbar eine unglückselige Neigung zum Hamstern an den Tag legt. In der Tat hatte sie hinter ihrer Schlafstelle größere Mengen an Esswaren und andere Dinge versteckt. Ex nunc verfügen Wir daher, dass sie von ihrer Zelle in den gemeinschaftlichen Schlafsaal hinüberwechselt und dort verbleibt, bis der hochwürdigste Bischof etwas anderes verfügt. Item verfügen Wir außerdem, dass sie sich unter keinen Umständen in der Nähe der Klosterpforte aufhalten darf. Jeder Kontakt mit der Außenwelt ist ihr strengstens untersagt, und zwar für die nächsten drei Jahre, oder auch länger, falls es dem hochwürdigsten Bischof geboten erscheint. Item untersagen Wir ihr für die kommenden drei Jahre, die Küche zu betreten. Jede Missachtung dieses Verbots ist mit einer Kerkerstrafe von jeweils einer Woche zu ahnden. Außerdem ordnen Wir an, dass besagte Schwester während der ganzen folgenden Woche in Gegenwart der anderen Nonnen ihre Mahlzeiten kniend in der Mitte des Speisesaals einzunehmen hat. Nach Ablauf dieser Frist soll sie während eines Jahres jeweils am Freitag auf oben genannte Weise ihre Mahlzeiten zu sich nehmen.

Die Bußpredigt. Titelkupfer aus Abraham a Sancta Clara, Aller Freud und Frid / Frid und Freud ist Maria, Wien 1698

Angesichts derartiger ans Sadistische grenzende Disziplinarmaßnahmen erscheinen die etwas ungewöhnlichen Ratschläge, welche der heilige Alfons von Liguori den Gesponsen Jesu fast zweihundert Jahre später erteilte, von geradezu umwerfender

Hochherzigkeit. Im Jahre 1761 nämlich veröffentlichte der damals gerade 29-jährige Gründer der Redemptoristen (›Kongregation des allerheiligsten Erlösers‹), der später als Moraltheologe die Sittenlehre der katholischen Kirche nachhaltig beeinflusste, unter dem Titel *Die wahre Braut Christi* eine Art Sittenspiegel für Nonnen. Nicht nur von Gebet und Meditation und der Beherrschung der Sinne, ist dort die Rede, sondern – wen wundert's? – auch von der selbst in Frauenklöstern grassierenden Gaumenlust.

Setzten wir also alles daran, um uns von diesem viehischen Laster nicht besiegen zu lassen! Gewiss müssen wir uns ernähren, um unser Leben zu erhalten. Indessen weist schon der heilige Augustinus darauf hin, dass wir die Speisen wie eine Arznei behandeln sollen; er ermahnt uns, nur gerade so viel zu essen, als nötig ist. Wer seinen Leib mit Speisen beschwert, ist wie ein vollgeladenes Schiff, das nur mühsam vorankommt.

Die beste Abtötung besteht darin, sich jener Speisen zu enthalten, die einem schmecken, aber der Gesundheit schaden, wie etwa das Frühobst. Außerdem rate ich, das Jahr über auf einige Arten von Obst gänzlich zu verzichten, ein- oder zweimal während der Woche überhaupt kein Obst zu essen und die übrigen Tage sich die eine oder andere von den bei Tisch aufgetragenen Früchten zu versagen. Von leckeren Speisen möge man allenfalls ein wenig versuchen. Lobenswerter jedoch wäre es, sie zurückzuweisen unter dem Vorwand, dass sie einem nicht bekommen. Beherzigenswert ist auch der Rat des heiligen Bernhard, von seinem Lieblingsgericht nur wenig zu kosten. Das Verlangen zu trinken sowie den Wunsch, die vorgesetzte Mahlzeit sogleich zu verspeisen, soll man bezwingen. Insbesondere die jungen Klosterschwestern ermahne ich, auf Wein, Branntwein und Liköre zu verzichten.

Die hier genannten Entsagungen verleiten nicht zum Hochmut, noch schaden sie der Gesundheit. Überdies ist es nicht notwendig, sie alle gleichzeitig auf sich zu nehmen. Eine jede verzichte lediglich auf das, was die Mutter Oberin oder der Beichtvater für richtig finden. Schließlich ist es besser, häufig auf kleine Dinge zu verzichten, als bloß gelegentlich große Opfer zu bringen.

Angesichts dieser teilweise etwas wunderlichen Ansichten darf man nicht vergessen, dass der heilige Alfons von Liguori kein Ernährungswissenschaftler, sondern Bischof und Moraltheologe war. Außerdem handelt es sich nicht um Vorschriften, sondern lediglich um Ratschläge und Empfehlungen für Nonnen, welche obendrein noch ermahnt werden, in Sachen Speiseenthaltung nichts zu unternehmen, ohne sich vorher mit ihrer Oberin oder mit ihrem Beichtvater abgesprochen zu haben.

Dass man auch aus einfachen Zutaten sehr leckere Gerichte zubereiten kann, dokumentiert Sebastiana Papa in ihrem Buch *La nuova cucina dei monasteri* (Die *Nouvelle cuisine* der Monasterien), in welchem sie zahlreiche Rezepte veröffentlicht, die sie in italienischen Frauenkonventen gesammelt hat. Das folgende Menü mit dem keineswegs kalorienarmen Nachtisch ist aus den in diesem Buch enthaltenen Kochanleitungen aus Klosterküchen zusammengestellt.

139

Gefüllte Auberginen

nach Art des Klarissenklosters

Santa Chiara von Grottaglie (Taranto)

2 Auberginen	*1 Ei*
1 EL gehackte Kapern	*4 EL Tomatensoße (Rezept gleich*
50 g geriebener Parmesan	*anschließend!)*
4 EL Semmelbrösel	*Salz, Pfeffer*
1 Bund fein gehackte Petersilie	

Die Auberginen der Länge nach halbieren und während einiger Minuten in reichlich Wasser kochen und abkühlen lassen. Die Hälften mit einem Löffel etwas aushöhlen. Die herausgeschabte Masse mit den übrigen Zutaten außer der Tomatensoße vermischen und die Auberginen damit füllen. Diese mit Tomatensoße bestreichen, etwas Parmesan darüberstreuen und in einer ausgebutterten feuerfesten Form im Ofen backen.
Für die Schwester Köchin versteht es sich wohl von selbst, dass sie den Backofen auf etwa 220° erhitzt, bevor sie ihre Auberginen für ungefähr 20 Minuten ins Rohr schiebt.

Die schmecken übrigens sowohl warm wie kalt. Am besten jedoch munden sie uns lauwarm, weshalb wir auch keinerlei Hemmungen haben, in dieser Sache mit der Bibel einen kleinen Konflikt zu riskieren. Denn in Bezug auf unsere Auberginen gilt ganz und gar nicht, was der Seher in der Geheimen Offenbarung der Gemeinde von Laodikeia androht: »Du bist weder kalt noch heiß. Wärest du doch kalt oder heiß! Weil du aber lau bist, will ich dich aus meinem Munde ausspeien« (3. Kapitel, Verse 15–16).

Tomatensoße

3 EL kalt gepresstes Olivenöl	*2 kleine rote Chilischoten (Peperoncini)*
(extra vergine)	*1 TL getrocknete Rosmarinstäbchen*
1 große Zwiebel	*(oder ein Zweiglein frischer Rosmarin)*
1 Karotte	*½ TL getrockneter Oregano*
1 Stück Fenchel	*1 TL getrocknetes Basilikum*
2 Tassen sehr kräftige Gemüsebrühe	*(oder 1 kleine Handvoll frische, fein*
2 Dosen geschälte Tomaten	*gehackte Basilikumblätter)*
(zu je ca. 250 g Abtropfgewicht)	*etwas Maggiwürze*

2 EL Tomatenmarkkonzentrat
200 ml kräftiger trockener Rotwein
1 gestrichener TL Zucker

Salz, schwarzer Pfeffer
400 g Hackfleisch

Die Zwiebel, die Karotte und den Fenchel schneide ich in Stücke und hacke sie mit dem Wiegemesser sehr fein, gebe sie in einen Topf und dünste sie in etwas Olivenöl an. Dann lösche ich mit Rotwein ab und gieße die Fleischbrühe darüber. Nun füge ich die Tomaten und alle übrigen Zutaten (außer natürlich das Hackfleisch) hinzu und verrühre alles gut.

Das ganze Geheimnis einer schmackhaften Tomatensoße besteht aus drei Dingen: köcheln, köcheln und nochmals köcheln, und zwar immer schön auf kleiner Flamme, bis sich die Ingredienzen derart miteinander zu einer sämigen Soße verbinden, dass man die einzelnen Zutaten nicht mehr herausschmeckt. Den Deckel setze ich so lange nicht auf, bis genügend Flüssigkeit verdampft ist – und das dauert schon eine gute halbe Stunde. Auf gar keinen Fall darf man den Zucker vergessen, weil dieser dem Tomatenmark seinen bitteren Geschmack nimmt. Ungefähr jede halbe Stunde rühre ich meine Soße mit einer Kelle ein bisschen auf. Bei dieser Gelegenheit kontrolliere ich auch, ob die Würzmischung stimmt.

Nach ungefähr zweieinhalb Stunden brate ich das Hackfleisch in etwas Öl an und würze es mit Salz, Pfeffer. Dann füge ich etwas Rotwein hinzu, den ich verdampfen lasse. Und gebe das Fleisch gleich anschließend in die Soße.

Nach einer Gesamtkochzeit von etwa drei bis dreieinhalb Stunden fische ich das Rosmarinzweiglein und die kleinen scharfen Chilischoten aus der Soße.

Für unsere Auberginen sind die obigen Mengenangaben viel zu groß. Aber wenn wir uns schon so viel Mühe machen, lohnt es sich, mindestens das Dreifache der hier angegebenen Zutaten zu verwenden. Was wir heute nicht benötigen, füllen wir portionsweise ab und frieren es ein. Könnte ja sein, dass einmal unvorhergesehen Gäste aufkreuzen.

Natürlich kann man das Hackfleisch auch weglassen. So oder so passt diese Soße zu allen nur möglichen Gerichten, beispielsweise zu fast allen Nudelarten, Lasagne inklusive, zu Zucchini- und anderen Gratins, zu Fleischpflanzel und, natürlich, zu unseren Auberginen.

―◄◦►―

Thunfischwurst

wie sie im Karmeliterinnenkloster
San Giovanni in Noto (Syrakus)
zubereitet wird

2 kg Kartoffeln
500 g Thunfisch aus der Dose

5 Eier
Salz

Die Kartoffeln in Salzwasser kochen, schälen und passieren. Den Thunfisch sehr fein hacken und zusammen mit dem Kartoffelbrei und den Eiern zu einem Teig verarbeiten und zu einer dicken Wurst formen. Diese mit einem Tuch umwickeln, beide Enden zubinden und die Wurst etwa eine halbe Stunde in reichlich Salzwasser kochen. Herausnehmen, mit einem Gewicht beschweren und erkalten lassen. Die Wurst in Scheiben schneiden und mit einer Mayonnaise servieren. Dazu reichen die Karmelitinnen nicht etwa Mayonnaise, sondern eine Soße aus Olivenöl, Zitronensaft, gepresstem Knoblauch, Kapern und ein paar Tropfen Wasser.

Wir wollen den wackeren Nonnen nicht ins Handwerk pfuschen. Aber Weltleute (was nicht das Gleiche ist, wie Leute von Welt) finden es vielleicht nicht unstandesgemäß, wenn sie der Teigmasse noch eine Handvoll Kapern, gehacktes Basilikum und ein paar Sardellenfilets beifügen. Den Thunfisch und die Kartoffeln verarbeiten sie natürlich mit dem elektrischen Küchengerät, und statt des Tuches benutzen sie, falls vorhanden, einen jener Kunststoffbeutel, die man zum Backen und Kochen verwendet. Dabei werden sie nicht versäumen, die Wurst mit einer Nähnadel ein paar Mal einzustechen, bevor sie sie ins siedende Wasser legen. Der Traum vom feinen Klosteressen könnte sonst platzen.

Gebackene Zwiebeln

wiederum nach Art des Klarissenklosters
Santa Chiara von Grottaglie (Taranto)

8 Zwiebeln	**2 EL Olivenöl**
1 Tomate	**1 EL Semmelbrösel**
1 EL Kapern	**Salz, Pfeffer**

Die Zwiebeln schälen und zehn Minuten blanchieren. Dann von oben her mit einem scharfen Messer kreuzweise möglichst tief einschneiden ohne sie zu zerteilen. Die einzelnen Schichten vorsichtig etwas öffnen und Tomatenstückchen und Kapern dazwischenstecken. Mit Öl beträufeln, salzen, pfeffern, mit Semmelbröseln bestreuen und etwa 20 Minuten in dem auf 220° erhitzten Ofen backen.

Zabaglione

eine Spezialität der Benediktinerinnen
von San Marco in Offida (Ascoli)

6 Eigelb	**225 ml Marsala oder Malvasia**
60 g Zucker	

Zucker und Eigelb in einer Schüssel verrühren, Marsala oder Malvasia dazugeben und die Masse im knapp siedenden Wasserbad zu Schaum schlagen.

Im Vergleich zu dem, was die Nonnen in früheren Jahrhunderten auf dem Tisch und in ihren Tellern sahen, haben wir eine geradezu üppige Mahlzeit eingenommen. Tatsächlich stößt man in manchen Klosterchroniken auf Speisezettel, aus denen hervorgeht, dass die Ordensschwestern in kulinarischer Hinsicht keineswegs verwöhnt waren. Mitte September des Jahres 1601 beispielsweise galt im Kloster von Santa Chiara in Cremona folgender Wochenplan:

Sonntag. Mittags: Gemüsesuppe und vier Unzen Fleisch. Abends: Salat.
Montag. Mittags: Gemüsesuppe und ein Ei. Abends: Salat.
Dienstag. Mittags: Gemüsesuppe und eine Scheibe Wurst. Abends: Gemüsesuppe.
Mittwoch. Mittags: Brotsuppe mit Gemüse. Abends: Salat.
Donnerstag. Mittags: Gemüsesuppe mit Siedfleischeinlage, Abends: Gemüsesuppe.
Freitag. Mittags: Gemüsesuppe und drei Unzen Fisch. Abends: Fasten.
Samstag. Mittags: Gemüsesuppe und Omelett. Abends: Fasten.

Das von den Nonnen zubereitete Mittagessen liegt uns nicht auf dem Magen. Wohl aber stoßen uns die Maßnahmen eines Karl Borromäus und die Vorschläge eines Alfons von Liguori noch immer ein bisschen auf. Deshalb wird uns ein Verdauungsschnäpschen gut tun.

◄○►

Nusslikör
nach Art der Kamaldoleserinnen im Kloster San Giovanni Evangelista in Pratovecchio (Arezzo)

30 Walnüsse, in kleine Stücke zerhackt	**1 kg Zucker**
1500 ml Weingeist	**1 Zitrone, in Stücke geschnitten**
500 ml trockener Rotwein	**je 5 g Koriander, Anis und Zimt**

Sämtliche Zutaten gut miteinander vermischen, in ein gläsernes Gefäß abfüllen, dieses verschließen und für anderthalb Monate an einen sonnigen Ort stellen. Ab und zu schütteln. Den Nusslikör filtern, bevor er in kleine Flaschen gefüllt wird.

◄○►

Das Gedächtnis der Heiligen und das Andenken der Toten

Mit Allerheiligen und Allerseelen beginnt die stille Zeit des Jahres. Sinnigerweise wurden beide Feste, die ursprünglich nach Pfingsten gefeiert wurden, später in die dunkle Jahreszeit verlegt, in welcher die Menschen empfänglicher sind für die Gedanken an Tod und Vergänglichkeit.

Die beiden Gedenktage verdanken sich letztlich der Tatsache, dass die Kirche viel mehr Heilige verehrt, als das Jahr Tage zählt. Dieser chronische Platzmangel im Kalender führte zwangsläufig dazu, dass Aberhunderte von heroischen Jesusstreitern und beherzten Christusnachfolgerinnen im Lauf der Zeit zu liturgischen Trittbrettfahrern degradiert wurden. So erinnert sich die Kirche zwar alljährlich am 3. Februar des heiligen Blasius (4. Jahrhundert?), während der heilige Ansgar (801–865), dessen Fest auf den gleichen Tag fällt, in der Liturgie mit keiner leisen Silbe erwähnt wird – und das, obwohl die Existenz dieses ›Apostels des Nordens‹ (ganz im Gegensatz zu jener des heiligen Blasius) nicht bloß von der redseligen Legende behauptet, sondern von der nüchternen Historie bezeugt wird.

Dass sich nicht alle Heiligen auf die gleiche Weise durchzusetzen vermochten, hängt unter anderem damit zusammen, dass längst nicht alle, die eine ewige Heimstatt im Himmel bewohnen, auch einen festen Platz im Herzen der Gläubigen haben.

Um die weniger beachteten Vorbilder vor der Vergessenheit zu bewahren, und um auch ihnen etwas mehr Gerechtigkeit widerfahren zu lassen, verfiel man im vierten Jahrhundert auf den Gedanken, sämtliche Märtyrer und Blutzeuginnen am ersten Sonntag nach Pfingsten mit einem Fest zu ehren. Dieser Gedächtnistag der himmlischen Mauerblümchen gilt als Vorläufer unseres heutigen Allerheiligenfestes. Einen weiteren Meilenstein in der Entwicklung setzte Papst Bonifaz IV., als er am 13. Mai 610 das Pantheon in Rom in eine christliche Kirche umwandelte und diese der Jungfrau Maria und allen Märtyrern weihte. Wie der griechische Name sagt, handelte es sich bei diesem Bauwerk ursprünglich um einen Tempel, in dem das römische Volk alle Götter verehrte. Gut hundertfünfzig Jahre später gedachte man an dem fraglichen Tag nicht mehr nur der christlichen Blutzeuginnen und Märtyrer, sondern aller Heiligen überhaupt. Gegen Ende des 9. Jahrhunderts setzte sich in der westlichen Kirche der Brauch durch, dieses Allerheiligenfest am 1. November zu begehen.

144   Allerdings lenkt die Kirche bei diesem Anlass den Blick nicht ausschließlich auf jene Toten, die sie für ihr Tugendstreben mit einem amtlichen Gütesiegel in Form eines Heiligenscheins ausgezeichnet hat. Vielmehr erinnert sie sich gleichzeitig auch all jener Christen und Christinnen, die dieses Prädikat zwar verdient, aber nie erhalten haben. Tatsächlich heißt es in der Einleitung zum eucharistischen Hochgebet aus-

drücklich, dass das Gedenken an Allerheiligen »alle verstorbenen Brüder und Schwestern« einschließt, »die schon zur Vollendung gelangt sind«.

Von daher versteht es sich eigentlich von selbst, dass ein besonderer Gedenktag für alle Toten bereits im frühen Mittelalter unmittelbar auf das Allerheiligenfest folgte. Ein erstes eindeutiges Zeugnis dafür findet sich allerdings erst in den Schriften des Abtes Odilo von Cluny (994–1048), der den Klöstern seines Ordens vorschrieb, am Tag nach Allerheiligen durch Fasten, Almosen und Messfeiern aller verstorbenen Gläubigen zu gedenken, eine Sitte, die sich in der Folge rasch verbreitete.

Im Zusammenhang mit diesem Gedenktag hat sich im Lauf der Zeit allerlei Brauchtum entwickelt. Denn hier geht es ja nicht, wie an Allerheiligen, um die Verehrung einer zeitlich und räumlich entrückten mehr oder weniger anonymen Schar von Gottseligen, sondern um den eigenen Familien- und Bekanntenkreis, um Menschen also, denen man sich über den Tod hinaus verbunden fühlt.

Zum Allerheiligentag und zum Allerseelenfest gehört vielerorts noch immer der Kirchbesuch, das Schmücken der Gräber, das Anzünden von Totenlichtern ... Andere Gepflogenheiten, die ebenfalls im Schwang waren, wеiѕen weit über den Kirchenraum hinaus. So weiß der österreichische Volksschriftsteller Peter Rosegger zu berichten, dass früher in der Steiermark allgemein die Annahme verbreitet war, dass manche Tote um Allerheiligen und Allerseelen ›umgehen‹ und den Lebenden als Irrlichter oder Seelengeister erscheinen würden. Dieser Aberglaube führte schließlich dazu, dass man es an den besagten Festtagen sorgfältig vermied, eine Tür gewaltsam zuzuschlagen, aus Furcht, man könne eine Seele zerquetschen. An Messern, die auf dem Rücken oder an Rechen, die mit den Zinken nach oben lagen, konnten sich die Toten ritzen oder darüber stolpern. Auch durfte keine leere Pfanne über dem Herdfeuer stehen, damit sich nicht unversehens eine arme Seele hineinsetzte und verbrannte.

Andere, weniger ausgefallene Bräuche haben sich bis auf den heutigen Tag erhalten. Dazu gehören an manchen Orten die ›Seelenbrote‹ oder ›Allerheiligenstriezel‹, die am 1. November gebacken und an Allerseelen verzehrt werden. Möglicherweise geht diese Gepflogenheit auf die früher üblichen Totenopfer in Form von Brotspenden zurück. Abt Odilo von Cluny ermahnte die Begüterten, an Allerheiligen und Allerseelen Brot und Wein an die Armen auszuteilen, welche dann zum Dank für die Verstorbenen beten sollten. In Basel gab es im 14. Jahrhundert Stiftungen *pro panibus super sepulchro ipso ponendis et postea pauperibus erogandis*, will sagen für Brotspenden, die über den Gräbern deponiert und danach den Bedürftigen gereicht wurden. Die längsten Wurzeln dieser frommen Sitte reichen bis in die vorchristliche Zeit hinab, als man sich zum Totengedenken auf den Gräbern der Verstorbenen zu einer Mahl- **145** zeit versammelte, die allerdings nicht selten in ein wildes Gelage ausartete.

Vor solchen Auswüchsen blieben auch die Christenmenschen nicht gefeit, deren Wunsch nach Gemeinschaft mit den Toten nur allzu häufig vom Bedürfnis nach Geselligkeit verdrängt wurde.

Die heute mancherorts noch üblichen ›Seelenbrote‹ unterscheiden sich von Gegend zu Gegend. In einigen Regionen handelt es sich um Gebilde aus geflochtenem Teig. Anderorts isst man zu Allerseelen nicht Zopf– sondern Stuckgebäck, das leicht zu brechen ist. In der Oberpfalz wiederum kennt man ›Totenbrote‹; der etwas makabere Name leitet sich ab von ihrer Form, die an menschliche Knochen erinnert. Es mag dies eine ausdrucksstarke Weise sein, das gottesdienstliche *Memento mori* über dem heimischen Mahl nicht allzu schnell zu vergessen.

◄◇►

Allerheiligenstriezel

Die präsentieren sich je nach Gegend sehr unterschiedlich. Das folgende Rezept stammt aus Kärnten.

500 g glattes Mehl	*1 EL Rum*
1 Päckchen (7 g) Trockenhefe	*500 g Rosinen*
90 g Butter	*1 geriebene Zitronenschale*
90 g Kristallzucker	*1 Ei zum Bestreichen*
1 Ei	*20 g grobkörniger Zucker*
1 TL Salz	

Das Mehl mit der Trockenhefe vermischen und eine kleine Mulde formen. Die weiche Butter und alle übrigen Zutaten (außer dem Ei und dem grobkörnigen Zucker) in die Mulde geben und zu einem Teig verarbeiten. Den Teig bei Raumtemperatur eine Stunde zugedeckt aufgehen lassen. Anschließend erneut durchkneten, in neun Teile teilen und jeden zu einem langen Strang ausrollen. Aus vier Strängen einen lockeren Zopf flechten, diesen mit Ei bestreichen und auf ein bebuttertes und bemehltes Backblech legen. Aus drei weiteren Strängen einen Zopf flechten, auf den ersten Zopf auflegen und mit Ei bestreichen. Zuletzt aus den restlichen zwei Strängen einen Zopf flechten, diesen auf den zweiten Zopf legen, mit Ei bestreichen und mit dem grobkörnigen Zucker bestreuen. Eine Viertelstunde gehen lassen und bei 190° eine halbe Stunde backen.

◄◇►

146   In Teufels Küche

Manchmal ergeht es mir ähnlich wie Aleksej in Dostojewskis Roman *Der Spieler*. Wenn der von ferne ein Casino sieht, ist es bereits um ihn geschehen. Nur sind es bei mir nicht die Spielhöllen, sondern die Buchantiquariate, welche mich auf geradezu magische Weise anziehen. Dort beginne ich dann in den Beständen zu schmökern, in der Hoffnung, irgendwann doch noch ein zweihundertjähriges Kochbuch zu ergattern. Neulich allerdings war es eine Predigtsammlung aus dem Jahre 1846, die meine Aufmerksamkeit erregte. Als Verfasser zeichnet ein gewisser Carl Gottfried Schatter, »Pfarrern zu Neunhofen und Adjuncten der Schulaufsicht in der Diöces Neustadt a. d. Orla.« *Orla??* Nie gehört – da muss ich mich erst mal informieren. Der Buchtitel indessen klingt ver-

Hieronymus Bosch, Die Völlerei (Ausschnitt aus Die sieben Todsünden), um 1480

heißungsvoll: *Predigten für den christlichen Landmann auf alle zwei und fünfzig Wochen des Jahres.* Zuerst, ich geb's ja zu, sehe ich im Inhaltsverzeichnis nach, ob der Pfarrer Schatter seinerzeit auch gegen Gaumenlust und Völlerei angepredigt hat oder ob er die Tafelfreuden möglicherweise gar nicht geißelte sondern vielmehr glorifizierte. Und welche Strafen er seiner frommen Zuhörerschaft für Schwelgerei und Trunksucht in Aussicht stellte. Schließlich erinnert schon Paulus im 5. Kapitel seines Galaterbriefs daran, dass Fressern und Säufern der Zutritt zum Reich Gottes verwehrt bleibt.

Solche Warnung oder Mahnung hat sich auch auf die bildende Kunst ausgewirkt. Pieter Brueghel der Ältere (um 1530–1569) beispielsweise reihte die *gula*, die Trunk- und Fresssucht, in einer seiner Radierungen unter die verdammenswerten Laster ein. Schon lange vor ihm hatte Hieronymus Bosch (ca. 1450–1516) auf seinem 1504 gemalten *Jüngsten Gericht* auf grauenerregende Weise vorgeführt, was die Genussspechte und Naschkatzen im Jenseits erwartet. Diese Darstellungen allerdings scheinen eher von der landläufigen Verkündigung als von der Bibel beeinflusst zu sein. Möglicherweise standen dabei auch diesbezügliche seit dem Hochmittelalter verbreitete Visionen Pate.

Eine solche soll angeblich auch Adam von Kendall zuteilgeworden sein, welcher von 1212 bis 1223 dem schottischen Zisterzienserkloster von Holme Cultram als Abt vorstand. Da er Gelder seines Konvents dazu verwendete, um sich mittels Bestechung den Weg zum Bischofsamt zu ebnen, setzte man ihn ab und zwang ihn, das Leben eines Büßers zu führen. Irgendwann dann sah sich der entthronte Abt im Geist ins Jenseits versetzt, wo ihn ein Begleiter erwartete.

147

Mein Begleiter führte mich in ein großes Haus, das überall wie in einem Refektorium zubereitete Tische aufwies, reinlichst mit besten Speisen angefüllt. Von diesen allen verbreitete sich ein sehr süßer Duft und erfüllte meine Nase derart, dass mir schon vom bloßen Wohlgeruch solcher Süße erschien, ohne weiteres Kosten in Ewigkeit leben zu können. Davon auf wunderbare Weise erfreut, fragte ich ihn, was für ein Haus dies sei und zu wessen Gebrauch so herrlich ausgestattet. »Das Haus ist das Refektorium der Klosterleute und der armen Konversen, die das Joch innerer Disziplin und äußeren Gehorsams geduldig und beständig trugen; sie empfangen täglich unschätzbare Tröstungen an solchem Ort.« Und als ich ein wenig verweilen und mich an so großer Süße ergötzen wollte, erlaubte es mein Führer nicht und sagte, dass ich keinen Anteil an jenem Haus hätte. Und er führte mich sogleich in ein anderes, sehr großes und stinkendes Haus, und ich sah die Tische allenthalben mit schmutzigen Gerichten dichtest vollgestopft; die Gerichte waren nämlich vom Fleisch schrecklich stinkender Kadaver, sodass ich es, obwohl die Nase zuhaltend, nicht ertragen konnte. Als ich meinen Führer fragte, was das für ein Haus sei, antwortete er und sagte: »Dies ist das Refektorium der Kellermeister, nämlich für ihn und seine Genossen vorbereitet. Da sie unter Missachtung der Armut ihrer Brüder und des Klosterlebens, der Völlerei und Zecherei ergeben, das Laster der Eigenliebe unter dem Vorwand nötiger Geschäfte und allgemeinen Nutzens bemäntelten, deswegen, damit die Strafe der Schuld entspreche, werden sie in täglichen Peinen gezwungen, sich Tag für Tag an solchen Speisen vollzufressen. Aber komm weiter«, sagte er, »und ich werde dir zeigen, was übrig ist.« Und wir betraten ein drittes, sehr weites, aber in der Art einer Krypta oder eines Kellers unter der Erde liegendes Haus. Und er sagte zu mir: »Was immer du siehst, betrachte genau und behalte alles gut im Gedächtnis!« Und hinschauend sah ich unter dem Gewölbe des Hauses Speckseiten dicht nebeneinander herabhängen. Sie waren aber alle mit schauderbarem und schwefeligem Feuer in Brand gesetzt, so sehr, dass ihr Fett in heftigem Fluss nach unten ablief. Unter den Speckseiten gab es aber in die Erde gehöhlte Gruben nach Maß und Umfang des menschlichen Körpers. Und in diesen Gruben lagen rücklings Menschen, und alle verschlangen mit offenem Mund und gierigen Kehlen mit widerlicher Gier das schwefelige Fett, das schnell herabfloss. Und da ich mit großem Erstaunen und Schrecken fragte, was das für ein Haus sei, antwortete er, dass dieser Raum den Äbten bereitet sei, die gerne für sich in Stuben wohnten, deren Lieblingsbeschäftigung es war, fett zu essen und viel zu trinken.

Und weiter berichtet der Chronist:

Nachdem Adam von Kendall diese Vision erzählt hatte, schnappte er über. Die Mönche legten ihn in Ketten, aber er entkam ihnen, stürzte in die Kirche, umklammerte den Priester, der dort gerade eine Messe las, und verstarb unter schrecklichem Geschrei.

Man braucht nicht viel von Literaturkritik zu verstehen, um aus diesem Text eine klösterlich moralische Zweckbestimmung herauszuhören. Jahrhundertelang schöpften die Prediger – meist erfolglos – aus solch trüben Quellen, um die Leute das Beten zu lehren. Wir indessen lassen uns den Appetit nicht verderben – zumal wir es ja gewohnt sind, Maß zu halten. Und zwar entscheiden wir uns, ob's dem Chronisten nun passt oder nicht, für Seeteufel. Wer keinen Fisch mag, kriegt ein *Pollo alla diavola*, ein Hühnchen nach Teufelsart.

<o>

Seeteufelmedaillons mit kalter Joghurtsoße

700 g Seeteufelfilet (baudroie), entgrätet   *2 EL gehackte Petersilie*
1 Zitrone (Saft)   *2 EL Mehl*
½ TL Salz, Pfeffer   *2 EL Butter*

Das Filet in 8 Scheiben schneiden. Die Scheiben mit Zitronensaft beträufeln und etwas flachdrücken, in der Salz-Pfeffer-Petersilienmischung und anschließend im Mehl wenden. Die Butter in einer Bratpfanne erhitzen, die Medaillons auf beiden Seiten je etwa 2–3 Minuten braten, bei reduzierter Hitze etwa 4 Minuten durchziehen lassen und warm stellen.
Dazu gibt's Trockenreis oder Salzkartoffeln und Saisongemüse. Und eine kalte Joghurtsoße.

<o>

Joghurtsoße

3 EL Joghurt   *1 Prise Salz*
2 EL Mayonnaise   *einige Spritzer Maggiwürze*
1 TL Senf   *1 EL Essig*

Alle Zutaten zu einer glatten Soße verrühren. Fertig! Diese Soße eignet sich auch für Chicorée- und andere Salate und passt zu kaltem Tafelspitz (Siedfleisch) oder zu Pellkartoffeln.

<o>

Pollo alla diavola (Huhn nach Teufelsart)

1 kochfertiges Huhn   *Salz, schwarzer Pfeffer*
1 EL Olivenöl   *1 Zitrone (Saft)*
30 g Butter

Auch kochfertige Hühner haben meist noch Flaum und Federreste. Diese werden weggebrannt, indem man das Huhn über einer Flamme dreht. Dann wird es gewaschen und mit Küchenpapier getrocknet. Das Huhn nun an beiden Enden noch soweit aufschneiden, dass man die Hälften vom Bauch her wie zwei nebeneinanderliegende Buchseiten aufklappen und zwischen zwei Holzbrettchen (wie man sie zum Gemüserüsten braucht) flach drücken kann. Falls unsere Kraft dazu nicht ausreicht, bitten wir den Metzger, diese Arbeit zu besorgen. Etwas Öl in eine Bratpfanne geben und die Butter in Flocken darauf verteilen. Das aufgeklappte und gepresste Huhn mit der Haut nach unten hineinlegen und mit einem Gewicht (einem schweren Deckel oder einer kleinen gusseisernen Pfanne) beschweren, damit es gut auf den Pfannenboden gepresst wird. Die Garzeit beträgt bei mittlerer Hitze etwa 40 Minuten. Alle 10 Minuten wird das Huhn gewendet, die beiden ersten Male mit Salz und Pfeffer bestreut und mit Zitronensaft beträufelt.

In gewissen Gegenden Italiens nennt man das Huhn nach Teufelsart auch *pollo al mattone*, weil in früheren Zeiten zum Beschweren ein Back- oder Ziegelstein verwendet wurde. Ich selber benütze noch immer diese Methode, wobei ich den Backstein vorher in Alufolie einwickle.

—◆◇▶—

Die Predigtsammlung von Carl Gottfried Schatter habe ich nach einigem Zögern schließlich doch noch gekauft, obwohl ich sie mir eigentlich nicht leisten konnte. In dem 604-seitigen Schmöker habe ich zu meiner Enttäuschung keine Donnerworte gegen die Gaumenlust gefunden. Dafür weiß ich jetzt, dass die Orla ein 35 Kilometer langer Fluss in Ostthüringen ist, der östlich der Stadt Triptis entspringt und bei Orlamünde in die Saale fließt.

Wie die Küche auf die Kanzel kam

Der Augustiner-Barfüßer und kaiserliche Hofprediger Abraham a Sancta Clara, ein Wortschöpfer und Sprachspieler, unter dessen Kanzel sich im Wien des 17. Jahrhunderts alles versammelte, was Rang und Namen oder auch nur Augen und Ohren hatte – Aristokraten und Adelige, Handwerker und Händler, biedere Bürger und barfüßiges Bettelvolk –, Abraham a Sancta Clara also weiß in einer seiner Predigten zu berichten, warum der Mensch nun einmal neigt zu Völlerei und Zechgelagen: *Vor dem Sünd-Fluß (Sündenfall) haben die Menschen vor ihr tägliche Nahrung nichts anderes genossen / dann Kräuter und Früchten / nachmals aber / weil der Erd-Boden durch den Sündfluß ein merckliches geschwächt worden / und die menschliche Natur in grössere Unkräften gerathen / hat GOTT das Fleisch-Essen erlaubt; es ist aber der Teuffel bald in die*

Kuchel kommen / und bey dem Anrichten sich eingefunden / worvon dann der übermässige Fraß entstanden / aus welchem alles Ubel in der Welt herrühret.

Mit unserer Gründonnerstagssuppe hoffen wir, dem »Ubel in der Welt« wenigstens ein bisschen gegenzusteuern.

◄◇►

Gründonnerstagssuppe

In einigen ländlichen Gegenden der Schweiz kommt diese Suppe noch immer alljährlich am Gründonnerstag auf den Tisch. Sie enthält sieben grüne Gemüse, weshalb sie gelegentlich auch als ›Sieben-Grün-Suppe‹ bezeichnet wird. Mit dem Gründonnerstag allerdings hat das nichts zu tun. Dieser Begriff geht nämlich auf das Zeitwort *greinen* (weinen) zurück, was sich in diesem Fall auf die Wehklage angesichts der Gefangennahme Jesu am Ölberg bezieht.

2 Stängel Lauch	*2–3 Scheiben Brot*
1 Handvoll Mangold	*2 EL Butter*
1 Handvoll Spinat	*1 EL Mehl*
1 Handvoll Salatblätter	*1 Knoblauchzehe*
1 Büschel Sauerampfer	*1 Zwiebel*
1 Büschelchen Bärlauch	*Salz, Pfeffer, Muskat*
1–2 EL gehackte Petersilie	*1 Eigelb*
1 l Gemüsebrühe	*etwas Sahne*

Den Lauch grob schneiden und in der Gemüsebrühe kochen. Das Brot in Würfel schneiden und in einem Suppentopf in wenig Butter rösten. Beiseite stellen. Nun das Mehl in etwas Butter leicht bräunen und die Gemüsebrühe unter Rühren dazugießen. Aufkochen. Mangold, Spinat, Salatblätter, Sauerampfer, Bärlauch in feine Streifen schneiden, den Knoblauch und die Zwiebel fein hacken und alles zusammen mit dem Schnittlauch in die Suppe geben. Mit den Gewürzen abschmecken. Das Ei mit der Sahne schaumig schlagen und unter Rühren in den Topf schütten. Vor dem Servieren die gerösteten Brotwürfelchen über die Suppe streuen.

◄◇►

Ein anderer berühmter Prediger wiederum behauptet, dass ausgerechnet der Teufel einen Menschen vor dem von Abraham a Sancta Clara gegeißelten »Ubel«, nämlich vor Gaumenlust und nachfolgendem Sündenfall behütet habe. Die Rede ist von Caesarius von Heisterbach, der dem dortigen Zisterzienserkloster als Prior vorstand und zwischen 1219 und 1223 unter dem Titel *Dialogus miraculorum* eine Sammlung von kuriosen Wundergeschichten verfasste.

In diesen Erzählungen werden den hinterhältigen und arglistigen Dämonen auch ungefährliche und zuweilen gar gutartige Teufel zugesellt, welche die Menschen davor bewahren, auf dem Weg der Tugend auszugleiten und abzurutschen auf die breite Strasse des Lasters. Manche dieser gutmütigen Teufel finden angeblich Vergnügen daran, vor allem armen und geplagten Leuten allerlei kleine Wohltaten zu erweisen. So wird berichtet, dass einer von ihnen den Weinberg eines armen Schluckers vor Traubendieben schützte. Offenbar aber befinden sich unter der Schar der gutartigen Teufel doch ein paar Rotznasen; da gibt es nämlich welche, die sich einen Spaß daraus machen, nächtens in den Kirchen Karten zu spielen und die Bänke zu verschieben.

Unter den zahlreichen von Caesarius überlieferten *exempla* – die Literaturwissenschaft spricht in dieser Hinsicht von *Predigtmärlein* – findet sich auch die Geschichte von einem Teufel, welcher verhinderte, dass ein Besessener an einem Diebstahl mitschuldig wurde.

Ein reicher Mann beschloss, für die Armen aus der Umgegend ein Essen auszurichten. Unter den Geladenen befand sich auch ein Besessener. Während alle übrigen Armen sich sättigten, gelang es dem Besessenen nicht, auch nur einen einzigen Fleischbissen zum Mund zu führen. Als die übrigen Anwesenden dies bemerkten, sagten sie zum Teufel, der den Unglücklichen in seine Gewalt gebracht hatte: »Warum erlaubst du diesem Menschen nicht zu essen?« »Weil ich nicht will, dass er in Sünde fällt«, *antwortete der Teufel,* »denn das Mahl, an dem ihr euch hier gütlich tut, stammt von einem Diebstahl.« »Das lügst du, denn unser Wohltäter ist ein frommer und gottesfürchtiger Mensch.« «Nie und nimmer mach ich mich der Lüge schuldig«, *erwiderte darauf der böse Geist,* »denn das Kalb, das ihr verspeist, ist die Nachfahrin einer Kuh, die vor fünf Generationen gestohlen wurde.« Über diesen Worten brachen alle Anwesenden in Staunen aus.*

<hr />

Kalbsschnitzel an Marsalasoße

Wir können jetzt nur hoffen, dass mit unserem Kalbsschnitzel alles seine Richtigkeit hat.

Vier mittelgroße Schnitzel salzen, pfeffern, in Mehl wenden, in Fett beidseitig braten und warm stellen. Den Fond mit 150 ml trockenem Marsala ablöschen. Das Sößlein etwas einkochen und mit Salz und Pfeffer abschmecken. Zum Binden allenfalls einen Würfel eiskalte Butter unterrühren.

Polentaschnitten

Dazu gibt's diesmal weder Nudeln noch Kartoffelbrei, sondern kross gebratene Polentaschnitten.

250–300 g Mais wie auf der Packung angegeben zubereiten; er soll aber recht dickflüssig sein. Die Masse etwa 1,5 cm hoch auf eine flache Platte streichen. Nachdem sie erkaltet ist, Rechtecke in der Größe von Skatkarten schneiden, diese in einer Mischung aus Ei und etwas geriebenem Greyerzer wenden und in der Bratpfanne in heißem Fett ausbacken.

Lauchgemüse

600 g Lauchstangen der Länge nach halbieren und anschließend in 2 cm lange Stücke schneiden. Dieses Gemüse ruinieren wir nicht mit der berüchtigten weißen Pampe, sondern dünsten es während etwa 15–20 Minuten in etwas Gemüsebrühe und wenig trockenem Weißwein. Mit Muskat oder Ingwer würzen.

Zu den großen Kanzelrednern, für die jedes Gotteshaus zu klein und sämtliche Kirchenbänke zu kurz waren, gehörte auch Johannes Geiler von Kaysersberg. Wenn immer der in Straßburg auf die Kanzel stieg, hatte man den Eindruck, es finde ein Volksauflauf statt; so zahlreich strömten die Gläubigen zum Münster. Wenn der wortgewandte Gottesmann zu seinem Sermon ansetzte, setzte das Schnäuzen und Hüsteln im Kirchenschiff schlagartig aus.

Die Welt – oder besser die Stadt Schaffhausen, denn dies ist sein Geburtsort – erblickte das Licht dieses begnadeten Redekünstlers im Jahre 1445. Bereits mit zwanzig Jahren lehrt Johannes Geiler als Magister an der Universität Freiburg Philosophie. 1471 begibt er sich nach Basel, um sich dort der Gotteswissenschaft zu widmen. 1476 wird er zum *doctor theologiae* promoviert. 1478 erreicht den Mittdreißiger ein Ruf nach Straßburg, wo er fortan als Münsterprediger vor einer hingerissenen Zuhörerschaft das Wort Gottes verkündet, und zwar in einer Sprache, die aufhorchen lässt, weil darin kein Platz ist für fromme Floskeln und vertraute Phrasen. Kein Wunder also, dass sich die Bürgerschaft im Jahre 1486 entschließt, für Johannes Geiler eine neue Kanzel zu errichten, auf welcher er bis zu seinem Tod im Jahre 1510 das Evangelium auslegt.

Die Sermone dieses bedeutendsten Volkspredigers des ausgehenden Mittelalters 153 sind voller Witz und Wortspielereien, wobei er immer wieder versucht, die Gläubigen mit fröhlichen Geschichten und frommen Legenden, aber auch mit kuriosen Predigtmärlein und komischen Episoden bei Laune und in Atem zu halten. Mit seiner kleinbürgerlichen und bäuerlichen Ausdrucksweise bringt er die einfachen Leute und

Der Hausvater verteilt den Lebkuchen. Illustration zur »Passio« des Geiler von Kaysersberg (1513)

die gehobenen Schichten gleicherweise zum Lachen und die gesamte Zuhörerschaft zum Nachdenken.

Ein Beispiel dafür bildet seine *Auslegung des Lebkuchens*, die er am Sonntag vor Aschermittwoch 1507 seiner Passionspredigt voranstellte.

An diesem Tag nämlich wurde, damaligem Brauch entsprechend, die »priester oder pfaffen fastnacht« begangen, an welcher – und jetzt lassen wir den Prediger am besten selber zu Wort kommen – »sie gewohnlich pflegen zu geben süsse lebkuchen von honnigzelten oder gebacken küchlein. So bin ich gewohnt ußtheilen ein geistlich küchlein.«

Das »geistlich küchlein« aber, das Geiler von Kaysersberg den Straßburger Gläubigen vorsetzt, ist Jesus selbst »under dem weissen decktuch des brots der engel«. Dabei demonstriert der Prediger, dass ihm das Bäckerhandwerk nicht gänzlich fremd ist. Ähnlich wie heutzutage ein Nürnberger Konditor einem amerikanischen Urlauber beschreibt Johannes Geiler seiner Zuhörerschaft akribisch und detailbesessen die einundzwanzig Verrichtungen, die zur Herstellung eines saftigen Lebkuchens notwendig sind. Natürlich ist sich der Kanzelredner bewusst, dass er keine Lehrlinge und Lehrfrauen vor sich hat, sondern lauter Christenmenschen, die bei ihm Erhebung und Erbauung suchen. Also bringt er die einzelnen Phasen der Lebkuchenzubereitung in Beziehung zum Leben Jesu, gilt es doch, die versammelten Gläubigen mit einer »geistlich narung durch die ganze fasten[zeit]« zu versorgen. So vergleicht der Prediger die Prägung Jesu durch seine Eltern und durch die jüdische Umwelt mit der figürlichen Ausgestaltung des Lebkuchenteigs. Und weiter: »So würt der lebkuchen bedecket mit einer weissen zwehel oder tuch, uff dz [dass] er darnach würd hingetragen und den fründen geschickt.« Das weiße Tuch erinnert daran, dass Christus sich den Seinen in der weißen Hostie schenkt. »So wirt der lebkuchen geschnitten und getheilet in vyl stücklein und ußgetheilet von den Haußvatter ...«

154   Bei all seinem Seeleneifer hat der gute Johannes Geiler leider vergessen, uns ein detailliertes Lebkuchenrezept zu überliefern. Stattdessen verrate ich hier ein Rezept, das ich von meiner Mutter übernommen habe.

Lebkuchen nach Art meiner Mutter

Auf ihren Lebkuchen war meine Mutter besonders stolz. Immer wieder betonte sie, dass dieser nicht »trocken ist wie der gekaufte« – und da hatte sie wahrlich recht.

3 EL Birnenhonig   *½ Tasse Zucker*
(Birnel; eingedickter Saft von Birnen)   *1 EL Lebkuchengewürz*
500 ml Milch   *70 g Butter*
½ Zitrone (abgeriebene Schale   *ungefähr 500 g Mehl und 1 EL Vollkornmehl*
und Saft)   *1 TL Natron*

Birnenhonig, Milch und Zucker gut miteinander verrühren; dann kommen die Zitronenschale, der Zitronensaft und das Lebkuchengewürz hinzu, anschließend die flüssige Butter und das Mehl. Von diesem Letzteren wird so viel untergerührt (ungefähr ein Pfund), bis der Teig nicht zu fest, also noch dickflüssig ist. Erst ganz zum Schluss geben wir das in etwas Milch angerührte Natron dazu. Nun gießen wir den Teig in eine mit Butter bestrichene und mit Mehl bestäubte Springform und schieben diese auf die mittlere Rille des auf 250° erhitzten Backofens. Nach einer halben Stunde reduzieren wir die Hitze auf 200°, und nach einer weiteren Viertelstunde ist unser Lebkuchen durchgebacken. Ungeübte machen jetzt den Nadeltest. Der besteht darin, dass man kurz vor Ablauf der Backzeit eine Stricknadel in den Kuchen steckt. Wenn keine Teigspuren daran kleben, kann man die Springform aus dem Ofen heben.
Dieser Lebkuchen ist tatsächlich so saftig, dass man keine Butter oder Schlagsahne dazu braucht (wie ich es von meiner Großmutter her noch kenne). – Als mir die Oberfläche einmal etwas verbrannte, habe ich den dunklen ›Deckel‹ einfach weggeschnitten und den Kuchen mit einem Schokoladenguss überzogen.

Mag sein, dass Geiler mit seiner Lebkuchenpredigt die Gedanken der damaligen Zuhörerinnen und Zuhörer vorerst eher von der geistlichen Nahrung weg- und auf das leckere Gebäck hinlenkte. Längerfristig dürfte seine Rede ihren Zweck dennoch nicht verfehlt haben. Wenn immer ein Zuhörer oder eine Zuhörerin fortan einen Lebkuchen verzehrte, erinnerte er oder sie sich dabei gewiss an die vom Prediger verabreichte geistliche Stärkung.

Gib mir den Rest!

Speisereste haben es in sich. Davon weiß auch jener Pfarrer ein Liedlein zu singen, welcher sich in seiner Predigt über die wundersame Brotvermehrung einen Versprecher leistete. »Mit fünftausend Broten hat Jesus fünf Menschen satt gekriegt«, ruft der Pfarrer geradezu triumphierend aus. »Das soll ihm mal einer nachmachen!« Der Küster, der ausnahmsweise zugehört hat, murmelt vernehmlich vor sich hin: »Das kann doch wohl jeder!« Souverän fährt der Pfarrer in seiner Predigt fort. Am folgenden Sonntag entschließt er sich, das Missverständnis auszuräumen: »Natürlich habe ich mich in der letzten Predigt versprochen. Es waren fünftausend Menschen, die Jesus mit nur fünf Broten gesättigt hat; und das macht ihm nun wirklich keiner nach.« Auch diesmal kann sich der Küster eines Kommentars nicht enthalten: »Sie vergessen wohl die Reste vom letzten Sonntag!«

Käseverkäuferin in Neapel. Stich von Bartolomeo Pinelli (1781–1835)

Auch aus Brotresten lässt sich so manche wohlschmeckende Mahlzeit zubereiten. Ich entscheide mich in der Regel für die legendäre Käsesuppe – legendär, erstens, weil die heute kaum noch jemand kennt, und zweitens, weil es sich dabei nicht um eine Suppe, sondern um einen Brei handelt, der früher in bäuerlichen Haushalten mindestens alle vierzehn Tage auf den Tisch kam.

<><o><>

Käsesuppe

700 g Brotreste | **150 ml Wasser**
(wenn möglich Schwarzbrot) | **20 g Butter**
350 g Emmentaler oder Greyerzer | **100 ml trockener Weißwein**
(oder verschiedene Käsereste) | **Salz, Pfeffer, Muskat**
150 ml Milch |

Zuerst schneide ich das Brot in Scheiben, dann in Würfel. Die gebe ich in eine Schüssel und gieße die mit Wasser verdünnte Milch darüber. Nun wird der Käse grob geraffelt oder in Scheibchen geschnitten und mit dem eingeweichten Brot vermischt. Den Herd einschalten, die Butter in einer Bratpfanne zum Schmelzen bringen (so viel brauchen wir gar nicht davon; der Käse enthält ja hinreichend Fett) und die Käse-Brotmischung braten. Und jetzt – das hat's früher bei Mutter allerdings nicht gegeben – gieße ich den Wein dazu und erhöhe die Hitze ein wenig. Salzen, pfeffern und etwas Muskat darüberstreuen. Alles gut vermischen. Sobald der Duft von gebratenem Käse und verdampfendem Wein auch den Nachbarn in die Nase steigt, hat sich auf der unteren Seite unserer Käsesuppe eine schöne Kruste gebildet. Nun ist der Zeitpunkt gekommen, sie zu wenden. Dazu hebe ich die Pfanne von der Herdplatte. Dann ziehe ich mit der Hand eine ruck- oder blitzartige Schlinge, die etwas von mir weg, leicht nach oben und wieder zu mir hinführt, die Käsesuppe hebt ab wie ein Omelett, fliegt zwanzig Zentimeter in die Höhe, wendet sich und wird im Fall von meiner Pfanne aufgefangen und auch auf der anderen Seite goldknusprig gebraten. Ich erlaube mir, direkt aus der Pfanne zu servieren. Dazu gibt's einen grünen Salat, allenfalls noch ein Spiegelei – und ein Glas Neuenburger, Vully oder Saint-Saphorin. Was den Wein betrifft, hat noch nie einer meiner Gäste jene Frage gestellt, mit der früher die Kundschaft in jedem Käseladen traktiert wurde: Darf's ein bisschen mehr sein?

◄◦►

Während ich diese ebenso einfache wie schmackhafte Mahlzeit zubereite, kann ich meine Gäste mit einer Geschichte unterhalten, die ich einst in einer Pfarrhausküche zu hören bekam.

Obwohl die Pfarrhaushälterin eine gute Köchin ist, bleibt manchmal etwas übrig, in letzter Zeit sogar immer häufiger. Und weil es eine Sünde ist, etwas wegzuwerfen, isst die Haushälterin in der Regel die Reste auf. Als sie aber bemerkt, dass das ihrer Linie schlecht bekommt, wird sie eines Tages dem Pfarrer gegenüber ein bisschen energisch: »Also, so kann das nicht weitergehen, Herr Pfarrer. Entweder kommt jetzt eine Sau in den Stall oder ein Kaplan ins Haus!«

Weil der Pfarrer nicht unbedingt an einer Schweinezucht interessiert ist, und weil ihm der Bischof angesichts der gegenwärtigen Zulassungsbedingungen zum Priesteramt keinen Kaplan schicken kann, und weil die Haushälterin sich weigert, das Übriggebliebene weiterhin aufzuessen, gibt es jetzt öfters Reste. Als es wieder einmal so weit ist, fängt der Pfarrer, kaum dass aufgetragen ist, zu essen an. Die Haushälterin erinnert ihn daran, dass er das Tischgebet vergessen hat. »Nein, habe ich nicht«, sagt der Pfarrer. »Was sich da auf dem Tisch befindet, wurde mindestens schon drei Mal gesegnet.«

◄◦►

Kartoffelküchlein aus Kartoffelbrei

Wenn wir uns schon die Mühe machen, einen Kartoffelbrei zuzubereiten, dann darf's eine gehörige Portion sein. Was übrig bleibt (und wir hoffen sehr, *dass* was übrig bleibt), verarbeiten wir zu Kartoffelküchlein. Genaue Mengenangaben erübrigen sich schon deswegen, weil der Rest bekanntlich je nach Haushalt variiert. Sollte die Masse etwas zu dünn sein, ziehen wir ein wenig Mehl unter; das saugt die überschüssige Flüssigkeit schnell auf. Entsprechend der vorhandenen Menge mischen wir ein oder zwei verklopfte Eier darunter, geben geriebenen Hartkäse und Muskatnuss dazu und formen Küchlein in der Größe eines Hamburgers, die wir mit etwas Mehl bestäuben. Nun brauchen wir die Küchlein im Fett nur noch goldbraun zu braten – und fertig ist die Köstlichkeit. Zusammen mit einem Salat ergibt das eine vollwertige Mahlzeit. Natürlich eignen sich Kartoffelküchlein auch als Beilage zu Braten, Gemüse, Schnitzel oder zu einem gedünsteten Fisch.

Wer mehr Fantasie und eine dem Verfallsdatum entgegenzitternde Mozzarella im Kühlschrank hat, füllt die Küchlein mit einem kleinen Stück dieses Büffelkäses (oder auch mit einem Würfel Hartkäse). Oder mischt ein paar Streifen Basilikum unter die Masse. Oder einen Rest (schon wieder Reste!) gekochten und fein geriebenen Sellerie (dann aber den Käse weglassen!). Oder eine kleine Handvoll grob geriebene und in Butter gedünstete Zucchini. Oder ...

Salzkirchel und Fleur de Sel

Zweifellos haftet dem Salz etwas Heiliges an, vermutlich weil es ein Symbol der Gastfreundschaft ist. Tatsächlich galt das Reichen von Brot und Salz schon in der Antike als Zeichen der Verbundenheit und Treue. Der Berufsgrübler Aristoteles (384–322 v. Chr.) meint gar, dass man einem Menschen erst vertrauen könne, wenn man ein gehöriges Maß Salz mit ihm gegessen habe.

Noch heute werden mit dem Salz gelegentlich magische Vorstellungen verbunden, die tief in die Vergangenheit hinabreichen. Über Jahrhunderte hin gehörte Salz zusammen mit Mehl und Eiern zu den drei ›weißen Gaben‹, mit denen man die missgünstigen Druden besänftigte, welche schon manchen Haushalt durcheinander- und manches Ehepaar auseinandergebracht haben. Weil Salz auch in der kirchlichen Liturgie eine wichtige Rolle spielt, verwundert es nicht, dass die Grenze zwischen Glaube und Aberglaube gelegentlich etwas verschwamm. Mancherorts war man der Ansicht, dass das am Dreikönigstag oder in der Osternacht geweihte Salz Mensch und Tier vor Behexung schütze.

Ein sympathischer, früher vor allem im Tirol gepflegter Brauch scheint heute fast ausgestorben. Dort wurden Salzsteine, die nach der Weihe zu Dreikönig aus dem mit Taufwasser in einer Schüssel angesetzten Salz gewonnen wurden, in einem kleinen Gefäß in Form eines Dorfkirchleins aufbewahrt. Davon aßen dann die Familienangehörigen jeden Abend ein paar Körner, um vor Albdruck und einem jähen Tod bewahrt zu bleiben. Heute sind diese Postl- oder Salzkirchlein nur noch in sehr wenigen Haushalten zu finden. Dafür gibt es immer mehr Küchen, in denen eine besondere Salz- art, nämlich die delikate *Fleur de Sel*, an Bedeu- tung gewinnt.

Die Fleur de Sel (die ›Blume des Salzes‹), die von den *sauniers*, den Salzbauern an der französischen Atlantikküste, gewonnen wird, bildet sich nur bei optimalen Wetterbedingun- gen. Sonne und Wind lassen das Wasser ver- dunsten. Nach einiger Zeit bilden sich auf der Wasseroberfläche feine Salzkristalle. Diese Salzblumen, die sich nur bei gutem Wetter und richtigen Windverhältnissen formen, wer-

Der Salzhändler. Miniatur aus dem Hausbuch der Familie Cerruti (14. Jahrhundert)

den mit speziellen Holzgeräten geerntet, an der Sonne getrocknet und noch gesiebt.

Fleur de Sel passt zu allen Gerichten, in denen Salz verwendet wird. Bei Spitzen- gastronomen und Starköchinnen ist dieses Salz wegen seines unvergleichlichen Geschmacks besonders beliebt.

◄◦►

Tomatenscheiben mit Fleur de Sel

Ich selber verpasse gern eine Opernaufführung, wenn ich dafür eine halbe mit Olivenöl beträufelte und mit wenig Herbes de Provence und Fleur de Sel bestreute Tomate, ein Stück Bauernbrot und einen Schoppen Barolo vorgesetzt kriege.

◄◦►

In der antiken Welt wurde Salz auch als Zahlungsmittel benutzt. Das Wort *Salär* etwa stammt vom lateinischen *salarium*. Zeitweise nämlich erhielten die Römer einen Teil ihres Gehalts in Form von Salz. Daraus erklärt sich wohl die Vorstellung, dass ein Unheil bevorstehe, wenn jemand Salz verschüttet.

Wie die 13 zur Unglückszahl wurde

Wenn sich König Ludwig XVI. an den alten Römern ein Beispiel genommen hätte, müssten die Schülerinnen und Schüler heute weder Namen noch Daten zur Französischen Revolution pauken, und zwar ganz einfach deshalb, weil es nie zu einem derart die Welt verändernden Umsturz gekommen wäre. Tatsache ist: Wenn der Volksmagen knurrt, beginnen die Volksmassen zu murren und die Herrschenden zu zittern. Um die daraus sich ergebenden Folgen zu vermeiden, setzten die römischen Kaiser eine simple Formel in die Praxis um. *Panem et circenses* lautete die Devise – Grundnahrungsmittel zur Stillung des Hungers und Spektakel als Opium fürs Volk.

Wie alle übrigen Menschen verlangt es auch die Armen nicht nur nach Unterhaltung; größer ist allemal der Hunger nach Brot. An Letzterem hatte die Kirche nichts auszusetzen; im Gegenteil. So hat sie die Sorge um die Bedürftigen nicht bloß in der Verkündigung thematisiert, sondern im Alltag auch praktiziert.

Unter anderem erinnert daran das Triclinium, der ehemalige Speisesaal Papst Gregors des Großen (590–604), in Rom. Der altrömische Esstisch aus Marmor (der an drei Seiten von Speisesofas umgeben war; man aß ja damals im Liegen) befindet sich auf dem Monte Celio, in der links von der Kirche San Gregorio Magno errichteten Kapelle der heiligen Barbara. An diese *mensa* lud der Papst jeweils zwölf Bettler zum Essen, das er ihnen persönlich auftrug. Eines Tages jedoch, so will es die Legende, erschien ein dreizehnter Tischgenosse, der nicht von dieser Welt war; angeblich handelte es sich um einen Engel. Seither bewirteten die Päpste an diesem Tisch jeweils am Gründonnerstag zwölf Bedürftige, ein Brauch, der bis zum Zusammenbruch des Kirchenstaates im Jahre 1870 gepflegt wurde.

Bevor wir uns weiter mit Papst Gregor beschäftigen, wollen wir unseren Hunger stillen, und zwar mit ein paar Scheiben kaltem Schweinebraten mit Basilikumsoße.

Schweinebraten mit Basilikumsoße

eine gute Handvoll frische
Basilikumblätter
100 g Quark
1 EL Senf
einige Spritzer Maggiwürze

1 Prise Salz
frisch gemahlener Pfeffer
3–4 gehäufte EL Mayonnaise
750 g kalter Schweinebraten
in dünnen Scheiben

Den Schweinebraten kaufen wir fertig vom Metzger und lassen ihn in dünne Scheiben schneiden. Die Soße (siehe folgende Seite) darauf verteilen.

Basilikumsoße

Die Basilikumblätter mit dem Wiegemesser fein hacken (oder im Cutter mit etwas Mayonnaise pürieren). Das gehackte (bzw. pürierte) Basilikum mit 100 g Quark (keinen Magerquark verwenden!), Senf, Maggiwürze, Salz, Pfeffer und Mayonnaise mit dem Schneebesen zu einer glatten Soße verrühren.
Diese Basilikumsoße passt übrigens auch zu Pellkartoffeln, gekochten Eiern, Tafelspitz (Siedfleisch) oder gebratenem Fisch. Notfalls sogar zu Fischstäbchen.

◄◊►

Die legendäre Episode mit dem Engel führte übrigens dazu, dass man es seither vermied, dreizehn Tafelnde um einen Tisch zu versammeln. Ursprünglich lag dem die Absicht zugrunde, das von Gott bewirkte Wunder nicht zu wiederholen. Weil man nämlich der Meinung war, dass eine solche Nachhilfe nur Unheil bringen würde. Woran man sieht, dass dem Glauben zuweilen durchaus etwas Paradoxes eignet. Ausgerechnet die religiöse Ehrfurcht führte schließlich dazu, dass die 13 zu einer Unglückszahl wurde. Aber daran denken die Römer nicht, wenn sie gegen 13.00 Uhr ihr Mittagessen einnehmen.

Weihnachtsbräuche

Kaum ein Fest ist von einem so reichen und weltweit verschiedenartigen Brauchtum umrahmt wie Weihnachten. So verwundert es denn nicht, dass sich nicht nur rund um den Kirchturm sondern auch um den Familientisch allerlei Gepflogenheiten entwickelt haben, die fast so heilig sind, wie die Feiertage selber.

Bei den Italienern versammeln sich zum *cenone*, dem großen Festessen an Heiligabend, oft mehrere Generationen an der Tafel, um Spaghetti und Anchovis sowie eine Auswahl an Fisch, frischem Brokkoli, Salat, Früchten und Süßigkeiten zu genießen. Beschlossen wird das Mahl mit einem schmackhaften Hefekuchen, zu dem selbst jene an einem Glas *spumante* nippen, die nicht nur im Sommer auf Cola stehen. Ein Christfest ohne diesen *panettone* wäre für die Italiener das Gleiche wie für die Schweden Weihnachten ohne Schnee.

Letztere bezeichnen das Geburtsfest Jesu auch als »Ein-Tisch-Tag«, weil zum Weihnachtsessen traditionell alle erdenklichen Leckereien auf einem einzigen Tisch präsentiert werden – beispielsweise ein großer mit farbigen Bändern dekorierter

161

gekochter Schinken, Stockfisch, Trockenfisch in Pfeffersoße, sowie *safranbröd* und *pepperkakor* (Pfefferkuchen) mit Schlagsahne. Zum Nachtisch gibt's Reisgrütze mit Zucker und Zimt.

Die darf an Weihnachten auch in Dänemark nicht fehlen, nur dass dort in der Regel auch eine Mandel mitgekocht wird. Wer die Mandel auf seinem Teller findet, hat einen Wunsch frei, der im Rahmen des Möglichen auch erfüllt wird. Der Brauch der »Mandelgabe« existiert in ähnlicher Form auch in Finnland.

In Australien und Neuseeland besteht das Festessen an Heiligabend gewöhnlich aus Fischsuppe und paniertem Karpfen mit Kartoffelsalat. Dieser Brauch, der auch in unseren Breiten gelegentlich noch gepflegt wird, geht auf das in früheren Jahrhunderten geltende Verbot zurück, während der Adventszeit Fleisch zu essen. Solches kam erst am Heiligtag, also am 25. Dezember, wieder auf den Tisch.

In Portugal versammelt sich die Familie an Heiligabend gegen Mitternacht zur *ceia de Natal* oder *consoada*, zum großen Abendessen. Tatsächlich soll die Tischgemeinschaft so groß sein, dass sie einen Truthahn zu verzehren vermag. Wer sich den nicht leisten kann, begnügt sich mit dem leckeren *bacalhau*, dem Kabeljau-Stockfisch. Auch bei den spanischen Nachbarn finden sich am Heiligen Abend Angehörige zusammen, die oft weit entfernt wohnen. Zum Festmahl gibt es alle möglichen Leckerbissen, typisch ist aber nur der *turron*, ein süßer Nachtisch aus Haselnüssen, gehackten kandierten Früchten, Zucker, Eigelb und Rum (der zur Advents- und Weihnachtszeit unter der Bezeichnung *torrone* auch in Italien zu kaufen ist).

In England findet der Festschmaus am ersten Weihnachtsfeiertag statt. Dazu gehört (wie auch in Nordamerika) der *turkey*, der Truthahn. Nicht weniger obligatorisch ist der *plumpudding*, der schon einige Zeit vor Weihnachten gekocht, aufbewahrt und am Festtag wieder zum Leben erweckt wird, indem man ihn mit Weinbrand flambiert.

Die von jeher etwas jovialen Franzosen hingegen feiern Weihnachten in fröhlicher Stimmung nicht nur beschaulich zu Hause, sondern auch auf den Straßen und in den Restaurants mit Freunden und Bekannten. Auf die Teller kommen Kaviar, Hummer und Truthahnbrust mit Maronen. Nicht fehlen darf die *bûche de Noël*, ein Biskuitkuchen in Form eines Baumstammes.

Und die Deutschen? Seit Siebeck, der Chef-Feinschmecker der Hamburger *Zeit*, seinen Landsleuten alljährlich zum Dezemberbeginn das »Menü zum Fest« diktiert, ist die berühmte Weihnachtsgans in vielen Haushalten nicht mehr verbindlich. Diesmal aber möchte ich dem berühmten Kollegen zuvorkommen und meine eigenen Vorstellungen einbringen. Der Hauptgang ist ebenso einfach wie festlich. Mein Vorschlag also: Lammcoquilles mit glasierten Trauben.

Lammcoquilles

4 Lammcoquilles (Nierstücke)   Salz, Pfeffer
40 g Kräuterbutter   20 g sehr kalte Butter
100 ml trockener Weißwein

Die Lammcoquilles in Kräuterbutter beidseitig braten. Warm stellen. Den Fond mit Weißwein ablöschen, etwas einkochen, mit Salz und Pfeffer abschmecken und die kalte Butter unterziehen. Außer den glasierten Trauben gibt's dazu noch Brokkoli, Karotten und ein paar Spätzle.

Glasierte Trauben

1 gehäufter EL Butter   je 4 Büschelchen rote und
2 EL Zucker   weiße Trauben am Stiel

Die Butter in der Bratpfanne erhitzen, den Zucker darüberstreuen und kurz anziehen lassen. Die Kastanien und die Trauben in der Zuckerlösung karamellisieren. Bratpfanne vom Herd nehmen und abdecken.

Dass es ohne Weihnachtsgans geht, zeigt auch eine besonders ausgefallene Tafelsitte, die sich im Erzgebirge teilweise erhalten hat. Dort wird am 24. Dezember zum Abendessen in vielen Familien noch immer das traditionelle *Neinerlaa* (Neunerlei) aufgetragen. Dieses besteht aus gekochten Kartoffelklößen, Sauerkraut, Bratwurst, zerlassener Butter, Sellerie, Semmelmilch, Schwarzbeerkompott, Brot und Salz. Manche von diesen Speisen haben eine ganz bestimmte Bedeutung. Die Klöße versprechen großes Geld (Linsen brächten bloß kleine Münze). Sauerkraut ist wichtig für das Wachsen des Getreides. Sellerie verheißt Manneskraft und Fruchtbarkeit. Brot und Salz müssen auf dem Tisch sein, sonst fehlen sie das ganze Jahr über; sie stehen neben einer Kerze. Nachdem der Vater diese angezündet hat, beginnt das Festessen. Nach dem Mahl werden Brot, Salz und Kerze ins Tischtuch eingeschlagen und bleiben bis zum nächsten Tag auf dem Tisch.

Manche Bräuche lassen noch etwas von der religiösen Bedeutung des Weihnachtsfestes durchscheinen. So war es früher in ländlichen Gegenden üblich, dass man die Überreste des Weihnachtsmahls auf den Feldern verteilte, in der Hoffnung auf eine gute Ernte. Gelegentlich verfutterte man sie auch dem Vieh, um Krankheiten vom Stall fernzuhalten. Die Kühe bekamen um Mitternacht Heringsmilch, damit

163

sie im kommenden Jahr reichlich Milch geben sollten. Manche behaupten noch immer, man müsse nach dem reichlichen Weihnachtsmahl ein Restchen der Speisen und eine Münze auf dem Tisch liegen lassen; dann werde es in den kommenden zwölf Monaten nie fehlen an Essen und Geld.

Damit der Dank nicht unter den Tisch fällt

»Wenn man den Tischsegen sprechen soll, faltet man die Hände zum Gebet, richtet seinen Blick auf den Tischältesten oder, wenn eines da ist, auf das Kreuz und beugt das Knie beim Namen Jesu und der Jungfrau Mutter. Ist ein anderer Vorbeter, höre zu und antworte gleich andächtig.« So Erasmus von Rotterdam in seiner bereits erwähnten *Tischzucht*.

Leute, welche die Peterskirche in Rom mit einem Museum und die Reformation mit der Rentenreform verwechseln, werden sich möglicherweise darüber wundern, dass der berühmte Erasmus in seinen Tischregeln ganz selbstverständlich auch das Tischgebet erwähnt und diesbezüglich klare Anweisungen erteilt. Sie ahnen wohl kaum, dass diese Sitte damals allgemein verbreitet war – und dass der christliche Mahlsegen in dem alten jüdischen Brauch wurzelt, vor und nach dem Essen eine *Beraka*, einen Lobpreis auf Gott, zu sprechen. Dabei handelt es sich nicht etwa um einen Speisesegen, sondern um eine Verherrlichung des Schöpfergottes, dem die Anwesenden ihren Dank abstatten. Deutlich geht das hervor aus den verschiedenen Lobsprüchen vor dem Essen, die schon zur Zeit Jesu geläufig waren und auch heute noch üblich sind: »Gepriesen seiest du, Jahwe, unser Gott, König der Welt …« Von einem solchen Dankgebet ist bekanntlich auch im Matthäusevangelium die Rede (Kapitel 14, Vers 19): »Jesus nahm die fünf Brote und die zwei Fische, blickte zum Himmel auf und sprach den *Lobpreis* …«

Aus diesem *Lobpreis Gottes* wurde im Christentum später eine *Segnung der Speisen*. Zumindest gilt dies für die Anrufung vor der Mahlzeit, die sich in der Folge immer mehr zu einem Bittgebet entwi-

Familie beim Tischgebet. Druck von Abraham Bach, 2. Hälfte des 17. Jahrhunderts

ckelte. Der Dank danach allerdings fällt heute oft sogar bei jenen Familien unter den Tisch, welche zu Beginn des Essens ein Gebet zu sprechen pflegen. In der jüdischen Überlieferung hingegen gehört der Lobpreis Gottes am Ende zum festen Bestandteil der Mahlzeit. Denn im Judentum galt und gilt das gemeinsame Mahl wenn nicht als liturgische, so doch als religiöse Handlung im eigentlichen Sinn. Diesem Verständnis zufolge ist jede Mahlgemeinschaft gleichzeitig auch Ausdruck der Gemeinschaft vor und mit Gott.

Die christliche Praxis der Segnung hingegen wurde bei besonderen Gelegenheiten schon früh auch auf Speiseweihen außerhalb der Mahlzeiten ausgeweitet. Wobei die Hintergründe solcher Segnungen gelegentlich etwas makaber anmuten. Das betrifft etwa die besonders im süddeutschen Raum aber auch anderswo noch übliche Brotsegnung am Agathatag (5. Februar). Weil Agatha den Nachstellungen des heidnischen Statthalters widerstand, wurde sie der Legende zufolge in ein Bordell gebracht, wo ihr die Henker die Brüste abschnitten. An dieses Martyrium erinnerten ursprünglich die busenförmigen Brote, welche am Festtag der Heiligen geweiht wurden.

Auf eine historisch höchst zweifelhafte Überlieferung zurück geht auch die früher verbreitete Weinsegnung. Noch immer wird in einigen wenigen deutschsprachigen Gebieten jeweils am 27. Dezember, dem Gedenktag des heiligen Apostels Johannes, den Gläubigen nach der Eucharistiefeier der Kelch mit dem gesegneten Johanniswein gereicht. Mit dieser im Mittelalter erstmals bezeugten Gepflogenheit der Johannisminne (amor Johannis) suchte man sich vor bösem Zauber zu schützen. Der Brauch hat seinen Ursprung in der Legende, nach welcher der Heilige einen Giftbecher leerte, ohne Schaden zu nehmen. Diese Geschichte bildete einen idealen Vorwand, um die alten heidnischen Trankopfer und die damit verbundenen Trinkgelage etwas einzuschränken, indem man sie zur Johannisminne umfunktionierte. Der notorische Durst der Teutonen war einfach zu groß, als dass man den uralten germanischen Brauch, die Götter durch Zechereien günstig zu stimmen, einfach hätte abschaffen können. In einigen Gegenden ist es inzwischen Sitte, dass die Gläubigen am Festtag des Apostels Johannes zum Gottesdienst ein paar Flaschen Wein vor den Altar stellen, die bei dieser Gelegenheit gesegnet werden. Missbräuche sind schon deshalb unwahrscheinlich, weil kaum jemand daran denkt, einen Korkenzieher mitzubringen. Gelegentlich findet die Weinsegnung schon am Stefanstag, also am 26. Dezember, statt. Das liegt daran, dass sich am zweiten Weihnachtsfeiertag mehr Gläubige in der Kirche einfinden als zu Johannis, wenn wieder gearbeitet wird.

Außer Kräutern wurde früher (und wird gelegentlich noch immer) auch Salz geweiht, und zwar nicht nur für liturgische Zwecke, sondern auch für den alltäglichen Gebrauch. Mancherorts bringen die Gläubigen in der Osternacht ganze Körbe voller Würste und Schinken und Brot und Eiern in die Kirche, um sie segnen zu lassen. Und häufig ist da auch ein Säcklein Salz mit dabei. Denn erst das Salz verleiht den Speisen Geschmack, so wie erst das Dankgebet ein Mahl abrundet.

Auf Letzteres verweist Erasmus am Schluss seiner anfangs erwähnten Schrift ausdrücklich: »Nimm die Kerze vom Tisch, ehe du sie auspustest. Wenn sie gelöscht ist, stecke sie in den Sand oder tritt mit der Sohle darauf, damit kein penetranter Geruch die Nase beleidigt. Bittet man dich, das Dankgebet zu sprechen, falte deine Hände und zeige dich bereit, bis die Tischgenossen verstummen und es Zeit ist zu beten. Wende dich dabei ehrfürchtig und aufmerksam dem Tischältesten zu.«

Vermutlich hat Erasmus Leonardo da Vincis *Abendmahl* nicht gekannt; sonst hätte er seiner *Tischzucht* vielleicht noch eine Mahnung hinzugefügt. Auf Leonardos berühmtem Fresco ist Judas bereits im Aufbruch begriffen. Mit der einen Hand umklammert er den Beutel mit den Silberlingen, mit der anderen jedoch stößt er unvorsichtigerweise das Salzfass um. Schon zu Zeiten des Pythagoras wusste man, dass Unheil bevorstand, wenn jemand Salz verschüttete.

Von Kochbüchern und Küchenlegenden

Lauter Küchenlegenden

Wer brachte die Pasta nach Europa? Woher stammen die Bezeichnungen für Marzipan und Pumpernickel? Wo wurde das Wiener Schnitzel erfunden?

Das Märlein von den Marco-Polo-Makkaroni. Allein in deutscher Sprache gibt es weit über hundert Kochbücher für Nudelgerichte – und noch weit mehr Nudel-Rezepte. Und fast in allen Pasta-Fibeln wird, meist schon im Vorwort, jene alte Geschichte aufgewärmt, derzufolge Marco Polo auf seiner Rückreise aus China ein paar Pfund Teigwaren, zumindest aber das Rezept für deren Herstellung im Reisegepäck hatte.

Der große Entdecker selber hat dergleichen nie behauptet. In seinem Reisebericht ist bloß von den Früchten des Brotfruchtbaums die Rede: »Daraus machen sie einen ausgezeichneten Teig.« An dieser Stelle fügte der franzö-

Spaghettiesser. Alter Druck. Museo delle Paste, Rom

sische Herausgeber des Reiseberichts eine persönliche Bemerkung hinzu, in welcher der Mythos von der Polo-Pasta wurzelt: »Daraus macht man Lasagne und andere Nudelspeisen, die besagter Marco Polo mehrmals gegessen hat. Er hat die Nudeln nach Venedig mitgebracht.« Marco Polo selber teilt lediglich mit, dass aus der Frucht eines Baumes eine Art Mehl und aus diesem wiederum Teig hergestellt wird. Die Tatsache, dass der Weltumsegler ganz selbstverständlich von Makkaroni spricht, besagt doch, dass diese ihm bereits bekannt waren. Tatsächlich taucht dieser Begriff schon 1279, also bereits vor Marco Polos Rückkehr, im Nachlassverzeichnis eines Genueser Soldaten auf, wo von einer *bariscella plena de macaroni*, einem Korb voll Makkaroni, die Rede ist. Die einschlägigen Rezepte aus China gelangten nicht durch Marco Polo nach Europa, sondern über die Seidenstrasse, die in der Antike als einer der wichtigsten Handelswege galt.

Wobei im alten China eine Zutat völlig unbekannt war, welche für uns zu den Nudeln gehört, wie das Wasser zum Jordanfluss, nämlich der Parmesankäse, den patriotisch Denkende im helvetischen Raum vorzugsweise mit Sbrinz ersetzen.

Nudeln an Gorgonzolasoße

500 g Nudeln	*300 ml Sahne*
250 g Gorgonzolakäse	*Salz, grob gemahlener schwarzer*
25 g Butter	*Pfeffer aus der Mühle*

Kenner und Kennerinnen bevorzugen für dieses Gericht Teigwaren, die nicht zu lang und innen hohl sind, also *penne* (Federn), deren Name sich von den spitzen Gänsekielen herleitet, die den Schriftkundigen unter unseren Vorfahren zum Schreiben dienten. Diese kleinen, etwa 2,5 cm langen Nudelröhrchen haben den Vorteil, dass die delikate Gorgonzolasoße in die Öffnungen dringt. Sind keine *penne* zur Hand, behelfen wir uns mit *rigatoni*, *chifferi rigati* (›Hörnchen‹) oder mit *maccheroni* (die, weil zu lang, in diesem Fall vor dem Kochen gebrochen werden).

In diesem Zusammenhang darf ich vielleicht noch etwas zur Aufklärung beitragen. Der Ausdruck Küchenlatein ist in unseren Breiten nicht unbekannt. In Italien meint man das Gleiche, wenn von *latino maccheronico* die Rede ist.

Während die Makkaroni (im Deutschen mit zwei k und zwei a; im Italienischen mit zwei c, einem a und einem e!) in reichlich Salzwasser kochen, bis sie *al dente* sind, schneide ich den (nicht zu reifen!) Gorgonzolakäse in kleine Würfel. Dann greife ich mir einen großen Topf, in dem nachher die Nudeln noch Platz haben müssen und schmelze die Butter und die Käsewürfelchen bei niedriger Hitze. Gegen Ende gieße ich unter Rühren etwa drei Viertel der Sahne hinzu, würze die Soße mit Salz und reichlich Pfeffer und lasse sie etwas eindicken. Dann schütte ich die abgetropften Nudeln in den Topf, gieße die restliche

Sahne darüber und mische alles mit einer Gabel gut durch. Serviert wird diese *pasta* aus dem Topf, denn der hält die Wärme besser als jede vorgewärmte Schüssel. Vorgewärmt sind jedoch die Teller. Die Pfeffermühle bleibt nicht in der Küche, sondern kommt ebenfalls auf den Tisch.

‹o›

Die Pumpernickel-Fabel. Wenn wir schon beim Buchstaben P sind (P wie Pasta oder Parmesan), wollen wir hier gleich noch ein Wörtlein zum Pumpernickel sagen, einer Brotsorte, die ihre drollige Bezeichnung angeblich Napoleon verdankt. Der soll bei der Besetzung des Rheinlandes einmal ein ganz dunkles Schwarzbrot vorgesetzt bekommen haben. Kaum hatte er davon gekostet, rief er aus: »Mais c'est du pain pour Nickel!« Nickel war der Name seines Pferdes. Die Rheinländer, die kein Französisch sprachen, verstanden Pumpernickel.

Hübsch, nicht wahr? Nein und vielmehr: Überhaupt nicht wahr! Das Duden-Herkunftswörterbuch belehrt uns nämlich, dass der Begriff ›Pumpernickel‹ schon lange vor Napoleon, nämlich bereits seit Anfang des 17. Jahrhunderts existierte. Als Pumpernickel bezeichnete man damals einen groben, ungeschlachten Menschen mit schlechten Manieren. Nickel ist die Kurzform von Nikolaus, und Pumper ein anderer Ausdruck für jene Winde, die nicht von den klimatischen Bedingungen, sondern von der Ernährung herrühren. Praktisch bedeutet Pumpernickel so viel wie Furzheini. Weil nun das westfälische Schwarzbrot im Ruf stand, schwer verdaulich zu sein und Blähungen zu verursachen, wurde es seit Mitte des 17. Jahrhunderts scherzhaft Pumpernickel genannt.

‹o›

Schinkenschaum auf Pumpernickel

200 g Schinken	*2 EL Sahne (oder Joghurt)*
1 Bund Petersilie	*Salz, weißer Pfeffer*
1 Essiggurke oder 3–4 Cornichons	*Pumpernickel*
200 g Quark	

Den Schinken, die Petersilie und die Essiggurke mit dem Wiegemesser fein hacken und mit dem Quark und der Sahne vermischen. Mit Salz und Pfeffer abschmecken. Mindestens 1 Stunde kalt stellen.
Pumpernickelscheiben auf eine Platte oder auf die Teller legen. Den Schinkenschaum darauf verteilen und mit einem Zweiglein Petersilie garnieren.

‹o›

Wer die Werke Gottfried Kellers näher kennt, wird sich daran erinnern, dass der Schweizer Dichter schon an seinem ersten Schultag wegen seiner Vorliebe für den Pumpernickel zum Außenseiter gestempelt wurde. Die betreffende Episode findet sich in seinem autobiografisch eingefärbten Roman *Der grüne Heinrich*.

In einem Halbkreise mit sieben anderen Kindern um eine Tafel herum stehend, auf welcher große Buchstaben prangten, lauschte ich sehr still und gespannt auf die Dinge, die da kommen sollten. Da wir sämtlich Neulinge waren, so wollte der Oberschulmeister, ein ältlicher Mann mit einem großen groben Kopfe, die erste Leitung selbst für eine Stunde besorgen und forderte uns auf, abwechselnd die sonderbaren Figuren zu benennen. Ich hatte schon seit geraumer Zeit einmal das Wort Pumpernickel gehört, und es gefiel mir ungemein, nur wusste ich durchaus keine leibliche Form dafür zu finden, und niemand konnte mir eine Auskunft geben, weil die Sache, welche diesen Namen führt, einige hundert Stunden weit zu Hause war. Nun sollte ich plötzlich das große P benennen, welches mir in seinem ganzen Wesen äußerst wunderlich und humoristisch vorkam, und es ward in meiner Seele klar, und ich sprach mit Entschiedenheit: »Dieses ist der Pumpernickel!« Ich hegte keinen Zweifel, weder an der Welt, noch an mir, noch am Pumpernickel, und war froh in meinem Herzen, aber je ernsthafter und selbstzufriedener mein Gesicht in diesem Augenblicke war, desto mehr hielt mich der Schulmeister für einen durchtriebenen und frechen Schalk, dessen Bosheit sofort gebrochen werden müsste, und er fiel über mich her und schüttelte mich eine Minute lang so wild an den Haaren, dass mir Hören und Sehen verging. Dieser Überfall kam mir seiner Fremdheit und Neuheit wegen wie ein böser Traum vor, und ich machte augenblicklich nichts daraus, als dass ich, stumm und tränenlos, aber voll innerer Beklemmung den Mann ansah. Die Kinder haben mich von jeher geärgert, welche, wenn sie gefehlt haben oder sonst in Konflikt geraten, bei der leisesten Berührung oder schon bei deren Annäherung in ein abscheuliches Zetergeschrei ausbrechen, das einem die Ohren zerreißt; und wenn solche Kinder gerade dieses Geschreies wegen oft doppelte Schläge bekommen, so litt ich am entgegengesetzten Extrem und verschlimmerte meine Händel stets dadurch, dass ich nicht imstande war, eine einzige Träne zu vergießen vor meinen Richtern. Als daher der Schulmeister sah, dass ich nur erstaunt nach meinem Kopfe langte, ohne zu weinen, fiel er noch einmal über mich her, um mir den vermeintlichen Trotz und die Verstocktheit gründlich auszutreiben. Ich litt nun wirklich; anstatt aber in ein Geheul auszubrechen, rief ich flehentlich in meiner Angst: »Sondern erlöse uns von dem Bösen!« und hatte dabei Gott vor Augen, von dem man mir so oft gesagt hatte, dass er dem Bedrängten ein hilfreicher Vater sei. Für den guten Lehrer aber war dies zu 171 *stark; der Fall war nun zum außerordentlichen Ereignisse gediehen, und er ließ mich daher stracks los, mit aufrichtiger Bekümmernis darüber nachdenkend, welche Behandlungsart hier angemessen sei. Wir wurden für den Vormittag entlassen, der Mann führte mich selbst nach Hause.*

Gottfried Keller erinnert sich außerdem, dass er am Abend seines ersten Schultages noch immer nicht wusste, was Pumpernickel ist, den wir jetzt für ein Vorspeislein benötigen, auf das sich unsere Gäste erfahrungsgemäß von genau dem Zeitpunkt an freuen, an dem unsere Einladung sie erreicht.

◄◇►

Avocadoschaum auf Pumpernickel

2 Avocados   *1 Knoblauchzehe*
1 kleine Zwiebel   *4–5 EL Kaffeesahne*
Salz, weißer Pfeffer   *1 TL Limettensaft*
4 EL Joghurt

Die Zwiebel und den Knoblauch fein hacken. Die Avocados halbieren, entkernen und das Fruchtfleisch mit einem Teelöffel herausnehmen. Zusammen mit den restlichen Zutaten (außer dem Limettensaft) in einem Mixer pürieren. Zum Schluss den Limettensaft hinzufügen und nochmals gut durchmixen.
Limetten (auch Limonen genannt) werden vor allem aus Brasilien, Mexiko oder Kalifornien importiert. Ihr Aroma ist feiner als das der Zitrone. Ich verwende sie vor allem zum Würzen von Gerichten mit delikatem Eigengeschmack, welcher von der etwas ausgeprägten Säure der Zitrone überdeckt werden könnte.
Nachdem Sie nun auch über Limetten informiert sind, verteilen Sie den Avocadoschaum auf Pumpernickelscheiben. Die offerieren Sie Ihren Gästen entweder zum Aperitif oder als Vorspeise. Natürlich können Sie statt Pumpernickel auch Stangenweißbrot verwenden. Der trockene Sekt, den ich dazu einschenke, passt zu beidem.

◄◇►

Kirchengeschichtlich Interessierte werden sich vielleicht daran erinnern, dass ein gewisser Fabio Chigi (*in arte* Alexander VII.), noch bevor er es schaffte Papst zu werden, vier Jahre vor Ende des Dreißigjährigen Krieges und einen Tag, bevor er am 19. März in Münster einzog, um in seiner damaligen Eigenschaft als päpstlicher Nuntius an den Friedensvermittlungen zwischen den katholischen Mächten ein gewichtiges Wörtlein mitzureden, ein gewisses Befremden empfand, dem er in einem der Nachwelt erhalten gebliebenen Schreiben nicht ohne einen Anflug von Galgenhumor Ausdruck verlieh: »An diesem Tag wollten wir unsere Reise ganz gemütlich fortsetzen. Und so saßen wir schließlich in bunter Reihe neben einem Ochsen in rauchiger Hütte und taten uns an schimmligem Schwarzbrot gütlich, das der Westfale ›Pompernikel‹ [sic] nennt und mir weder für Bauern noch Bettler die geeignete Speise erscheint.« Katholiken und Katholikinnen, welche sich selber gerne als ›absolut papsttreu‹ bezeichnen, seien nochmals daran erinnert, dass Fabio Chigi noch nicht auf dem Stuhl Petri saß, als er das fremdländische Brot für verboten erklärte – und dass päpstlichen Entscheidungen bloß in moralischen und dogmatischen Quisquilien, nicht aber in kulinarischen (und damit existenziellen) Fragen ein besonderes Gewicht zukommt.

Alexander VII., Gemälde von Giovanni Battista Gaulla, um 1666

Die Marzipanlegende. Viele kulinarische Köstlichkeiten verdanken ihren Ursprung anonymen Küchenmeistern oder unbekannten Starköchinnen. Dazu zählt auch eine Näscherei, die zu unserer Kindheit gehörte wie das *Dinner for one* zum Fernseh-Vorabendprogramm an Silvester, nämlich das Marzipan.

Wenn wir den Venezianern glauben wollen, leitet sich das Wort vom lateinischen *Marci panis*, Brot des Markus, her. Zur Begründung dieser Ansicht verweisen Marco Polos Landsleute darauf, dass man in der Lagunenstadt jeweils am 25. April, am Festtag des Evangelisten und Stadtpatrons Markus, jene Leckerei aus Mandeln, Zucker und Honig herstellt, die Marcel Proust in seiner Kindheit vermutlich viel besser schmeckte als die berühmten Madeleines.

Das Duden-Herkunftswörterbuch weiß es auch diesmal besser – und stellt die patriotisch eingefärbte Erklärung der Venezianer infrage. Mit größter Wahrscheinlichkeit entwickelte sich der Begriff *Marzipan* aus dem Arabischen *Mautaban*, was so viel wie ›sitzender König‹ bedeutet. Das bezog sich auf eine Münze mit dem Bildnis einer thronenden Christusgestalt, die zur Zeit der Kreuzzüge im Umlauf war. Um 1200 ahmten die Venezianer diese Münze nach, wobei sie die ursprüngliche Bezeichnung zu *matapan* verballhornten. Später verwendeten sie den Ausdruck auch für ein Gewichtsmaß und anschließend für eine Schachtel, in der die damals schon legendäre Mischung aus Zucker und zerstampften Mandeln verkauft wurde und deren Gewicht in etwa dem fraglichen Maß entsprach. In der Folge ging der Name der Verpackung auf den süßen Inhalt über.

Dennoch behaupten auch die Lübecker weiterhin und hartnäckig, diese Leckerei erfunden zu haben. Und warten ihrerseits mit einer passenden Legende auf. Im 14. Jahrhundert, als die Stadt wieder einmal von feindlichen Truppen belagert wurde, hätten sich in den Vorratskammern bloß noch riesige Mengen von Mandeln und Honig befunden. Und just am Markustag sei ein Lübecker Bäckergeselle auf die Idee gekommen, daraus jenes weltberühmte Markusbrot zu backen, mit dessen Hilfe Generationen von Müttern gegen das Gebrüll ihrer Kinder ankämpften.

173

Marzipan-›Brötchen‹

Die Marzipanmasse etwa einen halben Zentimeter dick auswallen. Einen Model, wie wir ihn für die Herstellung von Änisbrötchen brauchen, mit Puderzucker einstäuben und auf das Marzipan aufdrücken. Den Model wegnehmen und das Bild mittels eines Ausstechers oder mithilfe eines Messers ausschneiden. Das ausgeformte Marzipanbild zwei Tage an einem kühlen Ort trocknen lassen.

Die Schnitzel-Saga. Es schmeckt einfach allen und immer. Richtig, wir reden vom Wiener Schnitzel. Am besten mundet es, wenn das Fleisch vor dem Panieren zwischen zwei Klarsichtfolien gelegt und flach geklopft wurde. »So dünn wie Zeitungspapier und so groß wie ein Klodeckel«, sagt man in Wien. Wer sich auskennt, weiß zudem, dass man das Schnitzel unbedingt mit Zitronensaft beträufeln sollte, bevor man es salzt und pfeffert, mit Mehl bestäubt und erst im Ei und dann in Semmelbröseln wendet.

Feststeht, dass die Wiener das Wiener Schnitzel geklaut haben und zwar in Mailand, wo die *high society* im Mittelalter verschiedene mit Blattgold bestreute Gerichte servierte. Als die Stadtväter 1514 diese Macke per Dekret verboten, musste die güldene Panade als Ersatz herhalten. Der Feldmarschall Radetzky lernte das sagenhafte Schnitzel 1848 unter der Bezeichnung *costoletta alla milanese* kennen und schätzen; er war damals gerade damit beschäftigt, den Aufstand der Mailänder gegen die österreichische Oberherrschaft niederzuschlagen. Das ›vergoldete‹ Kotelett schmeckte ihm so gut, dass er später auch in Österreich nicht darauf verzichten mochte.

Die Sache sprach sich herum und schlug weit höhere Wellen als die ausgebackene Panade, was schließlich dazu führte, dass die Wiener sich noch heute mit fremden Schnitzeln schmücken.

174

Backstube. Miniatur aus dem Hausbuch der Familie Cerruti, 14. Jahrhundert

Schweizer Schnitzel

Hinsichtlich der Zubereitung unterscheidet sich mein Schweizer Schnitzel nur gering von seinem Wiener Vorläufer. Was den Geschmack betrifft, liegen Welten dazwischen.

4 große Kalbsschnitzel	*3 EL sehr fein geriebener Greyerzer*
(ersatzweise: Schweineschnitzel)	*Salz*
1 Ei	*weißer Pfeffer*
6 EL Semmelbrösel	*etwas Mehl*
2 EL sehr fein geriebener Sbrinz	*Bratfett oder Öl*

Die Kalbsschnitzel flachklopfen. Das Ei verklopfen, aber auf keinen Fall schaumig rühren, weil es sonst an Bindekraft verliert. Käse, Salz und Pfeffer mit den Semmelbröseln vermischen. Schnitzel erst in etwas Mehl, dann im Ei und zuletzt in den Semmelbröseln wenden. In heißem Öl bei mittlerer Hitze goldbraun braten. Dazu passt ein Kartoffel- oder ein anderer Salat. Wenn wir wirklich gute Semmelbrösel verwenden wollen, bereiten wir diese selber zu, und zwar aus altem Butterzopf. Diesen in Scheiben und die wiederum in kleine Würfel schneiden und in einer Dose hart werden lassen. Die Zopfstücke in einen festen Plastikbeutel geben und mit Großmutters Kartoffelstampfer zu Semmelbröseln verarbeiten.

P wie Parmesan

Vom Essen und Trinken ist in Goethes Briefen häufig die Rede; der Geheime Rat wusste eine gute Küche und einen reichhaltigen Weinkeller zu schätzen. Vor allem in seinen späteren Jahren klagte er in den Briefen an seine Frau Christiane über schlechte Kost. Fast regelmäßig findet sich am Schluss (gelegentlich gar schon am Anfang) die Bitte, ihm doch per Kurier etwas Genießbares zukommen zu lassen – so einmal, als er es leid ist, fast täglich mit Schweinefleisch abgespeist zu werden: »Ich bitte dich also aufs Inständigste, mir mit jedem Botengange etwas gutes Gebratenes, einen Schöpsenbraten, Kapaun oder einen Truthahn zu schicken, es mag kosten, was es wolle, damit wir nur zum Frühstück, zum Abendessen, und wenn es zu Mittag gar zu schlecht ist, irgendetwas haben, was sich nicht vom Schweine herschreibt.«

Ganz besonders mochte Goethe die italienische Küche – und dazu gehört nicht nur der berühmte Schinken aus Parma, sondern auch der körnige Käse, der dort hergestellt wird. Und auf den wollte er unter keinen Umständen verzichten, wie aus einem Brief hervorgeht, den er 1809 von Jena aus an seine Christiane abschickte. Neben anderen Köstlichkeiten ließ er sich auch Parmesan besorgen, der ihm die Pasta erst genießbar machte: »Es geht uns hier ganz gut. Kaaz hat sich wohlbefunden, und geht morgen früh ab. Ich habe ihm Geld mitgegeben, dass er Suppen-Ingredienzien schicken soll, wozu er auch etwas Parmesan-Käse legen will, welcher zu den Macaronis ganz unentbehrlich ist.« Carl Ludwig Kaaz, ein Landschaftsmaler und Freund Goethes, wird den Käse besorgen und Goethe werden die »Macaronis« geschmeckt haben.

<hr />

Annibale Carraci,
Ausrufbild »Kauft Käse,
kauft Parmesan«, 1740

Parmesanchips

Ich bin mir sicher, dass der Dichter des *Faust* seine Verseschmiede gern für ein Weilchen verlassen hätte, um bei dem Aperitifgebäck zuzulangen, das ich meinen Gästen gelegentlich zu einem trockenen Weißwein reiche. Hergestellt ist es aus purem Parmesan. Ein flaches Backblech mit Backpapier auslegen. Darauf Häufchen von je 1 EL geriebenem Parmesankäse verteilen und diese mit einem Löffel platt drücken. In dem auf 200° erhitzten Ofen backen, bis der Käse fest und fast goldbraun ist (ca. 5–7 Minuten). Die Chips auskühlen lassen.

<hr />

»Dies buoch sagt von guoter spîse«

Warum gibt es überhaupt Kochbücher? Die Frage erübrigt sich, wenn wir unsere eigenen Erfahrungen überdenken. Wir sind bei Freunden zu Gast, ein Gericht schmeckt uns besonders; was liegt da näher, als sich das Rezept aufschreiben zu lassen? Falls wir beim Abschied nicht vergessen, es mitzunehmen, werden wir es zu Hause irgendwo ablegen. Praktisch bedeutet das: *Addio per sempre* – der Wisch bleibt für immer verschollen. Das war wohl schon bei den alten Römern so, die bekanntlich noch keinen heiligen Antonius anrufen konnten, wenn sie irgendwelche Dinge verschlampt hatten. Kurz vor Beginn unserer Zeitrechnung jedoch verfiel ein findiger Küchenmeister namens Marcus Gavius Apicius (nach anderen: Caelius Apicius) darauf, seine Kochrezepte nach Gerichten zu sortieren und die ganze Sammlung zu veröffentlichen. Das Kochbuch war erfunden.

Zwar berichten die antiken Schriftsteller, dass ein gewisser Archestratos bereits im 4. vorchristlichen Jahrhundert »eifrig alle Länder durchquerte mit dem Wunsch, die Freuden des Bauches sorgfältig zu erproben«. Dem aber ging es mehr um die Lust des Essens als um die Last der Zubereitung – offensichtlich handelte es sich nicht um einen Koch, sondern um einen Gastrokritiker.

Ganz anders Apicius. Angeblich versetzte der mit seinen Kochkünsten ganz Rom in Aufregung. Weiter wird kolportiert, dass Apicius der Ruf eines Viveurs anhaftete, der sein immenses Vermögen in die Verfeinerung der Küche investierte. Wer in dem ihm zugeschriebenen Rezeptbuch blättert, kommt unweigerlich zu der Überzeugung, dass da nicht nur ein versierter Koch, sondern auch ein exzentrischer Feinschmecker am Werk war. Plinius der Ältere, der beim Vesuvaus-

Kochbuch des Apicius. Titelbild der Martin Lister'schen Apicius-Ausgabe, Amsterdam 1709

bruch im Jahre 79 n. Chr. ums Leben kam, überliefert in seiner *Naturgeschichte*, dass Apicius die Gänse mit Feigen mästete, um ihre Leber zu vergrößern; die *foie gras* ist also keineswegs eine Erfindung der französischen Küche. Besonderer Wertschätzung erfreuten sich die delikaten Soßen des Apicius. Zu seinen Standardrezepten gehörten überdies Flamingo- und Nachtigallenzungen, Wachtel-Spiegeleier, Schweineeuter und Brennnessel-Auflauf. Und natürlich seine berühmten mit Walnuss- oder Pinienkernen gefüllten und in Honig gewendeten Datteln, die man in Italien noch heute verkauft.

Von so viel Raffinesse zeigte sich ein Zeitgenosse des Apicius, der Denker und Philosoph Seneca, gar nicht begeistert. In seiner *Trostschrift für Helvia* schreibt er, nicht ohne Genugtuung: »Nachdem Apicius sein ganzes Vermögen in die Küche investiert hatte, zog er notgedrungen Bilanz. Als er nun entdeckte, dass ihm nur noch wenig übrig blieb, fürchtete er, hungers zu sterben und machte seinem Leben durch Gift ein Ende.«

Jahrhunderte später führen die Kirchenlehrer ihrer Leserschaft den gottlosen Apicius als warnendes Beispiel vor Augen. So berichtet etwa der heilige Isidor von Sevilla, er verstarb im Jahre 633, dass der römische Feinschmecker mit seiner Kocherei nicht nur seinen Leib, sondern auch seine Seele zugrunde gerichtet habe. Und noch zu Beginn des 13. Jahrhunderts erinnert Hugo von St-Victor, ein Augustiner Chorherr und Verfasser zahlreicher philosophischer, theologischer und mystischer Werke

177

daran, dass »ein gewisser Apicius« wegen seiner ausschweifenden Lebensweise ein schlimmes Ende nahm.

Von derartigen Scheltreden ließen sich die mittelalterlichen Mönche nicht beeindrucken, sondern schrieben die von dem ruchlosen Heiden überlieferten Rezepte weiterhin munter ab. Vermutlich hat sich mehr als einer von ihnen während der öden Kopiererei heimlich danach gesehnt, das klösterliche Skriptorium mit dem Speisesaal des Apicius zu vertauschen.

Während wir derlei zwar unbeweisbare aber nicht unbegründete Verdächtigungen in die Welt setzen, schlägt sich der Historiker eine schwarze Robe über die Schultern und tritt als Anwalt des angeblich so gefräßigen Apicius auf den Plan. Und erhebt zuerst die Hand und dann die Stimme: Einspruch, Euer Ehren! Haben die Textkritiker denn nicht längst herausgefunden, dass der fragliche Apicius vermutlich zwei Bücher geschrieben hat (oder schreiben ließ), nämlich eine Sammlung mit allgemeinen Rezepturen (*De re coquinaria*) und eine über Soßen (*De condituris*)?! Haben die Philologen, die nicht nur über jeden Satz, sondern schon über ein einzelnes Wort ganze Bände zu verfassen imstande sind, aufgrund des wortstatistischen Befunds denn nicht längst nachgewiesen, dass von den 478 Rezepten des ›Apicius‹ (wohlgemerkt, in Anführungszeichen) bloß rund 300 – wenn überhaupt! – von dem römischen Koch stammen können?! Muss nicht schon jedem Küchenjungen, der in dem fraglichen Buch ein wenig schmökert, auffallen, dass ›Apicius‹ sich ein bisschen oft wiederholt, und dass in diesem Opus bezüglich der Rezeptfolge ein heilloses Durcheinander herrscht?! Legt das alles nicht den Schluss nahe, dass die fastenden Mönche in ihren Schreibstuben in einem schwachen Augenblick auch in anderen Kochbüchern schnüffelten und dann beim Kopieren ihres ›Apicius‹ allerlei köstliche Dinge, die sie selber nie auf ihren Tellern sahen, auf Pergament bannten?

Angesichts der Fülle seiner Argumente glauben wir unserem Historiker im Anwaltstalar gerne, wenn er zusammenfassend festhält: Der Apicius, der uns aus unserer Ausgabe seines Kochbuchs entgegentritt, ist keineswegs identisch mit dem berühmt-berüchtigten römischen Koch. Mit höchster Wahrscheinlichkeit hat ein stadtbekannter Schlemmer und Zeitgenosse Jesu namens Marcus Gavius Apicius eine Sammlung von Rezepten zusammengestellt, die dann ein gewisser Caelius im 3. oder 4. Jahrhundert mit anderen Kochanweisungen erweiterte und unter dem Namen Caelius Apicius publizierte (daher die Zweifel bezüglich des Verfassernamens). Die heutigen Ausgaben der fraglichen Rezeptsammlung gehen zur Hauptsache auf zwei Manuskripte aus dem 9. Jahrhundert zurück. Kurzum, manche angeblich von Apicius stammende Rezepte hat dieser gar nicht selber verfasst; sie wurden ihm im Wortsinn zugeschrieben. Die folgende Kochanleitung für Schweineeuter aus dem 7. Buch (»Der Gourmet«) seines Werkes dürfte jedoch wirklich von Apicius stammen.

Sumen

Das älteste erhaltene Kochbuch *deutscher Sprache* stammt von einem anonymen Verfasser, der seinen darin enthaltenen Geheimtipps und Ratschlägen einen Vers voranstellt: »Dies Buch sagt von guter Speise, das macht die unverständigen Köche weise.« Das Original ist Teil einer auch literarische und medizinische Abhandlungen umfassenden Pergamenthandschrift, welche zwischen 1345 und 1352 angefertigt wurde und dem in Würzburg residierenden bischöflichen Protonotar Michael de Leone als Hand- und Hausbuch diente. Eigentlich handelt es sich bei den Rezepten um zwei verschiedene Sammlungen mit insgesamt 96 Kochanleitungen. In der gereimten Einführung verspricht der anonyme Verfasser, die Zubereitung der einzelnen Gerichte so zu beschreiben, dass sogar Unkundige »groz gerihte machen / kuenne von vil kleinen sachen«.

Koch und Magd in einer mittelalterlichen Küche. Aus der Kuchenmaysterey

Das erste Kochbuch deutscher Sprache, *dessen Autor namentlich in Erscheinung tritt*, ist in einer Abschrift aus dem Jahr 1460 auf uns gekommen und stammt von einem gewissen Meister Hansen, der sich als »des von Wirtenberg Koch« bezeichnet.

Wie die erste deutsche Rezeptsammlung stammt auch *das erste in Deutschland gedruckte Kochbuch* von einem unbekannten Verfasser. Es erschien um 1485 in Nürnberg unter dem Titel *Kuchenmaistrey* (Küchenmeisterei) und diente Generationen von Kochbegeisterten als Küchenbibel. 179

Typisch für diese spätmittelalterliche Küche ist, dass nicht nur Fisch und Geflügel, sondern auch das Fleisch von Schlachtvieh vor dem Braten in einer Brühe gegart wird. Das änderte sich erstmals im Vatikan, wo die Köche im ausgehenden 15. Jahrhundert eine Kochkunst erprobten, die auf die im Mittelalter üblichen Fleischkeulen und Eintöpfe verzichtete. Als Initiator dieser neuen *Ars coquinaria* gilt der Theologe und Humanist Bartolomeo Sacchi, besser bekannt unter dem Pseudonym Platina, der als päpstlicher Bibliothekar und Historienschreiber Karriere machte. Ob Sixtus IV., ein Franziskaner, der 1471 den Sprung bis hinauf zum höchsten Kirchenamt schaffte, Platina auch seiner Kochkünste wegen an den Päpstlichen Hof holte, muss offen bleiben. Tatsache ist, dass dieser im Jahr des Heils 1474 unter dem lateinischen Titel *De honesta voluptate et valetudine* einen Küchen-Bestseller landete, der nicht nur ins Italienische und Französische übersetzt wurde, sondern 1542 in der Fuggerstadt Augsburg auch auf Deutsch erschien, und zwar unter der trostreichen Überschrift *Von der eerlichen, zimlichen, auch erlaubten Wollust des Leibs.* Die Kirche ist also gar nicht so leibfeindlich, wie oft behauptet wird.

Frauen treten in Nordeuropa erst gegen Mitte des 16. Jahrhunderts als Autorinnen von Kochbüchern in Erscheinung. Zu den bekanntesten unter ihnen zählt Sabina Welser aus Augsburg, die über so viel Selbstbewusstsein verfügte, dass sie ihren Namen gleich in den Titel ihrer Rezeptsammlung aufnahm: *Das Kochbuch der Sabina Welserin.*

Eine Verwandte dieser Sabina war die 1527 geborene Philippine Welser. 1557 vermählte sie sich gegen den Willen Kaiser Ferdinands mit dessen Sohn, dem Erzherzog Ferdinand von Tirol. Nachträglich gab der Kaiser dem Paar dann doch noch seinen Segen. Im erzherzoglichen Haushalt sollen jeden Tag durchschnittlich vierundzwanzig verschiedene Gerichte auf den Tisch gekommen sein.

‹◇›

Eier in gelber Soße

Das Kochbuch der Philippine Welser (*De re coquinaria*, Handschrift ca. 1545) wird im Schloss Ambras bei Innsbruck aufbewahrt (Inv. Nr. PA 1473). Darin findet sich das folgende Rezept.

4 Eier	*2 EL trockener Rotwein*
4 EL Orangenkonfitüre	*1 kleine Schalotte*
3 EL scharfer Senf	

Die Soßenzutaten miteinander verrühren und die fein gehackte Schalotte darunter mischen. Die Masse ein paar Minuten bei milder Hitze ziehen lassen und über die geschälten und halbierten Eier verteilen.

‹◇›

Als Dritte im Bunde der schreib- und rezeptkundigen Frauen ist hier noch die Basler Arztwitwe Anna Wecker zu nennen, welche 1598 *Ein köstlich new Kochbuch* veröffentlichte. Allerdings war die Verfasserin weniger auf den Gaumenkitzel als auf eine gesunde Ernährung bedacht.

Die spätmittelalterlichen und frühneuzeitlichen Kochbücher verzichten durchwegs auf Angaben, welche die Garzeiten oder die benötigten Mengen an Zutaten betreffen. Erwähnt wird lediglich das Was, nämlich die Zutaten; das Wie hatten die Köche und Köchinnen im Kopf. Und natürlich gab es in den alten Rezeptsammlungen auch keine Hinweise auf bestimmte Markenartikel. Weil damals kein Lieferant und keine Firma auf den Gedanken verfiel, dass man Kochbücher sponsern könnte.

Von Schaumschlägern und Aufschneidern

Häufig kriege ich Kochbücher geschenkt, wobei ich mir nie ganz sicher bin, ob es sich nicht um einen Wink mit dem Zaunpfahl handelt (»Da gäbe es noch einiges zu verbessern ...«). Bei Großformatigem und reich Bebildertem bin ich skeptisch, vor allem wenn es von Starköchen unter den Soßenrührern und Schaumschlägern stammt. Die schreiben ja meist nicht selber, sondern lassen schreiben (so wie sie in ihren Nobelrestaurants kochen lassen). Und setzen sich dabei in Szene, als hätten sie schon als Kinder statt im Sandkasten mit Kochtöpfen gespielt. Auf Titel wie *Aus Urgroßmutters Küche* reagiere ich allergisch, wenn ich lese, dass die Banane im Mixer und das Fleisch im Cutter zu verarbeiten sind. Meine Urgrossmutter jedenfalls wusste nichts von derlei Geräten und musste froh sein, wenn das Petroleum bis zum Zahltag am Monatsende reichte. Und Bananen kannte sie, wenn überhaupt, vom Hörensagen. Dafür fütterte sie jede Menge Stallhasen. Das Kaninchenfilet mit Gemüsewürfelchen sollten Sie aber schon nach meiner Art zubereiten und als Vorspeislein servieren.

―――

Kaninchenfilet mit Gemüsewürfelchen

3 Kaninchenfilets	*1 TL Balsamessig*
Salz	*4 EL Zitronensaft*
¼ Zucchini	*4 EL Olivenöl*
1 kleine Karotte	*Salz, Pfeffer*
½ gelbe Paprika	

Die Kaninchenfilets im heißen Salzwasser 10 Minuten ziehen lassen. Kalt stellen und in dünne Scheibchen schneiden; diese auf die Teller verteilen. Zucchini, Karotte und gelbe Paprika in sehr kleine Würfelchen schneiden und diese darauf verteilen. Aus Balsamessig, Zitronensaft, Olivenöl, wenig Salz und etwas frisch gemahlenem Pfeffer eine Marinade rühren und diese über die Filet-Scheibchen gießen.

◄○►

In früheren Zeiten betrachtete man das Tranchieren als besondere Kunst. Im Italien des 16. Jahrhunderts kam dem »Vorschneider« bei Hof eine besonders ehrenvolle Stellung zu. Cristoforo Messimburgo, ein Renaissance-Starkoch, der 1549 in Ferrara ein berühmtes Kochbuch veröffentlichte, benötigte 25 verschiedene Instrumente und mehrere Messer und Gabeln, um einen Braten fachgerecht zu zerlegen. In der Folge mauserte sich Italien immer mehr zum klassischen Land der Tranchierkunst. Allerdings soll es da auch Schneidermeister gegeben haben, die bei ihren Darbietungen zu Übertreibungen neigten und mit ihren Messern wild in der Luft herumfuchtelten, als gelte es eine Schlacht zu schlagen. Dabei machten sie (wie heutzutage die römischen Pizzabäcker) kunstvolle Verrenkungen, um das Publikum zu beeindrucken. Das führte schließlich dazu, dass man einen Prahlhans auch als ›Aufschneider‹ bezeichnete.

Buchstabensuppe

Augsburg 1555. Anlässlich des Reichstags geben die Fugger ein Bankett, zu dem auch Herzog Heinrich von Braunschweig geladen ist. Unter den Gästen befindet sich außerdem der Württemberger Graf Haug von Zimmern auf Hohenzimmern bei Rottweil. Der wundert sich darüber, dass neben dem Teller des Braunschweigers ein »Zedel« liegt, den der Herzog sorgfältig studiert, und zwar noch bevor die ersten Speisen aufgetragen werden. Was es damit auf sich hat, erfährt der Graf erst später – und das scheint ihm dermaßen außergewöhnlich, dass er die Sache in einer von ihm verfassten Chronik festhält: »Es het herzog Hainrich ein langen Zedel bei im uf der tafel liegen. Darinn het im der Kuchenmaister alle Esen und drachten ordenntlich ufgezaichnet. Unnd kunt sich Herzogen Hainrich demnach mit seinem Esen darnach richten und sich uf die bösten [besten] drachten sparen.« Da damals bei offiziellen Essen eine Unmenge an »Trachten« (Gängen) aufgetragen wurde, wollte Heinrich die Speisefolge vorher in Erfahrung bringen, damit er sich auf jene Gerichte konzentrieren konnte, welche ihm am besten schmeckten. Also ließ er sich vom fuggerschen

Küchenchef eine Liste der von ihm zubereiteten Köstlichkeiten vorlegen.

Aufgrund dieses Vorkommnisses wird Herzog Heinrich gelegentlich als Erfinder der Speisekarte bezeichnet. Tatsächlich jedoch handelte es sich um eine Menükarte. Auf einer solchen nämlich sind nur die einzelnen Gänge eines Essens angeführt, während die eigentliche Speisekarte das gesamte Angebot eines Lokals umfasst, aus dem der Gast sich sein Menü selber zusammenstellt.

Nach wie vor streiten sich die Gelehrten darüber, wann genau die eigentliche Speisekarte in Gebrauch kam. Als ›Ur-Karte‹ könnte vielleicht das Bärenfell gelten, das bei den Germanen vor einer Hütte hing. Dann konnten die Stammesgenossen vermuten, dass es dort bald nach Braten riechen würde. Im Übrigen haben schon die Schankwirte im Alten Ägypten Tontafeln vor die Tür gestellt, auf denen das Tagesmenü eingeritzt war. Ähnlich ver-

Menu du Chef aus dem Hotel Colombi, Freiburg i. Br.

kündet noch heute vor jeder Kneipe eine Tafel mit weißer Kreideschrift, was »der Schef empfilt«, beziehungsweise was er seinen Gästen zumutet. Seit es Mode geworden ist, beim Italiener, beim Chinesen oder beim Inder, neuerdings auch beim Thailänder zu speisen, gerät die Speisekarte nämlich zunehmend zur Buchstabensuppe. Da wird ein »Zafran Reiss« angepriesen, eine »Curriwurst« angeboten, mit einem »Desserdbüffe« aufgewartet. Wenn man so was sieht, läuft einem nicht etwa das Wasser im Munde zusammen; vielmehr beginnen die Tränen zu laufen, und zwar stärker als bei der Köchin, die beim Türken Zwiebeln schneidet. Denn so was tut einfach w! Weh tut gelegentlich auch die neue Orthografie, selbst wenn sie korrekt angewandt wird. Eine Mayonnaise kann man löffelweise reinschieben, während sich einem schon beim bloßen Lesen des Worts *Majonäse* der Magen umdreht. Warum sich die Gastwirte nur in der Rechtschreibung, nicht aber bei den Preisangaben vertun, ist eines jener Rätsel, die nicht einmal ein Paul Bocuse zu lösen vermöchte.

Menü- und Speisekarten, wie wir sie heute kennen, sind im 19. Jahrhundert entstanden. Vorher hingen an den Wänden der Gasthöfe Tafeln, welche die des Lesens Kundigen über die vorhandenen Speisen und Getränke informierten. Ein ständig wachsendes Angebot und eine immer raffiniertere Küche machten die Speisekarte schließlich zu einer Notwendigkeit. Aber auch auf dieser wurde es allmählich eng, weshalb die Wirtsleute irgendwann auf den Gedanken verfielen, ihren geplagten Gästen gleich mehrere Karten in die Hand zu drücken, nämlich eine Speisekarte, eine Getränkekarte, eine Weinkarte, eine Cocktailkarte, eine Dessertkarte und schließlich noch eine Eiskarte. Wem das alles zu viel ist, verlangt ganz einfach die Tageskarte. Sollte der Ober oder die Kellnerin andeuten, dass diese bei der Bundesbahn zu beziehen sei, verabschieden wir uns mit der Bemerkung: »Dann kann ich mich ja gleich in der Bahnhofgaststätte verpflegen.«

In gewissen Restaurants wird den Damen, die in Herrenbegleitung erscheinen, eine spezielle Speisekarte ohne Preisangabe für die einzelnen Gerichte präsentiert. Ob sich das mit der Emanzipation der Frau verträgt, müssen die Betroffenen selber entscheiden.

Sprachempfindliche Deutsche, die im Ausland weilen, kriegen mitunter schon Bauchgrimmen, wenn sie den Kellnern ihre Wünsche anmelden sollen. Wer in der guten alten Zeit nach Paris, nach Rom oder nach Athen reiste, lernte vorher die Landessprache. Heutzutage sind die Destinationen unbeschränkt, während das Sprachvermögen der Touristinnen und Weltenbummler naturgemäß begrenzt ist. Deshalb (aber eigentlich eher aus ökonomischen Gründen) präsentieren die Wirtsleute in Prag, in Kopenhagen und Barcelona und in anderen von den Reiselustigen heimgesuchten Städten mehrsprachige Speisekarten. So wird den erstaunten Preußen in einer römischen Trattoria ein »Fleisch aus Lamm« angeboten; eigentlich handelt es sich aber um *abbacchio*, also um Milchlamm. *Riso con piselli* heißt dort »Reis mit Erbe«; statt der erwarteten Erbschaft aber kugeln sich dann Erbslein auf dem Teller. In Barcelona kann es schon einmal vorkommen, dass der *calamar* als »tintiger Fisch« angepriesen wird; wir wünschen viel Vergnügen und eine gute Verdauung!

―――――――――――◄○►―――――――――――

Salat nach Mimmas Art

Statt für »Fleisch aus Lamm« entscheiden wir uns für eine kleine Vorspeise, die ich anlässlich einer Einladung bei Mimmas Familie in Rom vorgesetzt und für ausgezeichnet befunden habe.

1 Handvoll entsteinte schwarze Oliven   *2 Fenchelknollen*
4 Selleriestängel   *Olivenöl und Meersalz*
2 Blutorangen

Die Oliven halbieren, Stangensellerie, Orangen und Fenchelknollen in kleine Stücke schneiden. Alles mit feinem Olivenöl und etwas Meersalz vermischen. *Keinen* Essig verwenden!
Dazu reichte Mimma ihre unvergessliche Bruschetta.

―――――――――――◄○►―――――――――――

Bruschetta

8 Scheiben frisches luftiges Schwarzbrot   *Olivenöl*
2 Knoblauchzehen

Die Brotscheiben mit gepresstem oder fein gehacktem Knoblauch bestreichen, mit etwas Olivenöl beträufeln und in der Pfanne beidseitig goldbraun anbraten. Warm servieren. Dazu passt ein Bier oder ein Glas kellerkühler Landwein. Mimma mag keinen Wein, sondern trinkt dazu Leitungswasser.

Spaghetti und Chianti und die Italianità

Wenn die Teutonen in den Süden reisen, haben sie nur eines im Kopf, nämlich Pizza und Pasta, Barbera und Bardolino, Mozzarella und Mortadella ... Nach einem ersten Zwischenhalt in Milano oder Modena erstürmen sie die erstbeste Trattoria; es ist dies für sie der Gipfel der viel gerühmten *italianità*. Darunter verstehen sie Spaghetti und Chianti und *insalata caprese*, jenen berühmten Salat in den italienischen Nationalfarben (Tomaten, Mozzarella, Basilikum), den sie zum Entsetzen der Einheimischen nach der Pasta als Hauptgang zelebrieren. Kulinarischen Unverstand bewies seinerzeit auch der sonst recht wählerische Goethe, als er in seiner *Italienischen Reise* von »Macroni mit Parmesan« schwärmte. Dass man die damals in heißer Butter wendete, bevor sie mit Käse überstreut wurden, ist ihm offenbar entgangen. Außerdem vergisst er zu erwähnen, dass die Pasta in Italien *al dente* serviert wird.

Tortellinigratin
Al dente, will sagen bissfest, servieren wir auch unseren Tortellini-Gratin.

400 g Tortellini	*wenig Safran (Alternative: Curry)*
1 kleine Zwiebel	*etwas trockener Weißwein*
etwas Butter	*weißer Pfeffer*
250 ml Béchamelsoße	*150 g gewürfelter Schinken*
100 ml Kaffeesahne	

Die (mit Fleisch, Spinat oder Ricotta gefüllten) Tortellini in reichlich Salzwasser kochen (Packungsvorschrift beachten). Die Zwiebel schälen, fein hacken und in wenig Butter andünsten. Die Béchamelsoße dazugeben und erhitzen. (Unerfahrene kaufen eine Fertigsoße; Ehrgeizige konsultieren ihr Kochbuch). Die Kaffeesahne, wenig Safran (oder Curry) und zum Schluss etwas trockenen Weißwein unterrühren. Mit Pfeffer abschmecken. Die Tortellini zusammen mit den Schinkenwürfelchen in eine ausgebutterte Gratinform geben, die Soße darübergießen und in dem auf 200° erhitzten Backofen ca. 20 Minuten gratinieren.

◄○►

Allein schon die Tatsache, dass die Nordländer die Nudeln im Allgemeinen viel zu weich servieren, zeugt von ihrem gestörten Verhältnis zur italienischen Küche. Dies wiederum hängt damit zusammen, dass sie im Urlaub vorwiegend auf die Preise achten, weil sie in der ständigen Angst leben, nach Strich und Faden betrogen zu werden. Ihre Vorstellungen von der italienischen Küche beschränken sich auf die Farbfotos in ihren italienischen Kochbüchern, deren Vorworte jeweils ähnlich beginnen: »Italienische Küche – was steckt doch nicht alles in diesen zwei Worten!« Dann ist mindestens sechs Mal von *typisch italienisch* die Rede, und am Schluss, da kann man sein gesamtes Vermögen darauf verwetten, steht immer das Gleiche: *Buon appetito!*

Dabei könnte einem der Appetit schon vergehen, wenn man die Rezepte liest, statt sich von den Illustrationen blenden zu lassen. Bevor man italienisch zu kochen versucht, sollte man die Küche im Land selber gekostet haben. Und zwar nach Möglichkeit in kleinen Familienbetrieben, wo die Speisekarte noch von Hand geschrieben ist. Aber eigentlich ist die völlig überflüssig. Denn am besten fährt man in solchen Lokalen noch immer, wenn man die Empfehlungen des *padrone* beherzigt. Polenta und Pizza kommen, wenn überhaupt, ganz am Schluss. In Bezug auf diese Letztere meinte schon der berühmte deutsche Kulturhistoriker Ferdinand Gregorovius, der Italien jahrzehntelang durchstreifte (und an den in Rom sogar eine Straße erinnert), es handle sich um »Proletarierkost. Es gehört der Magen eines Lazzarone dazu, sie zu verdauen.« Wobei Lazzarone so viel wie Stromer, Faulpelz oder Taugenichts, meist aber all das zusammen bedeutet.

Ein *padrone*, der etwas auf sich hält, wird seine Gäste stets mit ein paar Anekdoten aus der Geschichte der Gastronomie unterhalten. So wird er sie darauf aufmerksam machen, dass es sich bei der Mortadella auf dem Vorspeiseteller ursprünglich um eine Bologneser Spezialität handelte, die schon im Mittelalter bekannt war, als man das Schweinefleisch mit einem Stößel im Mörser zerrieb, im *mortaio della carne*, dem die Wurst ihren Namen verdankt. Die Herstellung war jahrhundertelang ein gut gehütetes Geheimnis. Was den französischen Dominikanerpater Jean Baptiste Labat zu Beginn des 18. Jahrhunderts zu der Behauptung veranlasste, dass sie aus Eselsfleisch bestehe. Zwar gab es viele Esel in Bologna, aber wenn die Geschichte wahr wäre, hätte man auch die zweibeinigen zu Wurst verarbeiten müssen, um die verkauften Mengen herzustellen. Noch 1928 erklärte der deutsche Schriftsteller und Theaterkritiker Alfred Kerr, Mortadella werde aus Hundefleisch hergestellt! Möglicherweise hat er da Cremona mit Korea verwechselt. Was einem, der sich mit der gesamten Weltliteratur befasst, ja schon mal passieren kann.

Gleich, gleicher, am gleichsten

Alle Menschen sind gleich. In Bezug auf das Gesetz mag das gelegentlich zutreffen. Aber in der Kaffeebar, in welcher ich während meiner Römer-Jahre fast allmorgendlich meinen Cappuccino trank, gilt diese Regel nicht – zumindest nicht für die Stammgäste. Die werden vom Kellner nicht mit Namen, sondern mit dem Titel angeredet. *Buongiorno Avvocato! Professore, come andiamo? Sempre la solita camomilla*, den üblichen Kamillentee, *Ammiraglio*? Gestern, *Architetto*, habe ich Sie gar nicht gesehen, waren Sie krank? Der grüblerisch dreinblickende *Reverendo* wäre bestimmt mit *Eccellenza* tituliert worden, wenn er seinen Priesterkragen etwas höher getragen und das Kinn mehr nach oben gespannt hätte. Ich selber sah mich schon nach dem dritten Besuch zum *Commendatore* befördert.

Im Himmel werden alle Menschen gleich sein. Aber in einer römischen Kaffeebar herrscht noch Ordnung. Da wird selbst der Laufbursche, welcher die Cornetti anliefert, standesgemäß begrüßt: *Ciao bello!*

Wie verschieden die Menschen sind, zeigt sich hier auch an der Art, wie sie ihren Kaffee trinken. Zu ordern gibt's wenig; der Kellner weiß ja Bescheid. Der *Ammiraglio* mag seinen Kamillentee im Glas; der *Professore* schlürft einen *caffè macchiato*, will sagen einen Espresso mit einem Schuss kalter Milch; die *Contessa*, die hier jeden Morgen ihren Auftritt hat, kriegt ihren Espresso *molto ristretto con molto zucchero* in einer *tazzina*, in einem kleinen Tässchen, serviert, vermutlich damit der ausgestreckte kleine Finger beim Trinken besser zur Geltung kommt. Der *Commendatore* steigt am Tag seiner Rückreise nach Basel vom *cappuccino* auf *caffè corretto alla sambuca* um.

Vier Stunden später betritt er im Flughafen von Fiumicino den Autogrill und bestellt einen Cappuccino. Hier geht's zu wie im Himmel; es gibt weder *Contesse* noch *Dottori*. Alle sind gleich und trinken ihr Zeugs aus den gleichen gelblichen Plastikbechern.

Dieser himmlischen Ordnung versucht der Apostel Paulus schon hier auf Erden zum Durchbruch zu verhelfen, wenn er die Gläubigen daran erinnert, dass sie durch die Taufe »zu neuen Menschen geworden sind, die nach dem Bild des Schöpfers erneuert wurden«. Deshalb »gibt es nicht mehr Griechen oder Juden, Beschnittene oder Unbeschnittene, Fremde, Skythen, Sklaven oder Freie, sondern Christus ist alles und in allen« (Kolosserbrief, Kapitel 3, Verse 10–11).

Damit redet Paulus nicht einer platten Gleichmacherei das Wort, noch behauptet er, dass die Menschen durch die Taufe gewissermaßen geklont würden. Bekanntlich bewirkt die Taufe nicht, dass alle die gleichen Veranlagungen, Neigungen und Vorlieben haben. Und schon gar nicht impliziert die Zugehörigkeit zur Glaubensgemeinschaft und die damit gegebene Gleichheit, dass alle Menschen gleich zu behandeln sind. Eltern und Erziehende wissen hoffentlich darum, dass manche Kinder mehr Zuwendung brauchen als andere, und dass einigen gegenüber etwas mehr Strenge durchaus angebracht ist. Obwohl vor Gott alle Menschen gleich sind, werden wir auch weiterhin verschiedene Rollen im großen Welttheater besetzen. Die Gleichheit aller Menschen bezieht sich vorgängig auf die Menschenwürde und damit auf die Tatsache, dass wir allen Menschen den gleichen Respekt und die gleiche Achtung schulden. Und dass niemand auf die Idee verfällt, sich wegen seiner Herkunft oder Stellung oder aufgrund irgendwelcher besonderer Leistungen für etwas ›Mehrbesseres‹ zu halten. Wer immer dieser Versuchung zu erliegen droht, sollte sich an Papst Johannes den Guten erinnern, der gelegentlich zu sich selber sagte: »Giovanni, nimm dich nicht so wichtig!«

Schokoladenkaffee

100 g dunkle Schokolade   *1 Eigelb*
100 ml Wasser   *50 ml Kirschwasser*
500 ml Milch   *Sahne*
Zucker

Die Schokolade zerbröckeln und in heißem Wasser schmelzen. Milch zugeben und unter Rühren zum Kochen bringen. Je nach Gusto Zucker zufügen. Das Eigelb in einem zweiten Topf schaumig schlagen, die Schokolade und den Kirsch hinzugeben und das Ganze erhitzen. In Tassen anrichten und mit Schlagsahne garnieren. Falls das Getränk für Kinder bestimmt ist, lassen wir das Kirschwasser selbstverständlich weg.

Küchenlatein

Wie kommt die Ente vom Backrohr in die Zeitung? Weshalb bezeichnet man den Unterteller auch als Untertasse? Was ist eine Milchmädchenrechnung? Angesichts derartiger Fragen sind selbst die berühmtesten Köchinnen und Kochkünstler mit ihrem Küchenlatein am Ende. Und müssen sich von den Sprachforschern belehren lassen.

Eine Milchmädchenrechnung macht auf, wer Erwartungen hegt, die auf falschen Voraussetzungen oder auf einem Trugschluss beruhen. Das Milchmädchen, auf welches die besagte Rechnung zurückgeht, heißt Perette und ist alles andere als begriffsstutzig. Seinen Auftritt hat es in der Fabel *La laitière et le pot au lait* des französischen Dichters Jean de la Fontaine, die Johann Wilhelm Ludwig Gleim überarbeitet und 1757 unter dem Titel *Der Milchtopf* veröffentlicht hat. Die Geschichte handelt von einer Bauernmagd, die einen Topf voll Milch auf den Markt bringt, in der Hoffnung, diesen möglichst gewinnbringend zu verkaufen. Und sich dabei vorstellt, was sie für das Geld alles erwerben kann. Zunächst träumt sie von einem Huhn. Das legt Eier; der Erlös der Eier könnte für ein Schwein reichen, und – ja, und dann stolpert die Gute über einen Stein und die Milch ist hin und die Rechnung nicht aufgegangen. Der Titel der Fabel könnte also auch lauten: Perette im Unglück. Milchmädchen, das erweist sich hier zweifelsohne, können also sehr wohl rechnen. Aber wie unsereiner sind auch sie nicht gefeit gegen Schicksalsschläge.

Was die Untertasse betrifft, hatte die schon immer die Form eines kleinen Tellers, der aber zeitweise die Funktion einer Tasse hatte. Als im 18. Jahrhundert in besseren Kreisen das Tee- und Kaffeetrinken in Mode kam, kam man auf die Idee, die heiße Flüssigkeit in die Untertasse zu gießen und sie daraus zu schlürfen. Für die entsprechenden Begleitgeräusche würde man sich heute in jedem besseren Lokal ein Hausverbot einhandeln. Wie die sich in etwa anhörten, ist in den Sprechblasen der Comics nachzulesen.

Und die Ente in der Zeitung? Dafür gibt es verschiedene Erklärungen. Manche Forscher und Forscherinnen sind der Ansicht, dass es sich um eine lateinische Abkürzung handelt: *nt* (gesprochen: *en-te*), was so viel bedeutet wie *non testatum*, d. h. nicht bezeugt. In heutiger Diktion: Ohne Gewähr. Diese Abkürzung wurde im 17. Jahrhundert Zeitungsmeldungen angefügt, deren Wahrheitsgehalt nicht bestätigt war. Die Brüder Grimm hingegen zitieren in ihrem *Etymologischen Wörterbuch* Martin Luther, auf den der Begriff ihrer Ansicht nach zurückgeht: »So kömpts doch endlich dahin, das an stat des evangelii und seiner auslegung widerumb von blaw enten gepredigt wird.« Blaue Enten stehen hier für Halbwahrheiten und Irrtümer. Überzeugender jedoch ist eine dritte Theorie, nach welcher die Zeitungsente im 19. Jahrhundert in Frankreich den Weg vom Bratofen ins Journal fand. Dort wurde die Ente als unzuverlässige Brüterin in dem Ausdruck *donner des canards* (Enten geben) mit der Lüge in Verbindung gebracht.

―◇―

Entenbrust

4 Entenbrüstchen	*125 ml trockener Rotwein*
50 g Johannisbeergelee	*etwas Thymian*
20 g Butter	*1 TL Mehl*
20 g Bratfett	*1 mittelgroße Zwiebel*
250 ml Hühnerbrühe	*Pfeffer aus der Mühle, Salz*

Geflügelzubereitung. Alter Stich

Und so geht's: Die Entenbrüstchen waschen und mit Küchenpapier trocken tupfen. Die Haut wegschneiden und fein würfeln. Die Zwiebel schälen und ebenfalls in kleine Würfel schneiden. Den Thymian waschen, trocken tupfen und die Blättchen abzupfen. Bratfett in einer Pfanne erhitzen und die Entenbrüstchen auf jeder Seite etwa 10 Minuten braten. Öfter mal wenden. Das Fleisch mit Salz und Pfeffer würzen und in dem auf 60° erhitzten Backofen etwa 10 Minuten ruhen lassen.

In der Zwischenzeit den Bratensatz mit Brühe und Rotwein ablöschen. Alles kurz aufkochen, die Hitze reduzieren, Johannisbeergelee unterrühren und die Soße mit etwas in kaltem Wasser aufgelösten Mehl binden. Nochmals aufkochen und abschmecken.

Die Butter in einer anderen Pfanne erhitzen und die Hautwürfel darin kross braten. Die Zwiebelwürfelchen dazugeben und mit Salz und Thymian würzen. Die Hautkrusteln mit einer Kelle aus der Pfanne heben und auf Küchenpapier abtropfen lassen.

Die Entenbrüstchen in Scheiben schneiden und die Krusteln darüber verteilen. Dazu gibt's Butterspätzle und Saisongemüse.

―◇―

Der Ausdruck Küchenlatein übrigens geht auf die klassisch gebildeten Humanisten zurück, welche damit das holperige Mönchslatein des Mittelalters bezeichneten. Ihrer Ansicht nach handelte es sich um einen sprachlichen Kopfsalat. Womit wir definitiv in der Küche gelandet sind.

Zu Gast beim Finsterwirt

Als im Mittelalter das große Laufen einsetzte und sich immer mehr Christenmenschen auf den Weg machten, um an einem entlegenen Wallfahrtsort ein Gelübde einzulösen oder die Heiligen mit ihren Anliegen zu bestürmen, gab es noch kaum Gasthäuser, welche den Reisenden Verpflegung und Unterkunft boten. So sahen sie sich genötigt, auf offenem Feld, in Schuppen oder Scheunen oder auf den Sitzbänken übler Spelunken zu nächtigen. Unterschlupf fanden die Wallfahrenden häufig auch in Gotteshäusern. Aber selbst dort scheint es gelegentlich zu unheiligen Begleiterscheinungen gekommen zu sein. Jedenfalls sah sich die Synode von Avignon im Jahre 1209 veranlasst, die Übernachtung in Kirchen zu verbieten, um zu verhindern, dass die Pilger sich »die Zeit mit dem Absingen von Liebesliedern und Tanzveranstaltungen verkürzen«. Besser als das einfache Volk hatten es Kleriker, Adelige und wohlhabende Bürger. Die fanden Aufnahme in Klöstern, an denen es damals nicht mangelte. Diese begannen später damit, an den großen Pilgerstrassen, an Wallfahrtsorten oder auf Passhöhen wie dem Großen St. Bernhard und dem St. Gotthard für die *hospites*, die Gäste, Hospize zu errichten. Etwa um die Zeit vom 15. zum 16. Jahrhundert erkannten geldschlaue Bürger, dass die religiös motivierte Tätigkeit der Ordensleute auch ein ökonomisches Potenzial beinhaltete. Statt sich mit allfälligen Spenden seitens besser gestellter Durchreisender zu begnügen, gaben sie den Tarif durch. In manchen Ortschaften unterhielt der Stadtrat eine eigene Herberge, den sogenannten Ratskeller. Infolge der seit dem 16. Jahrhundert regelmäßigen Verkehrsmöglichkeiten entstanden an den Poststationen Gasthöfe, in denen die Reisenden Unterkunft und Bewirtung fanden.

Wer heutzutage den Blick nicht senkt, bemerkt gleich, was die Besitzer im Schild führen, nämlich einen Adler, einen Walfisch, drei Mohren ... Andere wiederum haben sich für einen Steinbock, ein Lamm oder für einen Löwen entschieden. Oder für ein weißes Rössel. Die Grünen zeigen eine Tanne, manchmal auch eine goldene Rose, während die Rabauken sich mit einem wilden Mann oder mit einem Riesen brüsten. Manche protzen mit einem Schlüssel, als wollten sie ihren Gästen das Tor zum Paradies öffnen. In einer anderen Gasse wiederum erscheint plötzlich ein Stück vom Himmel – eine Sonne, ein Mond oder der Morgenstern. Oft entdeckt man einen leibhaftigen Engel in den Lüften. Der aber ist auch nicht anders als die anderen Schilder, nämlich windresistent und wetterfest, weil von schmiedeeiserner Gestalt.

Im Mittelalter waren die Herbergen und Tavernen noch nicht eigens gekennzeichnet. Straßennamen und Hausnummern wurden in Mitteleuropa bekanntlich erst gegen Ende des 18. Jahrhunderts eingeführt. Bis dahin waren die Hauszeichen – Storch, Heuwaage, Zollhaus ... – die einzige Hilfe, um sich einigermaßen zurechtzufinden. Solche Hauszeichen, denen wir heute in fast jeder Innenstadt begegnen,

Wirtshausschild des Gasthofs zum roten Bären in Freiburg, einer der ältesten Gaststätten Deutschlands. Seit 1387 sind die Wirte des Gasthofs Ze dem Roten Bern *lückenlos nachweisbar.*

waren entweder einfach auf die Mauer gemalt oder als Stein- oder Tonreliefs über der Haustür angebracht. Das galt natürlich auch für die Gaststätten, die damals nicht beschildert waren.

Da aber die Wirte alles Interesse daran hatten, auch Ortsfremde und Durchreisende in ihre Schenken zu locken, beschäftigten sie sogenannte Bierrufer, welche den Namen der Taverne und den Getränkepreis verkündeten. Später wurden gelegentlich auch städtische Bedienstete mit dieser Aufgabe betraut. Damit die durstigen Zecher noch leichter zu ihrer Tranksame fänden, begannen gewitzte Schenk- oder Braumeister einen Stock mit einem entsprechenden Zeichen über der Tür zu befestigen. Schon bald wurden diese ›Bierwische‹ durch ein Bäumchen vorm Eingang, gelegentlich auch durch eine Fahne oder einen grünen Kranz ersetzt, damit die Fremden rasch sehen konnten, wo ihnen Obdach und Verpflegung geboten wurden.

Diesen einfachen Gasthauszeichen begegnet man gelegentlich noch heute, vor allem in Weinbaugegenden und in Gebieten mit Hausbraurecht, wo zu bestimmten Jahreszeiten vorübergehend Buschschenken oder Straußwirtschaften die Wanderfreudigen locken.

Im 18. Jahrhundert wurden die Gastwirte verpflichtet, ihre Herbergen mit Schildern zu versehen. Überliefert ist unter anderem eine Verordnung, welche die Stadt Landsberg am Lech im Jahre 1717 erließ: »Damit auch die Fremden solche Häuser desto eher finden können, so sollen an den Wirts- und Ordonnanzhäusern besondere Schilde ausgehängt werden, wodurch man sie von anderen Häusern leichtlich zu unterscheiden vermag.« Wobei anzumerken ist, dass die ›Schildgerechtigkeit‹ der Obrigkeit zustand. Nicht jedermann hatte das Recht, ein Schild zu führen. Dies brachte es mit sich, dass man bis ins 19. Jahrhundert hinein streng zwischen den Gassen- oder Schankwirten und den Schildwirten unterschied.

Hatten Letztere sich anfänglich noch mit bemalten Holztafeln begnügt, so setzte sich um die Mitte des 16. Jahrhunderts der Brauch durch, diese durch eiserne Gebilde zu ersetzen. Da die Schmiedekunst damals eine wahre Renaissance erlebte und die Wirte miteinander um die schönsten Aushänger wetteiferten, entstanden in der Folge Wirtshausschilder von geradezu künstlerischer Qualität, die zum Teil noch heute bewundert werden können; erinnert sei an den berühmten goldenen Greifen im gleichnamigen Gasthof zu Dinkelsbühl aus dem 17. oder an das Bannerschild mit dem wilden Mann im »Huss zum Wildemann« im schweizerischen Sursee aus dem 18. Jahrhundert.

Allerdings blieb der Wirt drinnen oft schuldig, was das Schild draußen versprach. Gaststätten mit stolzen Namen wie *Krone, Das goldene Lamm* oder *Zu den drei Königen* hätte wohl, wenn wir denn den Zeitzeugen Glauben schenken wollen, eher die Bezeichnung *Zum Kreuz* verdient. So berichtet ein Erasmus von Rotterdam (um 1466–1536) in seinen satirischen *Colloquia familiaria* (Vertraute Gespräche), dass die Hospize mehrheitlich aus stickigen Räumen bestanden, in denen sich Scharen von Leuten drängten, Wallfahrer und Wanderer, Schwindler und Schmarotzer, Parasiten und Schnorrer, Fuhrknechte und Bauern und Krämer, aufgeputzte Weiber, lärmende Kinder, händelsüchtige Gesellen – »der eine kämmt sich, der andere wischt sich den Schweiß ab, der Dritte scheuert seine Stiefel, wieder einer rülpst nach Knoblauch ...« Von anderen Ausdünstungen will der feinsinnige Humanist gar nicht erst reden, und von den Krankheiten, die man sich in dieser Umgebung holen kann – Erasmus erwähnt bloß die zu seiner Zeit allerorts verbreitete Lustseuche – möchte er lieber schweigen. Dennoch kann er sich die Bemerkung nicht verkneifen, dass die erwähnten Lokalitäten weit herum als Brutstätten des Lasters und des Sittenverfalls gelten. Gründlich beschwert er sich auch über die Kost, welche griesgrämige und geschäftstüchtige Wirte ihren Gästen zumuten: lauwarme Suppen, undefinierbare Pampe, dazu einen Wein, der eher nach Essig denn nach Rebensaft schmeckt. »Erst wenn die Leute keinen Hunger mehr verspüren, rückt der Schankwirt ein knapp bemessenes Stück Braten oder eine kleine Forelle heraus, die er sich teuer bezahlen lässt.«

Wir haben uns inzwischen im *Anker* niedergelassen, da wissen wir uns in einem sicheren Hafen, wo man nie so genau weiß, wo der Frühschoppen aufhört und der Schlummertrunk beginnt, und wo man schnell miteinander ins Gespräch kommt und beim Gespräch ins Reden. Wir erinnern uns und unsere Tischgenossen daran, dass der gute Erasmus nachweislich ein bisschen heikel war; dass er unter Verdauungsbeschwerden litt; dass er schon beim bloßen Gedanken, ein Wein könne sauer sein, eine Magenverstimmung kriegte; dass er nicht nur beim Lesen der Druckfahnen, sondern auch bei Tisch manchmal ein wenig geziert und zimperlich, will sagen etepetete war. Und dass er ja als Kleriker in Klöstern um Herberge und Gastfreundschaft hätte bitten können, zumal der heilige Benedikt gerade in dieser Sache sehr präzise Regeln aufgestellt und die Mönche zu größter Zuvorkommenheit ermahnt hatte, weil ihnen seiner Ansicht nach in jedem Gast Christus selber einen Besuch abstattete. Aber? Aber warum sollte Erasmus, der als unehelicher Sohn des Priesters Roger Gerard und einer Arzttochter in den von ihm besuchten Ordensschulen eher 193 despektierlich behandelt wurde und der später, nämlich als Augustinermönch, leider etwas spät feststellte, dass das sterile Klosterleben seinem weltzugewandten Wesen widerstrebte und sich deshalb vom Papst von den Ordensgelübden entbinden ließ, warum also sollte ausgerechnet dieser Erasmus in einem Monasterium um eine

Suppe und einen Strohsack für die Nacht betteln?! Nach diesen vielleicht etwas spekulativen Überlegungen kommen wir wiederum mehr aufs Faktische zu sprechen und verweisen darauf, dass Erasmus ob seiner Klage über die damals herrschenden Missstände so manche Kommodität großzügig übersah, welche viele Herbergen zu seiner Zeit und schon lange vorher doch auch zu bieten hatten; wir verweisen da bloß auf den *Riesen* im unterfränkischen Miltenberg, eines der ältesten Gasthäuser Deutschlands, in dem Kaiser Friedrich Barbarossa 1158 logierte, von dem auch nicht die leiseste Nörgelei überliefert ist, oder auf den 1390 erbauten *Goldenen Adler* in Innsbruck (allein der vergoldete Doppeladler im Bannerschild lohnt den Besuch), in welchem Kaiser und Könige, aber auch Musiker und Dichter übernachtet haben, unter anderem Vater und Sohn Mozart, Nicolò Paganini, Johann Wolfgang von Goethe, Heinrich Heine, Jean-Paul Sartre ... und keiner von ihnen hat sich über quietschende Dielen, unangenehme Gerüche oder Wanzen beschwert.

Schweinskarree mit Basilikum-Kruste

1 Schweinskarree (Nierstück), ca. 800 g	*1–2 Knoblauchzehen*
2 Knoblauchzehen	*1 EL Thymianblättchen*
Salz, Pfeffer	*2 gehäufte EL Semmelbrösel*
Bratfett	*25 ml Olivenöl*
2 Bund gehacktes Basilikum	*Salz, Pfeffer*

In das Schweinskarree auf der Fettseite mit einer Messerspitze einige tiefe Einschnitte machen. Die geschälten und in Stifte geschnittenen Knoblauchzehen in die Einschnitte stecken. Backofen auf 80° erhitzen und eine feuerfeste Gratinform mitwärmen. Das Karree mit Salz und Pfeffer einreiben, im Bratfett von allen Seiten etwa 10 Minuten anbraten.
Sofort in die vorgewärmte Gratinform legen und im Ofen bei 80° etwa 75 Minuten nachgaren lassen (Niedergarmethode). Inzwischen das Basilikum, die fein gehackten Knoblauchzehen, die Thymianblättchen, die Semmelbrösel, Olivenöl, Salz und Pfeffer zu einer Paste vermischen.
Nach 75 Minuten Garzeit den Backofengrill auf 225° stellen. Das Karree aus dem Ofen nehmen, die Panade darauf verstreichen und gut andrücken. Das Fleisch überbacken, bis es goldbraun ist (rund 10 Minuten). Das Karree nach dem Herausnehmen etwa 5 Minuten ruhen lassen, damit sich der Fleischsaft verteilt, und anschließend in 2 cm dicke Scheiben schneiden. An einer Zwiebelsoße anrichten.

Zwiebelsoße

2 Zwiebeln   150 g Crème fraîche

2 EL Butter   Salz, Pfeffer, Muskatnuss

250 ml Fleisch- oder Gemüsebrühe

Die geschälten Zwiebeln sehr fein hacken. Die Butter in einem Topf erhitzen und die Zwiebeln darin glasig dünsten. Die Brühe aufgießen, Deckel auf den Topf setzen und die Zwiebeln weich köcheln. Die Masse pürieren, die Crème fraîche unterrühren und ein paar Minuten weiterköcheln. Darauf achten, dass der Siedepunkt nicht erreicht wird, weil sich sonst Flocken bilden. Mit Salz, Pfeffer und Muskat abschmecken.

Gefüllte Kartoffeln

8 mittelgroße Kartoffeln   Salz

Pesto   Bratfett

Was die Herstellung von Pesto betrifft konsultieren Sie Ihr italienisches Kochbuch. Oder Sie kaufen ein Glas davon im nächsten Supermarkt.
Die Kartoffeln kochen (sie sollen aber noch etwas fest sein), schälen und erkalten lassen. Mit dem Apfelausstecher aus jeder Kartoffel einen Stöpsel herausstechen. Ein Viertel des Stöpsels in die untere Öffnung stecken, die Pesto-Füllung in die Höhlung geben und die andere Seite mit einem Teil des Stöpsels verschließen. Die Kartoffeln im Bratfett goldbraun braten.
Als Füllung eignet sich auch eine Paste aus viel fein gehacktem Basilikum und Olivenöl (mit Salz und Pfeffer würzen!) und Butter.

Zu den ältesten Gaststätten im deutschen Sprachraum zählt auch der *Rote Bären* in Freiburg i. Br. Allerdings streiten sich noch eine ganze Menge anderer Bewerber um ähnliche prestigeträchtige Titel. Andere, die in dieser Hinsicht chancenlos sind, begnügen sich mit dem Attribut »ältestes Gasthaus« in München, Bamberg, Wien, Zürich ...

Einen *Bären*, der übrigens zu den ältesten Herbergen Europas zählt, gibt es auch 195 in Rom, nämlich die *Osteria dell'Orso*. Ihren Namen verdankt sie zwei antiken Basreliefs, die dort in der Nähe gefunden wurden; sie stellen den Kampf zwischen einem Löwen und einem Hirschen dar. Die Löwen sind derart unbeholfen gearbeitet, dass sie vom Volk für Bären gehalten wurden. Schon zu Dantes Zeiten befand sich an die-

Eingang zum ›Finsterwirt‹ in Brixen

ser Stelle eine *Locanda*. Der Dichter soll im Jahre 1300 in seiner Eigenschaft als Gesandter bei Papst Bonifaz VIII. dort logiert haben. Verbürgt ist, dass François Rabelais († 1553), der Verfasser von *Gargantua* und *Pantagruel*, sich im Orso vom römischen Wein und von römischen Damen inspirieren ließ, dann aber, nach kurzem aussichtslosem Kampf gegen das Ungeziefer in seinem Bett, das Quartier wechselte. Belegt ist ferner, dass Michel Eyquem Seigneur de Montaigne, der Erfinder des literarischen Essays, 1580, als der Tiber weit mehr ausuferte als Rabelais' Fantasie, im Boot von seinem Hotel ins Stadtinnere gebracht werden musste. Was ihn allerdings nicht daran hinderte, die hervorragende Innenausstattung des Gasthofs zu rühmen. Vielleicht erklärt sich diese Begeisterung aus der Tatsache, dass er während der Anreise nach Rom viel Schlimmerem ausgesetzt war. In Florenz etwa sah er sich gezwungen, auf dem Tisch des Speisesaales zu schlafen. »Ich wollte auf diese Weise den Wanzen entgehen, mit denen die Betten geradezu durchsucht sind.« Fest steht schließlich, dass Goethe nach seiner Ankunft in Rom die Nacht vom 29. auf den 30. Oktober 1786 in der *Locanda dell'Orso* verbrachte, bevor er dann tags darauf zum Maler Wilhelm Tischbein an die Via del Corso übersiedelte. Ein diesbezüglicher kurzer Eintrag findet sich in seinem *Tagebuch der italienischen Reise*: »Den 30. [Oktober 1786], nachts. Ich bin zu Tischbein gezogen und habe nun auch Ruhe von allem Wirtshaus und Reiseleben.«

Manche, und zu ihnen zählen auch wir, lassen sich weder vom tatsächlichen noch vom angeblichen Alter einer Gaststätte beeindrucken, sondern achten mehr auf die Namen. In dieser Hinsicht können weder ein *Riese* noch ein *Bär* mit einem *Finsterwirt* konkurrieren. Der befindet sich im malerischen Brixen, wo wir uns an Südtiroler Hausmannskost delektieren.

◄◇►

Tiroler Altweiberfersen

200 g Mehl	4–6 hart gekochte Eier
Salz	Backfett
250 ml Milch	

Aus Mehl, Salz und Milch einen dickflüssigen Teig zubereiten. Die Eier schälen und halbieren. Die Eihälften anfeuchten, in etwas Mehl und dann im Teig wenden und in Backfett goldbraun ausbacken. Zusammen mit einem Salat servieren.

◄○►

Tiroler Klosterschnitzel
Wer's lieber süß mag, kriegt das Klosterschnitzel.

70 g getrocknete und entsteinte Zwetschgen	*1 Ei*
50 g Mandeln	*Semmelbrösel*
8 fingerdicke Semmelschnitten	*Öl*
	Zucker

Zwetschgen und Mandeln fein hacken und miteinander mischen. Die Masse auf die Semmelschnitten streichen und fest andrücken. Die Schnitten zuerst im Ei, dann in Semmelbröseln wenden, in heißem Öl ausbacken und mit Zucker bestreuen.
Beide Rezepte stammen von Anna Erler-Zanol, Südtiroler Hausmannskost, Bozen 1992.

◄○►

Nur – wie finden wir zum *Finsterwirt?* Nachdem wir in Brixen den Dom samt Kreuzgang besichtigt haben, bewundern wir die Fassade des Gotteshauses. Hoch oben, über dem Hauptportal, entdecken wir gleich drei Bischöfe, nämlich den heiligen Kassian, den heiligen Ingenuin und den heiligen Albuin. Wir blicken zu ihnen auf. Und stellen fest: Die drei sehen nicht auf uns herab. Sie unterhalten sich miteinander. Der eine fragt anscheinend: »Na, wo gehen wir denn heute Abend essen?« Der heilige Ingenuin in der Mitte hebt den Arm, zeigt mit dem Finger geradeaus und lächelt: »Zum Finsterwirt natürlich.« Wenn wir den Tipp beherzigen, gelangen wir schon nach wenigen Schritten direkt zum Gässchen gegenüber der Domfassade und damit zum *Oste oscuro.* Am Eingang informiert uns eine Tafel, dass das Gebäude ursprünglich den Domherren als Wohnsitz diente und 1691 umgebaut wurde. Außerdem verrät uns die Inschrift, wie der Wirt zu seinem Namen kam. Seit dem 18. Jahrhundert besserten die cleveren Kleriker ihre Einkünfte mittels eines Weinausschanks auf. Allerdings, die guten Sitten galten damals noch etwas, musste die Schenke jeweils bei Einbruch der Dunkelheit dicht machen.

Schnäppchen statt Häppchen

Budapest ist eine Reise wert – und sei es bloß wegen des in seinem Geschmack unverwechselbaren *gulyás*, der aber ständig zu Verwechslungen Anlass gibt. Denn wer in einer magyarischen Gaststätte *gulyás* ordert, bekommt eine Suppe vorgesetzt und nicht jenen Fleischeintopf, der in Österreich und in der Schweiz unter der Bezeichnung Gulasch bekannt ist. Will man vom Letzteren kosten, muss man schon *pörkölt* bestellen.

Nun gibt es aber Ungarnreisende, welche sich nicht mit Spezialitäten wie *halászlé*, der traditionellen Fischsuppe, oder *paprikás csirke*, dem scharf gewürzten Paprika- huhn, begnügen, sondern darüber hinaus auch ganze Bücher verschlingen, und zwar vorzüglich solche, die einen gut gelagerten Tokajer vielleicht nicht an Güte, dafür aber an Alter um ein Vielfaches übertreffen.

Jean Anthelme Brillat-Savarin. Stich von Lambert und Allais, 1789

Auf die *Váci utca*, eine für ihre Trödelläden und Altbuchhandlungen weltberühmte Straße, bin ich kurz vor Mittag rein zufällig gestoßen. Aber nicht mehr der Zufall, sondern das Schaufenster bei der Hausnummer 73 hat mich veranlasst, das dortige *Antikvárium* zu betreten. Hatte ich vorher noch Lust auf ein paar Häppchen, machte ich nun Jagd auf Schnäppchen. Ob Sie's mir glauben oder nicht – tatsächlich stieß ich schon nach einer knap- pen Viertelstunde auf ein Buch, das ich bisher nur aus Büchern kannte, nämlich auf die *Physiologie des Geschmacks oder Betrachtungen über transzendentale Gastronomie*, ein Werk, das der französische Politiker und Schriftstel- ler Jean Anthelme Brillat-Savarin 1825 verfasst hatte und das in der Folge unzählige Ausga- ben und Übersetzungen erlebte. In diesem Fall handelte es sich um ein eher seltenes Exemplar, nämlich um die in Leder gebun- dene deutsche Übersetzung mit zahlreichen Radierungen, welche 1913 im Insel Ver- lag in Leipzig erschien.

Bei *Savarin* denken heute fast alle an jenes exquisite Hefegebäck, dessen Erfindung auf den polnischen König Stanislaus I. Leszcynski zurückgeht, der es *Baba* nannte. Ein Pariser Patissier namens Stohrer verfeinerte die etwas trockene Näscherei, indem er sie vor dem Servieren mit einer Likörmischung übergoss. Konkurrenten Stohrers veränderten die Form des Gebäcks und tränkten es mit einer Mixtur aus Zuckersirup und Rum und nannten es *Savarin*, um den großen französischen Gastronomen zu ehren.

Brillat-Savarins *Physiologie des Geschmacks* hat den Nachteil, dass der Verfasser mit seinen Ausführungen mittels der eingestreuten Aphorismen und Anekdoten seine Leserschaft konstant vom Kochen abhält. Unter anderem berichtet er von einem Feinschmecker am Hof Ludwigs XIV., der sich angeblich »mit geradezu theologischer Miene« über den Nachtisch hermacht, oder von einem Zecher, der sich weigert, Trauben zu essen, »weil er den Wein nicht in Pillenform zu sich zu nehmen pflege«.

Eines allerdings vergisst Brillat-Savarin in seinem Buch zu erwähnen, nämlich dass, wer ein Antiquariat verlässt, sich nachher weder einen Wein noch einen Nachtisch leisten kann.

Postskriptum: Was den polnischen König Stanislaus I. Leszcynski betrifft, soll der auch Pate gestanden haben, als ein Schaumgebäck zu seinem Namen kam, nämlich die Meringe. Polnischen Patriotinnen zufolge leitet sich die Bezeichnung von *murzynka* ab, was so viel wie *das Schwarze* bedeutet. Dieses ›Schwarze‹ bezieht sich – wiederum angeblich – auf die Sitte, die Meringe mit Schokolade zu überziehen. Stanislaus soll seiner Tochter Maria, die 1725 den französischen König geheiratet hatte, das Rezept an den Versailler Königshof geschickt haben, von wo aus diese Süßspeise dann ihren Siegeszug antrat – angeblich.

Die Schweizer hingegen, welche die beliebte Schaumschlägerei mit einem Buchstaben mehr verzieren (*Meringue* statt *Meringe*), sind felsenfest davon überzeugt, dass der Name des luftigen Gebäcks auf das Dorf Meiringen im Berner Oberland zurückgeht, wo es angeblich erfunden wurde, allerdings nicht von einem helvetischen Zuckerbäcker, sondern – angeblich! – von einem Italiener namens Gasparini oder Casparini, der sich dort niedergelassen hatte. Auf das bernische Meiringen scheinen auch die im süddeutschen und österreichischen Raum gebräuchlichen Bezeichnungen *Meirinken* oder *Merinken* hinzudeuten. Aber sicher ist auch das nicht. Womit eigentlich nur eines bewiesen wäre, nämlich dass die nüchterne *Historia* und die klatschsüchtige *Legenda* einander nicht nur im Zusammenhang mit den Heiligenviten in die Haare geraten.

Kalbsbrätfeuilletés

2 große rote Paprika	*1 Bund fein gehackte Petersilie*
1 mittelgroße Zwiebel	*300 g Kalbsbrät*
wenig Öl	*1 rechteckiger Blätterteig (ca. 350 g)*
Salz, Pfeffer	*1 Eigelb*

Die Paprika und die Zwiebel in sehr kleine Stücke schneiden und in wenig Öl dünsten. Auskühlen, salzen, pfeffern und zusammen mit der Petersilie und dem Kalbsbrät vermengen. Den Blätterteig in 16 gleich große Rechtecke schneiden. Auf je 8 Teile die Brätmasse verteilen und etwas verstreichen. Die restlichen 8 Rechtecke darüber legen und die Ränder mit einer Gabel andrücken. Feuilletés mit Eigelb bepinseln und mit einer Gabel einstechen. In der Mitte des auf 200° erhitzten Backofens etwa 15 Minuten backen. Dazu gibt's einen gemischten Salat.

Augenweide und Gaumenschmaus

Immer wieder sagen mir Bekannte, wie sehr sie mich darum beneiden, dass ich mehr als drei Jahrzehnte in Rom verbringen durfte. Da gibt es Kirchen, Kunst und Kultur, Palazzi und Piazze, Brücken und Brunnen ... Und, das vergessen die meisten natürlich, da gibt es auch Märkte. Oder besser: *den* Markt.

Wenn ich vom römischen Markt rede, meine ich nicht irgendeinen Quartiergemüseumschlagplatz, sondern den Campo de' Fiori. Am schönsten ist es dort in der Früh, wenn die Stadt noch ganz verschlafen und der Straßenverkehr erträglich ist.

Jeden Morgen, außer Samstag, verwandelt sich der Campo de' Fiori in ein Paradies von Ständen mit Obst und Gemüse, Fleisch, Geflügel und Fisch. Eine wahre Augenweide bilden die prall gefüllten Körbe mit geputztem Brokkoli und Spinat, fertig geschnittenem Gemüse und küchenfertigen Salatmischungen. In der Nähe des Brunnens befinden sich die Blumenstände. Eine der Hauptattraktionen für Romreisende war bis vor wenigen Jahren der Messerschleifer am Rand der Piazza, der mittels eines mit seinem Fahrrad betriebenen Schleifsteins die Küchenmesser und Scheren der Römerinnen auch von der kleinsten Scharte befreite. Eines Morgens erschien er nicht mehr an seinem Stammplatz. Angeblich hat man ihn noch am selben Tag in seiner Wohnung tot aufgefunden. Der Campo de' Fiori hat seither ein anderes Gesicht – ähnlich wie Paris anders aussieht, seit die Stadtplaner 1972 die berühmten Markthallen abgerissen haben, denen Émile Zola in einem seiner berühmtesten Romane, *Im Bauch von Paris*, ein Denkmal gesetzt hat.

Berühmte Markthallen gibt es auch in Budapest oder in Barcelona. Als ich in Barcelona ankam, galt mein erster Gang nicht dem *Barrio gòtico*, sondern der *Boqueria* (offiziell: *Mercat de Sant Josep*). Die nach meinem Namenspatron benannte Halle gilt zu Recht als einer der schönsten mediterranen Märkte überhaupt. Schon der Weg dorthin, entlang der bunten *Rambles*, ist ein Erlebnis. Unter der 1835 errichteten Konstruktion aus Gusseisen mit Buntglasornamenten locken Stände mit knackigem

Gemüse, fangfrischem Fisch und Obst. Im Gegensatz zu anderen Märkten, wo die Preise gegen Mittag fallen, ist es hier bis gegen zehn Uhr billiger – nachher machen die Einheimischen den Touristen Platz. Dann geht es zu wie auf der Walpurgisnacht: »Du glaubst zu schieben und du wirst geschoben ...«

Die riesige Budapester Markthalle hingegen wurde erst 1894 errichtet. Der Zweckbau mit seinen cremeweiß und blassrot gemusterten Außenwänden, dem grün-gelb-roten Majolikadach und den bizarren Fensterumrandungen aus gelber Keramik ist ein wahres Kunstwerk. Auf keinem anderen europäischen Markt ist der Unterschied zwischen Arm und Reich derart augenfällig. Für die Minderbemittelten tür-

Ladentisch eines Gemüseverkäufers. Relief aus Ostia

men sich Gänsehälse zu Bergen; die Besserverdienenden kaufen sich – natürlich nicht am gleichen Stand – die Brust- und Schenkelstücke. Wer Zeit hat und es sich leisten kann, verzichtet zu Hause aufs Frühstück und gönnt sich einen Imbiss in der Markthalle. Und das geht nicht ab ohne die Qual der Wahl.

Der eigentliche Mittelpunkt jeder Stadt ist der Markt, sollte er auch noch so abseits liegen. Denn ein Markt ist nicht nur ein Umschlagplatz von Lebensmitteln, sondern auch ein Bürgertreff und ein Ort der Kontaktaufnahme zwecks Austausch von Ansichten und Meinungen. Hier haben nicht die Politikerinnen und Parteibonzen das Sagen, sondern die, welche ihre Entscheidungen analysieren und kommentieren.

Auf den Märkten im deutschsprachigen Raum geht's in der Regel etwas ruhiger zu – vielleicht deshalb, weil sie, wie etwa der Augsburger Stadtmarkt oder der Basler *Märt*, in der Nähe von Geschäftsstraßen liegen, wo sich die Leute naturgemäß unauffällig verhalten. In Basel spricht man vom Markt gern als vom Herzen der Stadt. Jeden Vormittag, außer sonntags, werden da Blumen, Gewürze, Obst und Gemüse, alles gartenfrisch und zu einem guten Teil aus dem benachbarten Elsass, feilgeboten, aber auch Brot und Käse. Trotz diverser Vorstöße ist man der sensiblen Basler Nasen wegen leider noch nicht so weit, hier *à l'italienne* auch Fisch, Federvieh und Fleisch zu verkaufen ...

Im Lauf meines Lebens habe ich mich auf unzähligen Märkten herumgetrieben; jeder von ihnen hat sein eigenes Flair und seinen besonderen Charakter. Aber für alle trifft mehr oder weniger zu, was der Zürcher Dichter Heinrich Leuthold auf den Punkt gebracht und in Verse gefasst hat:

In diesem widrigen Getriebe,
Dem Marktgeschrei und dem Rumor

Der Stellensuchenden und Diebe
Vergeh'n allmählich Hass und Liebe,
Und eines wächst nur: Der Humor.

Am heimischsten fühle ich mich noch immer auf dem Campo de' Fiori. Dort gibt es keine Standlfrauen, sondern ausschließlich Primadonnen. Denn der Campo de' Fiori ist eben kein gewöhnlicher Markt, sondern eine Bühne. Da ist jede Marktfrau eine Diva und jede Kundin eine Schauspielerin. Selbst der unbedeutendste Polizist fühlt sich als Regisseur eines Welttheaters. Sogar die Bettler am Rand des Platzes sind sich bewusst, dass sie nicht nur eine bloße Statistenrolle innehaben, sondern dazugehören.

<o>

Rucolasalat an Honigsoße

3 Handvoll Rucolasalat   *1 gestrichener EL Bienenhonig*
(ersatzweise: Feldsalat)   *3 EL Zitronensaft*
1–2 Orangen, filetiert   *3 EL Distelöl*
1 Avocado   *Salz, weißer Pfeffer*
Saft von 1 Zitrone

Den Salat waschen und auf vier Teller verteilen. Mit filetierten Orangenschnitzen und einigen Avocadostreifen garnieren. Die Avocadostücke vorher mit Zitronensaft beträufeln, damit sie sich nicht verfärben. Für die Soße den Bienenhonig im Wasserbad oder in der Mikrowelle flüssig machen. Zitronensaft, Distelöl, Salz und 1 Messerspitze weißen Pfeffer unterrühren.

<o>

Gefüllter Fenchel

800 g Fenchel   *2 Zweiglein Thymian*
½ Zitrone, Saft   *2 Eier*
1 große Zwiebel   *100 g geriebener Hartkäse*
1 Knoblauchzehe   *(Parmesan, Greyerzer ...)*
2 EL Olivenöl   *Salz, Pfeffer*
1 Handvoll Basilikumblätter   *etwas Butter*
½ Bund Petersilie   *125 ml Gemüsebrühe*

202

Fenchel waschen und so halbieren, dass möglichst große Schnittflächen entstehen. Zitronensaft ins Salzwasser geben und die Hälften eine gute Viertelstunde vorkochen. Für die Füllung die Zwiebel und den Knoblauch fein hacken und im Öl andünsten. Gegen Schluss auch die fein gehackten Kräuter hinzufügen. Erkalten lassen.

Nun den ausgekühlten Fenchel mit einem Messer etwas aushöhlen. Das herausgelöste Fruchtfleisch ebenfalls hacken und zur Füllung geben; salzen, pfeffern. Die Eier verquirlen und zusammen mit der Hälfte des Käses unter die Füllung mischen. Auf den Fenchelhälften verteilen und diese in eine Gratinform geben. Die Fleischbrühe in die Form gießen. Diese mit Alufolie abdecken und für eine knappe halbe Stunde in den auf 200° erhitzten Backofen schieben. Dann die Alufolie entfernen, den restlichen Käse über den Fenchel streuen und während 10 Minuten bei 230° gratinieren.

◄○►

Schnellbleiche in Schwyzerdütsch

Die Norddeutschen sind zackig, die Franzosen *très charmants,* die Italienerinnen *piene di fuoco,* die Schwaben arbeitsam... Und die Schweizer? Die Schweizer gelten im Allgemeinen als wortkarg und verschlossen. In der Regel geben sie sich etwas gespreizt. Aber der Eindruck täuscht. In Wirklichkeit sind sie vor allem zärtlich. Das zeigt sich aber erst, wenn sie vom Essen reden.

Wenn ein paar Helvetier und Helvetierinnen im Säli des Restaurants zu einem Familienfestli versammelt sind, genehmigen sie sich in der Regel zuerst ein Aperitifli, knabbern dazu ein paar Bretzeli oder Salzstängeli, rauchen ein Zigarettli oder saugen an einem Stümpli. Damit alles seine Richtigkeit hat, ist die Sitzordnung mittels Tischkärtli festgelegt; es könnte sich ja sonst jemand an den falschen Platz verirren. Als Vorspiesli gibt's ein Salätli, ein Brötli und ein Ankemöckli (Butter); dazu gehört selbstverständlich ein Schlückli Weißwein. Dann folgt der Hauptgang: Zwei, drei Stückli Braten an einem feinen Sößli, dazu Spätzli, ein gefülltes Tomätli und ein paar Erbsli. Dabei sind die Erbsen schon von Natur aus so klein, dass sie wahrlich keiner Verkleinerungsform bedürften. Dazu wird ein Gläsli Rotwein getrunken. Und schon ist man ein ganz anderer Mensch. Und dieser andere Mensch will natürlich auch sein Schöppli Roten – das kann sich dann durchaus etwas in die Länge ziehen, weil jeder andere Mensch seinerseits wieder einen anderen Menschen erzeugt, der auch ein Schlückli ... Nach dem Hauptgang macht man ein Päuseli. Weil sich nämlich immer ein Demosthenes findet, der den Mund nicht halten kann und ein paar Sätzli sagen möchte. Das dauert dann ungefähr so lange, bis die Anwesenden wieder ein kleines Hüngerli verspüren. Dem wird mit dem Dessertli abgeholfen. An- und abschließend trinken alle noch ein Käffeli, zu dem ein oder zwei Schnäpsli zwingend dazugehören – die paar Fränkli, die das kostet, schlagen da nicht mehr groß zu Buche.

Beendet wird das Mähli mit einem Schlummerbecherli, worunter man in der Eidgenossenschaft drei oder vier Bierli versteht. Bleibt nur zu hoffen, dass die versam-

203

melte Gästeschar nachher mit den öffentlichen Verkehrsmitteln dem heimischen Herd zustrebt. Sonst könnte es leicht passieren, dass der eine oder die andere in eine Polizeikontrolle gerät und ins Röhrli blasen muss. Was mit an Sicherheit grenzender Wahrscheinlichkeit den Verlust des Führerscheins zur Folge hätte.

Das Nationalgericht der Deutschschweizer ist Rösti (auf Schwyzerdütsch: Röschti). Marianne Kaltenbach definiert die Rösti in ihrem Standardwerk *Aus Schweizer Küchen* als »Bratkartoffeln nach Schweizer Art«, was politisch einer Nivellierung gleichkommt. Denn zwischen Rösti und Bratkartoffeln liegen Welten. Rösti ist nun einmal Röschti – und Bratkartoffeln sind Bratkartoffeln; anders kann man's nicht sagen. Bekanntlich ist der Unterschied ja nicht nur kulinarischer, sondern auch geografischer, vor allem aber weltanschaulicher Natur und reicht damit bis in die Mentalität hinein. Was denn trennt die welsche von der deutschsprachigen Schweiz? Vielleicht die Sarine (oder die Saane, wie die Deutschschweizer den Fluss nennen, der mitten durch die Stadt Fribourg fließt und gleichzeitig die Sprachgrenze bildet)? O nein, es ist nicht der Fluss; es ist der Röschtigraben! Die Westschweizer halten nämlich nichts von *Rösti*, sondern sind auf *pommes frites* scharf; und wenn sie sagen *un autre verre*, dann meinen die nicht Wasser! Im deutschsprachigen Teil der Schweiz hingegen kommt vorzugsweise Röschti auf den Tisch. Und die Tessiner Minderheit? Hätten wir fast vergessen! Die gönnen den Welschen ihre *pommes frites* und den Alemannen ihre Röschti und delektieren sich am *Risotto alla ticinese*.

―◄○►―

Rösti

Das Grundrezept ist denkbar einfach und geht ungefähr so: Pro Person 3–4 gekochte Kartoffeln grob raffeln, die Masse leicht salzen, Bratfett in die Pfanne geben und die Kartoffelmasse beidseitig goldbraun braten. Wer es nicht schafft, die Pfanne hochzuheben und so zu schlenkern, dass die Oberseite der Rösti beim Wenden nicht auf den Küchen-, sondern auf den Pfannenboden fällt, bedient sich eines Tellers.
Natürlich gibt's für die Rösti mehr Varianten, als die Schweiz Kantone zählt: Speckwürfel, gedünstete Zwiebeln oder geraffelte Zucchini untermischen, Käse dazugeben, die Rösti mit Käse überbacken ...

―◄○►―

204   Zu Rösti passen Spinat und Spiegeleier. Linienbewusste essen dazu (oder davor) bloß einen gemischten Salat. Die meisten Helvetier indessen ziehen als Beigabe ein Bratwürstli oder ein Kalbsleberli vor.

Bibliografie

Gastronomica

Bergdolt K., Leib und Seele. Eine Kulturgeschichte des gesunden Lebens, München 1999.

Bertschi H. / Reckewitz M., Von Absinth bis Zabaione. Wie Speisen und Getränke zu ihrem Namen kamen, Frankfurt am Main 2004.

Bonardi G. (Hrsg.), Giovanni Bockenheym. La Cucina di Papa Martino V, Milano 1995.

Brillat-Savarin J.-A., Physiologie des Geschmacks, Leizpig 1913.

Dumas A., Das große Wörterbuch der Kochkunst, 3 Bände, Wien 2002.

Erasmus von Rotterdam, Über die Methode des Studiums [enthält u. a. eine Tischzucht], in: Ausgewählte pädagogische Schriften, Paderborn 1963, 30–46.

Faccioli E. (Hrsg.), L'arte della cucina in Italia, Torino 1987.

Fuchs G., Mahlkultur. Tischgebet und Tischritual, Regensburg 1998.

Haid H., Vom alten Handwerk, Bad Sauerbrunn 1991.

Harrus-Révidi G., Die Kunst des Genießens. Esskultur und Lebenslust, Düsseldorf / Zürich 1996.

Horn E., Köstliches und Curieuses aus alten Kloster- und Pfarrküchen, München 1979.

Klink V. / Opitz St. (Hrsg.), Cotta's kulinarischer Almanach auf das Jahr 1994, Stuttgart 1993.

Klink V. / Opitz St. (Hrsg.), Cotta's kulinarischer Almanach auf das Jahr 1996/97, Stuttgart 1995.

Merkle H., Tafelfreuden. Eine Geschichte des Genießens, Düsseldorf / Zürich 2001.

Landmann S., Die jüdische Küche, München 1995.

Paczensky G. / Dünnebier A., Leere Töpfe, volle Töpfe. Die Kulturgeschichte des Essens und Trinkens, München 1994.

Pfistermeister U., Hier kehrt man ein. Wirtshausschilder aus drei Jahrhunderten, Nürnberg 1998.

Reckewitz M. / Bertschi H., Champagner, Trüffel und Tatar. Neue kuriose Geschichten aus der Welt der Speisen und Getränke, Berlin 2004.

Root W., Das Mundbuch. Eine Enzyklopädie alles Essbaren, Frankfurt am Main 1995.

Rudle D., Nürnberger Lebkuchen, Wien 1997.

Schechta R., Gut bei Leibe, München 1998.

Schultz U. (Hrsg.), Speisen – Schlemmen – Fasten. Eine Kulturgeschichte des Essens, Frankfurt am Main und Leipzig 1993.

Serventi S., Vorkoster bei Hofe, in: Slow – Magazin für Kultur und Geschmack 3 (1999) Nr. 13, 10–16.

Wördehoff B., »Sage mir, Muse, vom Schmause ...« Vom Essen und Trinken in der Weltliteratur, Darmstadt 2000.

Literatur- und Geistesgeschichte

Dornetti V. (Hrsg.), Il diavolo in pulpito. Spettri e demoni nelle prediche medievali, Milano 1991.

Dumas A., Eine Reise an die Ufer des Rheins im Jahre 1838, München 1999.

Fuld W., Lexikon der letzten Worte, Frankfurt am Main 2001.

Kiesel H. (Hrsg.), Briefe der Liselotte von der Pfalz, Frankfurt am Main und Leipzig, 1981.

Kirchhoff H., Christliches Brauchtum. Feste und Bräuche im Jahreskreis, München 1995.

Knigge A. Freiherr von, Über den Umgang mit Menschen, Frankfurt am Main 1962.

Kurzel-Runtscheiner M., Töchter der Venus. Die Kurtisanen Roms im 16. Jahrhundert, München 1995.

Melander O. / Seria J., Von einem der lieber groß als kleine Fisch isst, Darmstadt 1618.

Moroni G. R., Dizionario di erudizione storico-ecclesiastica, 103 Bände, Venezia 1840–1861.

Moser D.-R., Bräuche und Feste im christlichen Jahreslauf, Graz Wien Köln 1993.

Scarnera A., Il digiuno cristiano dalle origini al IV° secolo, Roma 1990.

Schaer A., Le clergé paroissial catholique en Haut Alsace sous l'Ancien Régime (1648–1789), Paris 1966.

Seitz R., San Cucino hat geholfen. Gerichte und Geschichten eines Küchenheiligen, Freiburg i. Br. 2002.

Tacchi-Venturi P., Stato della religione in Italia nella metà del secolo XVI, Roma 1908.

Widmer U., Gratinierter Fisch, in: G. Frank (Hrsg.), Da nahm der Koch den Löffel, Salzburg 1974.

Kochbücher

Anonyma, Die gelehrige Hauwirthin. Ein Handbuch für Frauenzimmer. Von einer Freundin der Kochkunst, Reutlingen 1819.

Anonyma (Anonymus?), Kochen meine Freude. Rezepte aus der Klosterküche der Franziskanerinnen des Kreszentiaklosters Kaufbeuren, Kempten 71982.

Apicius Marcus Gavius, De re coquinaria – Über die Kochkunst. Lateinisch / Deutsch [Das römische Kochbuch des Apicius], Stuttgart 1991.

Berry M., Süße Träume. Die besten Kuchen und Desserts, Cham 1993.

Erler-Zanol A. / Kofler D., Südtiroler Hausmannskost, Bozen 1992.

Freudenberger W. (Hrsg.), Schmankerln aus Kärnten, Linz 1995.

Haller Ch., Neues Augsburger Kochbuch für die gutbürgerliche und Herrschaftsküche. 1650 in langjähriger Praxis erprobte Kochrezepte und 364 Speisezettel, Augsburg 31900.

Hofmann I., Köstlichkeiten aus Klöstern, München 1996.

Kaltenbach M., Meine Fischküche, Bern und Stuttgart 41992.

Kaltenbach M., Aus Schweizer Küchen, Bern 91993.

Kümicher C., Constanzer Kochbuch, Konstanz 31830.

Lambert Oritz E., Gewürze, Kräuter und Essenzen. Das Handbuch für die Küche, München 1993.

Landis E., Von himmlischen & irdischen Köstlichkeiten. Ein Kochbuch um die Propstei St. Gerold im Gr. Walsertal, Meilen 1996.

Marcus Gavius Apicius siehe: *Apicius*.

Otto B. (Hrsg.), Dreihundertjähriges deutsches Kloster-Kochbuch enthaltend eine bedeutende Anzahl längst vergessener, jedoch äußert schmackhafter Gerichte. Nach einem in den Überresten des ehemaligen Dominikaner-Klosters zu Leipzig aufgefundenen Manuskript, Leipzig o. J. (Reprint der Ausgabe von 1856).

Papa S., La nuova cucina dei monasteri, Milano 1993.

Prato K., Süddeutsche Küche, Graz und Wien 731923.

Rottenhöfer J., Neue vollständige theoretisch-praktische Anweisung in der feinen Kochkunst, München 1858.

Seed D., The top on hundred Pasta Sauces, London 1987.

Welser Ph., Das Kochbuch der Philippine Welser. Hrsg. von M. Lemmer, Innsbruck 1983.

Verzeichnis der Rezepte